LA COMMUNE DE PARIS.

HISTOIRE

DE LA

COMMUNE DE PARIS.

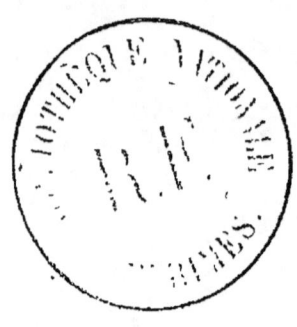 

PAR

P. VÉSINIER,

EX-MEMBRE ET SECRÉTAIRE DE LA COMMUNE, ET RÉDACTEUR EN CHEF DU
"JOURNAL OFFICIEL."

LONDRES:
CHAPMAN ET HALL, 193, PICCADILLY.
1871.

[*Tous droits de traduction et de reproduction réservés.*]

PRÉFACE.

L'Histoire de la Commune de Paris, que nous publions lorsque les évènements qui la constituent sont encore dans tous les souvenirs et préoccupent tous les esprits, sera, nous l'espérons, intéressante et utile.

Notre qualité de membre et de secrétaire de la Commune, de rédacteur en chef du *Journal Officiel*, nous a donné une connaissance exacte des hommes et des choses de la Commune.

Ayant conservé et nous étant procuré en outre un grand nombre de documents relatifs à son histoire, aidé du souvenir récent des évènements auxquels nous avons pris une part active, nous avions les éléments nécessaires pour écrire ce livre en toute connaissance de cause.

Aujourd'hui que l'ignorance, la mauvaise foi, la passion politique et la calomnie dénaturent des évènements sur lesquels la lumière n'est pas encore entièrement faite, et que les partis politiques ont un intérêt puissant à travestir, nous croyons qu'il est utile, nécessaire même, dans l'intérêt de la justice historique et de la cause que nous défendons, de dire toute la vérité sur la Commune.

Telle est la tâche que nous avons entreprise.

Nous espérons l'avoir accomplie avec la conscience, le courage et la bonne foi qu'un homme politique sérieux et honnête doit toujours mettre dans le récit des évènements qu'il décrits et auxquels il a pris part.

Nous n'avons jamais reculé dans cette histoire devant l'affirmation de ce que nous croyons être vrai, ni devant le récit des évènements quels qu'ils soient.

Les bonnes actions, comme les crimes, ont été également enrégistrés par nous.

Nous avons déposé dans notre livre avec impartialité des faits que nous avons vus, des paroles que nous avons entendues, et des actes que nous avons accomplis.

Depuis la chute de la Commune, la presse aux gages de tous les partis réactionnaires s'est livrée contre elle et contre ses défenseurs à une véritable orgie de calomnies, de diffamations, de dénonciations, d'injures et d'outrages; il nous aurait été bien difficile de réfuter toutes ces infamies, plusieurs volumes n'y auraient pas suffi.

Nous nous sommes donc contenté de prouver la fausseté des accusations principales formulées contre la Commune, et de montrer cette dernière telle qu'elle était, avec ses principes, ses actes et son but véritables, sans nous préoccuper outre mesure des accusations, aussi insensées que calomnieuses et nombreuses, dont elle a été la victime.

En ce qui nous concerne particulièrement, nous avons souffert des calomnies les plus odieuses et des outrages les plus grossiers, nous croyons, que jamais personne en a essuyé de plus dégoûtants et de plus injustes ; la presse honteuse a dépassé à notre égard tout ce qu'on avait vu jusqu'à ce jour de plus cynique.

Nous avions d'abord eu l'intention de réfuter toutes ces accusations mensongères et toutes ces calomnies infâmes ; mais après mûres réflexions nous avons pensé qu'il était plus digne et plus convenable de ne pas nous abaisser à nous justifier d'accusations aussi fausses, émanant d'une source aussi corrompue.

Nous avons cru que des journalistes prostitués, des écrivains en carte tombés plus bas que des filles soumises ; que les êtres les plus dégradés et les plus ignobles remplissant le rôle d'espions, de dénonciateurs, de pourvoyeurs du bagne et de la fusillade, véritables valets des bourreaux de Paris, étaient indignes d'une réponse, et qu'ils ne méritaient que le dédain et le mépris.

Ceux qui nous connaissent savent que nous sommes incapable de commettre une seule des mauvaises actions que nous reprochent les misérables agents secrets de la presse policière.

Quant aux autres, il ne leur sera pas difficile de se renseigner sérieusement sur notre compte et de se convaincre de la fausseté des accusations portées contre nous par ces infâmes. Notre vie n'est pas un mystère, il y a plus de vingt ans que nous nous occupons de politique ; nos actes et nos écrits sont assez connus et assez nombreux pour qu'on puisse nous juger. Qu'on choisisse donc entre les calomnies de journalistes infects, objet du mépris universel, et les protestations d'un homme qui n'a rien à se reprocher, et qui met ses ennemis au défi de produire contre lui un seul fait entachant l'honneur. S'il est un seul homme qui ait à se plaindre de nous, qui puisse fournir la preuve que nous nous sommes rendu coupable envers lui d'un seul acte contraire à la justice, qu'il se lève et qu'il nous accuse ?

En notre qualité de membre de la Commune nous avons servi celle-ci avec tout le dévouement dont nous sommes capable ; nous avons combattu pour elle jusqu'au dernier moment ; nous l'avons fait avec tout le zèle et tout le courage possible, et nous n'avons jamais employé que des moyens avouables contre ses ennemis.

Dans nos votes et dans tous nos actes, nous nous sommes toujours inspiré des principes de justice et de droit qui sont la base de nos convictions.

Nous ne nous sommes jamais départi un seul instant des obligations et des devoirs qu'imposent la moralité et l'équité, et au milieu des terribles et tragiques évènements qui se sont accomplis autour de nous, nous n'avons à nous reprocher ni une mauvaise proposition, ni une mauvaise action.

Nous ne nous sommes rendu coupable d'aucune violence, ni d'aucune injustice. Nous n'avons jamais attenté ni à la liberté, ni au produit du travail, ni à la vie d'un seul citoyen.

Nous nous sommes battu les armes à la main, contre les agresseurs de Paris, soldats de Versailles; mais nous n'avons jamais frappé un ennemi désarmé.

Nous avons accompli notre devoir à la Commune et écrit cette histoire avec la conscience tranquille, sans redouter le jugement de nos contemporains et celui de la postérité.

P. VÉSINIER,
Ex-membre et Secrétaire de la Commune,
délégué au *Journal Officiel.*

TABLE DES MATIÈRES.

PREMIÈRE PARTIE.

La Révolution du 18 Mars.

CHAP.		PAGE
I.	Les Causes de l'Insurrection	1
II.	La Journée du 18 Mars	17
III.	Les Principes et les Idées du Prolétariat pendant la Révolution du 18 Mars	59
IV.	Rôle des Députés, des Maires et des Adjoints de Paris	88
V.	Tentatives Réactionnaires	121
VI.	Tentatives Conciliantes des Maires et des Adjoints de Paris auprès de l'Assemblée de Versailles	130
VII.	Les Elections de la Commune	153

DEUXIÈME PARTIE.

La Commune de Paris.

I.	Proclamation de la Commune	165
II.	La Bataille	226
III.	La Politique de la Commune	278
IV.	L'Envahissement de Paris	337
V.	Bataille au Centre de Paris	373
VI.	Le Dernier Acte	394

PREMIÈRE PARTIE.

LA RÉVOLUTION DU 18 MARS.

CHAPITRE I.

LES CAUSES DE L'INSURRECTION.

NOUS ne pouvons nous dispenser, pour l'intelligence de l'histoire que nous écrivons, de faire le récit succinct de *la Révolution du dix-huit mars*, qui a préparé l'avènement de la *Commune* et qui est le prologue de cette dernière.

C'est donc par ce récit que nous commençons.

Si nous recherchons les causes matérielles de l'agitation qui a produit cette Révolution du dix-huit mars, nous voyons que ce sont les préliminaires de la paix et l'entrée des Prussiens dans Paris qui ont amené cette puissante effervescence populaire. D'autres causes politiques et sociales ont aussi contribué à ce mouvement, mais elles étaient moins directes et moins apparentes.

Toutes les dépêches, tous les journaux de la capitale en date des derniers jours de février constatent l'état d'ébullition populaire que nous signalons, et lui donnent pour motifs les deux causes que nous avons indiquées.

Voici d'abord une correspondance, fort remarquable, d'un journal impérialiste hostile à la Révolution, lequel ne peut être soupçonné de partialité pour elle : nous en extrayons quelques passages, qui donneront une idée exacte de l'agitation dont la population parisienne, dès la fin de février, était animée, ainsi que des causes qui l'avaient produite.

" Paris, 28 février 1871, soir.

" L'agitation, qui avait un peu diminuée dans la journée, semble reprendre ce soir, du moins du côté des boulevards, dans les faubourgs du Nord et de l'Est (Montmartre, Belleville, la Chapelle, Ménilmontant).

" Sur les boulevards il y a des groupes animés qui prennent parfois l'importance de véritables rassemblements. A huit heures il y avait plus de 2,000 personnes vers la porte Saint-Denis.

" Dans les faubourgs du Nord et de l'Est on agit comme à la veille d'une bataille. On voit passer des hommes armés et on rencontre çà et là des barricades, dont quelques-unes sont bel et bien garnies de canons et de mitrailleuses. Ces pièces proviennent du parc d'artillerie de la place Wagram, où elles ont été prises hier. Une formidable barricade, armée de quinze mitrailleuses enlevées aux ateliers de la maison anglaise de la rue Tredaine, barre le boulevard Ornano. Tout à l'heure, rue Doudeauville à la Chapelle, et à la Chaussée Clignancourt à Montmartre, on en a construit deux autres à la clarté des torches. Les habitants de ces quartiers ne veulent dans aucun cas que l'ennemi pénètre chez eux. La proclamation de Thiers et l'ordre du jour de Vinoy, annonçant les préliminaires de la paix, l'entrée des Prussiens dans Paris, et recommandant le calme à la population, ont eu fort peu de succès. L'affiche du général Vinoy a été tellement lacérée qu'il n'en reste pas de traces. . . . . Cependant rien n'indique jusqu'ici chez les habitants de Montmartre et de Belleville autre chose que des intentions défensives.

"Dans les quartiers du centre le calme et la tristesse remplacent la fébrile émotion et la vive agitation des faubourgs. Ici la froide raison tempère et retient les ressentiments patriotiques; aussi le sentiment de la résignation est celui qui paraît prédominer dans les groupes et les rassemblements des boulevards. La colère y gronde au fond des cœurs autant et plus peut-être qu'à Belleville. Les plus modérés y rêvent pour l'avenir une terrible revanche.

" Les quartiers de la rive gauche sont plus calmes ; quand à ceux que l'ennemi doit occuper demain, ils ont l'aspect d'un désert."

D'autres correspondances disent :

"Paris, 28 février.

" Une grande agitation a régné hier à la suite de l'annonce des préliminaires de la paix et de la menace de la prochaine entrée des Prussiens dans Paris. La garde nationale a battu le rappel, s'est rendue aux Champs-Elysées et sur divers points des remparts pour repousser l'ennemi. Aucun désordre n'a eu lieu. . . . .

" Ce matin l'émotion populaire est encore très-vive.

" Tout le quartier qui doit être occupé par les Prussiens sera entouré de barricades.

" Des sentinelles seront placées pour empêcher les soldats étrangers de dépasser la zone d'occupation. . . . .

" Les gardes nationaux et les troupes régulières sont très-mécontents de l'entrée des Prussiens, etc. . .

" A minuit une grande foule a assiégé le Café des Princes, boulevard Montmartre. Elle était composée en grande partie d'élèves de l'école centrale.

" A une heure les troupes ont quitté leur caserne du faubourg du Temple et sont retournées à leurs campements. La Caserne du Prince Eugène a aussi été évacuée. A une heure et demie la place du Château-d'Eau était couverte de gardes nationaux criant: 'Vive la République!'

"Le 17ᵉ bataillon de la garde nationale a déclaré qu'il allait à la place Wagram prendre 200 canons, afin qu'ils ne tombent pas aux mains des Prussiens. Le 190ᵉ s'est dirigé vers le parc de Monceaux, avec son commandant et sa vivandière en tête. Il s'est arrêté devant le parc d'artillerie, il y a eu des pourparlers qui ont duré environ dix minutes, dix hommes seulement de l'artillerie de la garde nationale ont opposé de la résistance. Le 190ᵉ s'est emparé de deux canons.

"Le Club de la Marseillaise, rue de Flandres, 51, s'est emparé de plusieurs canons, qui sont braqués dans sa cour et en défendent l'entrée.

"Un comité de vigilance est en permanence dans la salle de la Marseillaise.

"Tous les soirs et la plus grande partie du jour et de la nuit il y a réunion publique dans ce club.

"Des comités de vigilance s'organisent dans tous les quartiers, ainsi qu'un Comité Central de la garde nationale.

"Le premier mars les canons de la place Wagram ont été transportés sur la place des Voges.

"Le 166ᵉ bataillon de la garde nationale a transporté la nuit dernière onze mitrailleuses au sommet de la Butte Montmartre, et refuse de les rendre aux autorités.

"Belleville et Montmartre sont dans un grand état d'exaltation. Des barricades sont élevées dans ces quartiers; elles sont hérissées de canons et de mitrailleuses. Le général Vinoy est impuissant contre la population, qui a déjà plus de 200 pièces d'artillerie.

"Tous les bataillons refusent de rendre leurs canons."

Nous avons cité toutes ces correspondances et toutes ces dépêches prises dans divers journaux, pour prouver que les préliminaires de la paix et l'entrée des Prussiens à Paris ont été les premières causes de l'agitation profonde qui s'est produite dès le 26 février, et, qui en se prolongeant, a fait éclater la Révolution du 18 mars et amené l'élection de la Commune.

On a vu en effet par les citations qui précèdent que les causes que nous signalons tout d'abord ont été les premières qui aient poussé la garde nationale des anciens faubourgs à barricader Paris, et à s'emparer des canons. Ceux qui prétendent que les actes insurrectionnels qui se sont produits après le siége de Paris sont le résultat d'une conspiration adroitement et secrètement ourdie se trompent grossièrement ou mentent avec impudence. L'hostilité, la défiance, et la résistance insurrectionnelle du peuple ont été spontanées. Cependant d'autres causes encore sont venues ensuite se joindre à celles que nous avons déjà signalées, et ont puissamment contribué à pousser le peuple à l'insurrection.

La garde nationale et toute la population parisienne accusaient avec raison le gouvernement de la défense nationale, d'incapacité et de trahison. Elles lui attribuaient tous nos malheurs : la défaite, la ruine, le démembrement et la honte de la patrie.

L'héroïque garde nationale de Paris avait la conviction profonde que si le gouvernement de la défense nationale avait voulu utiliser son courage et son dévouement, ainsi que toutes les forces et tous les moyens d'action dont il disposait dans Paris et en province, il aurait pu repousser l'ennemi et le vaincre.

Cette croyance, qui sera plus tard justifiée par l'histoire, inspirait au peuple tout entier le mépris le plus profond et, même à beaucoup, la haine la plus vive pour les incapables et les traîtres, auteurs de tous ses maux.

L'esprit réactionnaire de l'assemblée de Versailles, les opinions royalistes de la majorité, nullement dissimulées ; ses projets de restauration monarchique ouvertement manifestés; ses tendances jésuitiques, ultramontaines et catholiques ; ses projets et ses votes réactionnaires, ses tendances liberticides, ses défiances et l'hostilité qu'elle avait témoignées à la population de Paris en refusant de venir siéger dans cette ville, et en la menaçant de la décapitaliser ; tout contribuait à éloigner Paris de Versailles, et à creuser plus profondément l'abîme qui séparait le gouvernement de M. Thiers et la majorité de l'assemblée du peuple de Paris.

Des symptômes indéniables de cette rupture profonde, de cette désaffection irremédiable, se manifestaient dès le commencement de mars. Le 4 de ce mois, des délégués de divers bataillons de la garde nationale de Paris se réunissaient et décidaient par un vote que si l'assemblée nationale continuait à siéger à Bordeaux ou dans une autre ville que Paris, et que si la majorité royaliste de cette assemblée voulait restaurer la royauté, placer un Bourbon ou un d'Orléans sur le trône, la garde nationale proclamerait la liberté, l'indépendance, l'autonomie de la capitale et la République parisienne.

Quelques jours plus tard la nomination du général d'Aurelle de Paladines au commandement en chef de la garde nationale de Paris vint encore augmenter les défiances de cette ville, et la confirmer dans l'intention qu'elle avait déjà de procéder elle-même à la nomination de tous ses chefs sans exception aucune, du caporal jusqu'au général commandant en chef.

Le général d'Aurelle publia un ordre du jour qui était bien fait pour augmenter les défiances et la colère des gardes nationaux, et pour les faire persister dans leur intention de nommer eux-mêmes leur commandant en chef. Dans cette pièce officielle, le général royaliste ne parlait que du respect "de la discipline de l'ordre qui seul peut ramener la prospérité."

Il déclarait avoir "la ferme volonté de réprimer avec énergie tout ce qui pourrait porter atteinte à l'ordre et à la tranquillité," etc.

Enfin il ajoutait: "Il est nécessaire que le travail répare le plus tôt possible les malheurs de la guerre."

Or, dans la situation précaire où on était, en face des éventualités, des dangers, des ruines, des désastres de la patrie, parler de reprise du travail semblait aux ouvriers une dérision et une amère ironie. Ils savaient tout aussi bien que M. d'Aurelle de Paladines qu'il n'y avait pas de reprise de travail à espérer pour le moment, et ils pensaient que le commandant en chef de la garde nationale voulait les désarmer et les renvoyer chez eux sous prétexte de la reprise du travail.

Le citoyen Brette, capitaine de la garde nationale de Belleville, exprimait d'une façon énergique, dans une proclamation adressée à sa compagnie, la violente indignation qui était alors dans tous les cœurs:

"Citoyens," disait-il, "nous avons des armes, nous avons des cartouches, qui donc oserait nous les enlever? Ceux qui le tenteraient recevraient à l'instant notre plomb dans la poitrine."

Voici une autre proclamation du même général adressée à la garde nationale, et qui ne laisse aucun doute sur l'hostilité dont M. d'Aurelle de Paladines était animé envers la grande majorité des gardes nationaux de la capitale qui avaient voté pour les membres du Conseil Central :

" *A la garde nationale de la Seine.*

" Le gouvernement compte sur vous pour défendre votre capitale, vos familles et vos propriétés.

" Quelques hommes égarés se mettant eux-même au-dessus des lois, et obéissant à des chefs cachés, dirigent contre Paris les canons qui ont été soustraits au pouvoir des Prussiens.

" Ils résistent par la force à la garde nationale et à l'armée.

" Le souffrirez-vous ?

" Agirez-vous comme eux, sous les yeux de l'ennemi prêt à profiter de nos désordes ?

" Abandonnerez-vous Paris à la sédition ?

" Si vous ne coupez pas le mal dans sa racine s'en est fait de la République, et peut-être de la France.

" Leur sort est entre vos mains.

" Le gouvernement a décidé que vos armes vous seraient laissées.

" Servez-vous en avec la résolution de rétablir le

règne de la loi, de sauver la République de l'anarchie qui serait sa ruine.

"Groupez-vous autour de vos chefs; c'est le seul moyen d'échapper à la ruine et à la domination de l'étranger.

"Le général en chef commandant de la garde nationale,
"D'Aurelle.
"Le ministre de l'interieur,
"Ernest Picard.
"Paris, le 18 mars 1871."

La personnalité de Monsieur d'Aurelle de Paladines était bien faite, aussi, pour justifier toutes les craintes, toutes les antipathies, et toutes les défiances du peuple.

Voici le portrait qu'un de ses biographes fait de lui :

"D'Aurelle de Paladines avait perdu son commandement à Marseille à cause de ses opinions royalistes bien connues.

"Brutal jusqu'à la cruauté, il s'est toujours fait détester de ses soldats.

"Général, il laisse à Orléans ses divers corps dans l'isolement, sans ordres. Il abandonna ceux qui s'avançaient livrés à leur héroïsme, et il laissa les marins seuls à la défense de leurs pièces. Il fit couper les ponts chargés de soldats, dont on retrouvait ensuite les cadavres ensevelis dans la glace, et il se retirait au moment où, du haut du plateau d'Avron, les défenseurs de Paris lui tendaient la main.

" Député, il s'est déjà signalé en se permettant de rappeler 'aux convenances' dans les bureaux de l'assemblée un député républicain de l'Alsace, qui revendiquait pour son pays l'appui de la France.

" Voilà l'homme que nous envoient d'un commun accord les réactions légitimiste, orléaniste, et surtout cléricale.

" Ce général se fait suivre de quarante mille hommes de l'armée de la Loire, pour dompter la garde nationale républicaine de Paris.

" Heureusement que ces hommes, de l'armée de la Loire perdue par lui, sont plus près de donner la main à leurs frères de Paris que de servir de prétoriens à ce général, qui n'a remporté de victoires qu'au conseil de guerre."

Tel était l'homme que dans sa haute sagesse M. Thiers avait revêtu du commandement en chef de la garde nationale.

Voici le compte-rendu d'une réunion des chefs de bataillons et des maires de Paris qui a eu lieu, le 8 mars, chez le même commandant en chef de la garde nationale, qui peint parfaitement la situation des esprits à cette époque, les craintes et les défiances de la garde nationale, les anxiétés de l'opinion publique, et les griefs de la population parisienne :

" Hier, huit mars, à une heure, le général

d'Aurelle de Paladines avait convoqué l'état-major de la garde nationale, les chefs de bataillon des quatre arrondissements composant le quatrième secteur, et les maires de ces arrondissements.

"Le maire du premier arrondissement, celui du Louvre, le plus aristocratique de Paris, fit ressortir en termes très-chaleureux que les défiances de l'assemblée nationale, qui persiste à ne pas vouloir siéger dans la capitale, sont une injure pour la population de Paris et notamment pour la garde nationale.

"Il engage le général à user de son influence pour faire cesser cet état de choses.

"Après lui le maire du 9me arrondissement, encore un quartier réactionnaire, dit qu'il craint que la suppression trop brusque de l'allocation de 1f. 50c. par jour, accordée aux citoyens gardes nationaux, en grande partie sans travail et sans ressources, amène des désordres graves dans la capitale.

"Il parle aussi à propos de la question des loyers, et il voit dans la solution de cette dernière des difficultés de premier ordre qu'il est indispensable de trancher le plus vite possible.

"Le général d'Aurelle répond que ces questions sont à l'étude, et qu'on s'occupe activement de *réorganiser* la garde nationale par bataillon et par quartier.

" Il ajoute que le ministre de l'intérieur a déjà choisi une commission d'hommes compétents, et que dans trois ou quatre jours le travail sera terminé.

" Quant aux loyers, le général ne peut que conseiller aux propriétaires d'être très-humains avec leurs locataires.

" La municipalité du dix-huitième arrondissement ayant été attaquée par un chef de bataillon, le citoyen Clémenceau, maire, répond que les nouvelles officielles de Paris reçues à Bordeaux lui faisaient craindre en effet des troubles graves dans son arrondissement, et qu'il a été très-agréablement surpris quand il est arrivé à Paris, de voir que tout était calme, même autour des fameux canons de Montmartre, qui effraient tous les quartiers du centre.

" A propos de ces canons, le commandant Barberet signale à ses collègues, ainsi qu'au général, les articles coupables de la presse réactionnaire, qui, depuis huit jours, poussent ouvertement à la guerre civile.

" Aux bataillons du centre, fait observer le citoyen Barberet, on dit que ceux des quartiers excentriques doivent descendre pour les piller, et aux bataillons des quartiers excentriques on fait croire que ceux du centre doivent enlever leurs canons pour les livrer à l'autorité militaire.

" On bat le rappel partout ; tous les citoyens sont debout jour et nuit pour attendre un ennemi qui n'existe pas.

"Une telle situation ne peut durer plus longtemps. Le commandant Barberet déclare qu'il faut qu'on sache que si la garde nationale s'est emparée des canons qui sont sur les Buttes Montmartre, c'était d'abord pour ne pas les laisser tomber entre les mains des Prussiens, et ensuite pour qu'ils ne servent pas d'instrument à une armée prétorienne quelconque, instrument elle-même des visées ambitieuses d'un tyran qui voudrait faire un nouveau Deux-Décembre.

"Il affirme que ces canons ne sont nullement dirigés contre des concitoyens de la cité parisienne; qu'à Montmartre, pas plus qu'ailleurs, on ne veut la guerre civile, et que si on confiait ces pièces à la garde nationale, les citoyens qui les gardent actuellement seraient tout prêts à les laisser répartir entre les divers bataillons de la garde nationale de Paris.

"Puis terminant ses observations, le citoyen Barberet prie le général d'Aurelle de démentir officiellement les projets que des journaux indignes lui prêtent à l'égard des Parisiens."

Le général d'Aurelle répond par toutes les banalités qu'on est habitué de débiter en pareille circonstance. Il déclare qu'il est un honnête homme, qu'il a trente ans de bons et loyaux services, etc., etc.

"Enfin, un maire dit que si la tranquillité n'est pas parfaite, c'est parce que le peuple n'a confiance ni dans le gouvernement, ni dans l'assemblée nationale, et que pour faire cesser ce malaise des esprits, il faut que les représentants du peuple viennent siéger à Paris et que les fonctionnaires et le gouvernement déclarent en outre que la *République* ne peut être mise en question."

Toutes ces doléances, ces observations si sensées, ces réclamations si justes et ces conclusions si rationelles n'obtinrent aucune satisfaction et n'eurent aucun succès.

La situation, au contraire, ne fit que s'empirer chaque jour d'avantage.

CHAPITRE II.

LA JOURNÉE DU 18 MARS.

La garde nationale, poussée à bout, abreuvée de dégoût, voyant la patrie livrée à l'étranger malgré tous ses efforts, sa bonne volonté et son héroïsme ; la République trahie, abandonnée aux mains de ses plus cruels ennemis ; les royalistes et la réaction faisant chaque jour de rapides progrès, résolut de sauver au moins la République, puisqu'il lui était impossible d'assurer l'indépendance de la France et l'intégrité de son territoire.

Elle prit alors la détermination de s'organiser d'une façon indépendante du gouvernement, de ne relever et de ne dépendre que d'elle-même.

C'est cette résolution qui lui inspira l'idée de la formation de son Comité Central provisoire, chargé lui-même de l'organisation du Comité définitif. C'est en effet ce qui eut lieu : chaque compagnie de la garde nationale élut deux délégués ; comme il y a douze compagnies par bataillons, chacun de ces derniers eut donc 24 délégués. Les délégués de tous les bataillons d'un arrondissement nommèrent les membres d'une commission d'initiative dite d'arrondissement, qui devaient s'entendre avec le Comité Central républicain.

Tous les délégués dans chaque arrondissement ont élu en outre quatre membres pour former *le Comité Central de la garde nationale,* qui est ainsi composé de quatre-vingts membres, puisqu'il y a vingt arrondissements dans Paris.

C'est en effet ce qui a eu lieu le vendredi, 10 mars, dans la réunion des délégués de 215 bataillons de la garde nationale qui a été tenue au Wauxhall, et à laquelle assistaient environ 5,000 délégués.

Cette organisation si simple et si puissante, puisqu'elle a déjà le concours et l'appui de 215 bataillons de la garde nationale sur 265, permettra à la garde nationale d'agir suivant les circonstances avec une promptitude, une énergie, une décision, et une force qui défieront toutes les tentatives de la réaction pour renverser la République.

Le Comité Central de la garde nationale et le Comité de la Fédération républicaine opérèrent leur fusion quelques jours plus tard, et adoptèrent les statuts suivants :

"*Fédération républicaine de la garde nationale.*

"STATUTS.

"Déclaration préalable.

"La République est le seul gouvernement possible ; elle ne peut être mise en discussion.

"La garde nationale a le droit absolu de nommer tous ses chefs, et de les révoquer dès qu'ils ont perdu la confiance de ceux qui les ont élus, toutefois après une enquête préalablement destinée à sauvegarder les droits de la justice.

"Art. 1.—La Fédération de la garde nationale est organisée ainsi qu'il suit ; elle comprend :

"1. L'assemblée générale des délégués ;

"2. Le Cercle de bataillon ;

"3. Le Conseil de légion ;

"4. Le Comité Central.

"Art. 2.—L'assemblée générale est formée :

"1. D'un délégué élu à cet effet dans chaque compagnie, sans distinction de grade ;

"2. D'un officier par bataillon élu par le corps des officiers ;

"3. Du chef de chaque bataillon.

"4. Ces délégués, quels qu'ils soient, sont toujours révocables par ceux qui les ont nommés.

"Art. 3. Le Cercle de bataillon est formé :

"1. De trois délégués par compagnie, élus sans distinction de grade ;

"2. De l'officier délégué à l'assemblée générale ;

"3. Du chef de bataillon.

"Art. 4.—Le Conseil de légion est formé :

"1. De deux délégués par Cercle de bataillon, élus sans distinction de grade ;

"2. Des chefs de bataillon de l'arrondissement.

" Art. 5.—Le Comité Central est formé :

" 1. De deux délégués pour l'arrondissement, élus sans distinction de grade par le Conseil de légion ;

" 2. D'un chef de bataillon par légion, élu par ses collègues.

" Art. 6.—Les délégués aux Cercles de bataillon, Conseil de légion et Comité Central, sont les défenseurs naturels de tous les droits de la garde nationale. Ils devront veiller au maintien de l'armement de tous les corps spéciaux et autres de ladite garde, et prévenir toute tentative qui aurait pour but le renversement de la République.

" Art. 7.—Les réunions de l'Assemblée générale auront lieu le premier dimanche du mois, sauf l'urgence.

"Les diverses fractions de la Fédération constituées fixeront par un règlement intérieur les modes, lieux et heures de leurs délibérations.

" Art. 8.—Pour subvenir aux frais généraux d'administration, de publicité et autres du Comité Central, il sera établi dans chaque compagnie une cotisation qui devra produire au minimum un versement mensuel de cinq francs, lequel sera effectué du 1er au 5me du mois, entre les mains du trésorier, par les soins des délégués.

" Art. 9.—Il sera délivré à chaque délégué, membre de l'Assemblée générale, une carte personnelle, qui lui servira d'entrée à ses réunions.

" Art. 10.—Tous les gardes nationaux sont solidaires, et les délégués de la Fédération sont placés sous la sauvegarde immédiate de la garde nationale tout entière." *(Suivent les signatures.)*

Voilà comment la garde nationale de Paris, inspirée par les évènements, poussée par les circonstances, mue par la force des choses, en est arrivée le 10 mars dernier à s'isoler complètement du gouvernement de Versailles, à se créer une organisation propre, libre, indépendante, ne relevant que d'elle et disposant de forces considérables.

Du jour où la garde nationale s'était ainsi constituée et organisée il n'y avait réellement plus d'autre pouvoir que le sien à Paris, le gouvernement de M. Thiers, élu par l'assemblée rurale et réactionnaire de Versailles, devait disparaître devant elle.

Le Comité Central de la garde nationale était le seul et le véritable gouvernement de la capitale.

Les évènements, comme nous le verrons, se chargèrent bientôt de justifier cette opinion.

Dès le 10 mars il adressait à la garde nationale la proclamation suivante, qui était affichée sur les murs de Paris :

"À L'ARMÉE.

"*Les délégués de la garde nationale de Paris.*

"Soldats, enfants du peuple !

"On fait courir en province des bruits odieux.

"Il y a à Paris 300,000 gardes nationaux, et cependant on y fait entrer des troupes que l'on cherche à tromper sur l'esprit de la population parisienne. Les hommes qui ont organisé la défaite, démembré la France, livré tout notre or, veulent échapper à la responsabilité qu'ils ont assumée en suscitant la guerre civile. Ils comptent que vous serez les dociles instruments du crime qu'ils méditent.

"Soldats citoyens, obéirez-vous à l'ordre impie de verser le même sang qui coule dans vos veines? Déchirerez-vous vos propres entrailles?—Non, vous ne consentirez pas à devenir parricides et fratricides!

" Que veut le peuple de Paris?

" Il veut conserver ses armes, choisir lui-même ses chefs, et les révoquer quand il n'a plus confiance en eux.

" Il veut que l'armée soit renvoyée dans ses foyers, pour rendre au plus vite les cœurs à la famille et les bras au travail.

" Soldats, enfants du peuple, unissons-nous pour sauver la République. Les rois et les empereurs nous ont fait assez de mal. Ne souillez pas votre vie. La consigne n'empêche pas la responsabilité de la conscience. Embrassons-nous à la face de ceux qui, pour conquérir un grade, obtenir une place, ramener un roi, veulent nous faire entre-égorger.

" Vive à jamais la République!

" Voté dans la séance du Wauxhall, le 10 mars 1871.   (*Suivent les signatures.*)

Nous verrons bientôt que cet appel avait été entendu et compris par la garde nationale et par l'armée, et que le Comité Central de la Fédération républicaine de la garde nationale possédait leurs sympathies et leur confiance.

Depuis les préliminaires de la paix, l'armée et la garde mobile avaient été désarmées par les Prussiens, moins une division comprenant un effectif de 12 mille hommes, qui fut ensuite porté à 40 mille, d'accord avec les Prussiens, après les demandes pressantes du gouvernement de Versailles. Cette réserve armée était composée en grande partie d'anciens gendarmes, de gardiens de Paris, auxquels étaient joints quelques régiments de ligne. Ces troupes, selon les conditions imposées par l'ennemi, devaient être spécialement affectées au maintien de l'ordre dans Paris.

A côté des 40,000 hommes de troupes régulières les gardes nationaux avaient aussi obtenu le privilége de conserver leurs armes. Une des plus grandes humiliations et un des plus pénibles supplices qui leur avaient été alors imposés, ce fut le spectacle si triste de la livraison des armes de l'armée régulière à l'ennemi. C'était avec des larmes dans les yeux, des imprécations et des soupirs d'indignation, que les gardes nationaux de Paris avaient vu défiler devant eux les 1,800 superbes canons, les mitrailleuses, et les 200,000 chassepots de l'armée régulière, lorsqu'ils furent honteusement livrés aux Prussiens conformément au traité de paix, et c'était avec non moins de douleur et de désespoir qu'ils avaient assisté au navrant spectacle de nos soldats et de nos gardes mobiles faisant leur rentrée dans la capitale désarmés et la tête basse.

En présence de ces malheurs et de ces hontes, les gardes nationaux serraient convulsivement leurs armes, ils se promettaient bien de ne jamais s'en séparer, et de ne pas oublier non plus quels étaient les incapables et les lâches auxquels ils devaient tous ces maux.

La garde nationale non-seulement avait conservé ses fusils, mais encore ses canons, qu'elle avait acheté pour la plupart avec les produits des souscriptions organisées dans son sein.

Un grand nombre de ces derniers, qui garnissaient et défendaient les ramparts, avaient été démontés et jetés au bas de leurs affuts, ainsi que l'exigeaient les préliminaires de la paix, d'autres étaient réunis dans des parcs d'artillerie. Tous étaient abandonnés presque sans garde depuis l'entrée des Prussiens dans la capitale.

Inspirés par un sentiment de conservation, et par un amour bien naturel pour ces armes, sur lesquelles ils avaient compté pour se défendre contre l'étranger, les gardes nationaux recueillirent avec soin les canons si négligeamment abandonnés par la prétendue défense nationale ; il les placèrent sur leurs affuts, auxquels ils s'attelèrent et les conduisirent soit aux Buttes Montmartre, soit à la Villette, soit aux Batignolles, où ils les parquèrent et les mirent en batteries, les gardant soigneusement afin qu'ils ne puissent tomber au pouvoir des Prussiens ou entre les mains de la police, des anciens sergents de ville, des gendarmes, ou des gardiens de Paris, composant la majorité de l'effectif de l'armée de la capitale.

Comme nous l'avons dit ces canons appartenaient pour la plus grande partie à la garde nationale, qui les avait achetés avec le produit des souscriptions faites dans ses bataillons. Il était donc tout naturel qu'elle prit soin de son bien, de sa propriété.

Eh bien, qui le croirait, ce fut ce sentiment de conservation si naturel et si légitime qui servit de prétexte à M. Thiers et à ses collègues du gouvernement pour provoquer la guerre civile et pousser le peuple à l'insurrection.

Monsieur Ernest Picard, ministre de l'intérieur, publiait alors dans le *Journal Officiel* et faisait apposer sur les murs de Paris, une proclamation dans laquelle il incriminait la conduite de la garde nationale.

"Les faits les plus regrettables," disait-il, "se sont produits depuis quelques jours et ménacent gravement la paix de la cité. Des gardes nationaux en armes et obéissant non à leurs chefs légitimes, mais à un Comité Central anonyme qui ne peut leur donner aucun ordre sans commettre un crime sévèrement puni par les lois, se sont emparés d'un grand nombre d'armes et de munitions de guerre sous prétexte de les soustraire à l'ennemi, dont ils redoutaient l'invasion. Il semble que des pareils actes dussent cesser après l'invasion prussienne. . . . .

" Ceux qui provoquent ces désordres assument sur eux une terrible responsabilité," etc.

Quand cette proclamation parut, les gardes nationaux qui gardaient paisiblement leurs canons s'en émurent fort peu, et continuèrent tranquillement à faire leur faction autour de leurs pièces.

La tranquillité la plus complète règnait dans la capitale ; les curieux allaient visiter les parcs d'artillerie de Montmartre, de la Villette, des Batignolles, et de la place des Voges ; ces visites étaient pour eux des promenades agréables, et personne à l'exception du gouvernement ne se préoccupait outre mesure des canons de la garde nationale, car nul ne redoutait l'emploi qui pouvait en être fait par les soldats citoyens.

Quelques tentatives avaient été faites sans succès par l'autorité pour s'emparer de ces canons, par surprise, mais elles n'avaient pas abouti.

Ainsi, par exemple, le 17 mars, les gendarmes s'étaient rendus à la place de Wagram, où la garde nationale possédait un parc d'artillerie, dans l'intention de s'emparer des 56 canons qui le garnissaient, mais ils fut repoussés par le bataillon qui les gardait. Le rappel fut battu dans tout le quartier Saint-Antoine. Les gardes nationaux accoururent immédiatement, les gendarmes furent cernés et les canons triomphalement conduits dans un autre parc d'artillerie place des Voges, d'où ils furent plus tard enlevés et transportés à Montmartre.

Comme on le voit, tout s'était passé sans violence et sans collision, et la tranquillité publique n'avait pas été troublée.

Le lendemain, 18 mars, la stupéfaction et la consternation furent grandes dans Paris, quand à son réveil la population lut la menaçante proclamation suivante, que M. Thiers et ses collègues avaient fait apposer sur les murs de la capitale :

" Habitants de Paris,

"Nous nous adressons encore à vous, à votre raison et à votre patriotisme, et nous espérons que nous serons écoutés.

"Votre grande cité, qui ne peut vivre que par l'ordre, est profondément troublée dans quelques quartiers, et le trouble de ces quartiers, sans se propager dans les autres, suffit cependant pour y empêcher le retour du travail et de l'aisance.

"Depuis quelque temps, des hommes mal-intentionnés, sous prétexte de résister aux Prussiens, qui ne sont plus dans vos murs, se sont constitués les maîtres d'une partie de la ville, y ont élevé des retranchements, y montent la garde, vous forcent à la monter avec eux, par ordre d'un comité occulte qui prétend commander seul à une partie de la garde nationale, méconnaît ainsi l'autorité du général d'Aurelles, si digne d'être à votre tête, et veut former un gouvernement en opposition au gouvernement légal, institué par le suffrage universel.

" Ces hommes qui vous ont causé déjà tant de mal, que vous avez dispersés vous-mêmes au 31 octobre, affichent la prétention de vous défendre contre les Prussiens, qui n'ont fait que paraître dans vos murs et dont ces désordres retardent le départ définitif; braquent des canons qui, s'ils faisaient feu, ne foudroieraient que vos maisons, vos enfants et vous-mêmes ; enfin, ils compromettent la République, au lieu de la défendre, car, s'il s'établissait dans l'opinion de la France que la République est la compagne nécessaire du désordre, la République serait perdue. Ne les croyez pas, et écoutez la vérité, que nous vous disons en toute sincérité !

" Le gouvernement, institué par la nation tout entière, aurait déjà pu reprendre ces canons dérobés à l'Etat, et qui, en ce moment, ne menacent que vous, enlever ces retranchements ridicules qui n'arrêtent que le commerce, et mettre sous la main de la justice les criminels qui ne craindraient pas de faire succéder la guerre civile à la guerre étrangère ; mais il a voulu donner aux hommes trompés le temps de se séparer de ceux qui les trompent.

" Cependant, le temps qu'on a accordé aux hommes de bonne foi pour se séparer des hommes de mauvaise foi est pris sur votre repos, sur votre bien-être, sur le bien-être de la France tout entière. Il faut donc ne pas le prolonger indéfiniment. Tant que dure cet état de choses, le commerce est arrêté, vos boutiques sont désertes, les commandes qui viendraient de toutes parts sont suspendues, vos bras sont oisifs, le crédit ne renaît pas, les capitaux, dont le Gouvernement a besoin pour délivrer le territoire de la présence de l'ennemi, hésitent à se présenter. Dans votre intérêt même, dans celui de votre cité, comme dans celui de la France, le Gouvernement est résolu à agir. Les coupables qui ont prétendu instituer un gouvernement à eux, vont être livrés à la justice régulière. Les canons dérobés à l'Etat vont être rétablis dans les arsenaux, et, pour exécuter cet acte urgent de justice et de raison, le Gouvernement compte sur votre concours. Que les bons citoyens se séparent des mauvais ; qu'ils aident à la force publique au lieu de lui résister. Ils hâteront ainsi le retour de l'aisance dans la cité, et rendront service à la République elle-même, que le désordre ruinerait dans l'opinion de la France.

"Parisiens, nous vous tenons ce langage, parce que nous estimons votre bon sens, votre sagesse, et votre patriotisme ; mais, cet avertissement donné, vous nous approuverez de recourir à la force, car il faut, à tout prix, et sans un jour de retard, que l'ordre, condition de notre bien-être, renaisse entier, immédiat, inaltérable.

"THIERS, Président du conseil, chef du pouvoir exécutif de la République.
"DUFAURE, ministre de la justice.
"E. PICARD, ministre de l'intérieur.
"POUYER-QUERTIER, ministre des finances.
"JULES FAVRE, ministre des affaires étrangères.
"Général LE FLÔ, ministre de la guerre.
"Amiral POTHUAU, ministre de la marine.
"JULES SIMON, ministre de l'instruction publique.
"DE LARCY, ministre des travaux publics.
"LAMBRECHT, ministre du commerce.

"Paris, le 17 mars 1871."

Cette proclamation était, comme on le voit, un defi jeté à la garde nationale et à l'opinion publique, une véritable provocation à la guerre civile, et elle devait avoir les conséquences les plus graves.

Monsieur Thiers et ses collègues savaient mieux que personne que les canons qu'ils réclamaient appartenaient à la garde nationale, qu'ils avaient été, comme nous l'avons déjà dit, fabriqués avec les souscriptions de cette dernière, et qu'il ne pouvait par conséquent y avoir appropriation au préjudice de l'Etat, ainsi que le prétendait faussement le gouvernement. S'il y avait eu détournement, il n'aurait eu lieu qu'au préjudice de certains bataillons de la garde nationale, qui pouvaient avoir le droit de réclamer les canons leur appartenant.

Mais le gouvernement ne pouvait ignorer que les gardes nationaux de Montmartre, ainsi que tous leurs collègues détenteurs des canons, avaient publié des affiches et des articles de journaux dans lesquels ils offraient de restituer les canons aux bataillons qui viendraient en réclamer la propriété.

M. Thiers n'ignorait pas non plus la manière inoffensive dont ces canons étaient parqués et gardés, et les intentions toutes pacifiques de ceux qui les avaient en leur pouvoir. Il savait aussi que si le gouvernement avait la patience et la sagesse d'attendre quelques jours, de laisser se calmer l'irritation que le siége, les préliminaires de la paix et l'entrée des Prussiens dans Paris avaient occasionnés, les gardes nationaux ne persisteraient probablement pas à garder leurs canons, et qu'ils seraient, ainsi que beaucoup l'étaient déjà, disposés à les remettre à un corps d'artillerie de la garde nationale, dès que ce dernier serait organisé.

Il était très-facile de trouver une solution pacifique au conflit élevé au sujet des canons de la Villette, des Batignolles, et de Montmartre, et si M. Thiers l'eut voulu, il est certain qu'avec son esprit souple et délié il eut terminé ce différent à la satisfaction de tous, sans violence et sans qu'une seule goutte de sang eut été versée.

Mais cette solution pacifique n'entrait pas dans les vues du chef du pouvoir exécutif. Il lui fallait un prétexte pour procéder, non-seulement à la reprise des canons, mais encore au désarmement de la garde nationale des faubourgs, à l'épuration et à la réorganisation de celle des autres quartiers, et surtout pour obtenir la dissolution du Comité Central de la garde nationale.

Ce que voulait M. Thiers, c'était dissoudre et désarmer l'élément ouvrier, composé des prolétaires de la capitale, afin de pouvoir travailler en paix et sécurité à l'œuvre de restauration monarchique, à laquelle il se livrait tout entier avec la plus grande activité depuis le commencement de la guerre.

L'ancien ministre de Louis-Philippe avait son plan, qu'il poursuivait avec persévérance et ténacité; et, pour lui, l'heure était venue, comme il le disait dans sa proclamation, "de recourir à la force, car il fallait à tout prix et sans un jour de retard que l'ordre renaisse entier, immédiat, inaltérable."

Nous allons voir maintenant comment les évènements répondirent à l'attente du chef du pouvoir.

Pendant la nuit du 17 au 18 mars des troupes de diverses armes sont dirigées sur Montmartre, afin de s'emparer des canons de la garde nationale.

A quatre heures du matin les boulevards extérieurs, depuis les Batignolles jusqu'à la rue Puebla, sont occupés militairement, ainsi que les boulevards la Chapelle, Rochechouart, Pigale, etc.; un double cordon de sentinelles est établi à l'entrée de la rue de Clignancourt.

Des canons et des mitrailleuses sont placés sur le boulevard de la Chapelle, les gueules tournées dans les directions de la Villette et des Batignolles.

Une autre mitrailleuse placée à l'entrée de la rue Virginie menace Montmartre; d'autres sont braquées à l'entrée de la rue Biot, en face de la rue de Clichy, et aux entrées de plusieurs autres voies de communication.

Ces mitrailleuses étaient gardées par des artilleurs et des détachements de la ligne. Sur la place de Clichy stationnaient plusieurs compagnies de la ligne, un escadron de gardes républicains, des gendarmes à cheval, et deux ou trois pièces de canons attelées.

Toutes les rues qui conduisent des boulevards sur les hauteurs sont gardées par des compagnies de soldats de la ligne appartenant aux 137ᵉ, 38ᵉ, 121ᵉ, 136ᵉ, 35ᵉ, 109ᵉ, et 88ᵉ régiments de l'armée de la Loire. Sur la place Clichy trois pièces de canon sont disposées de manière à enfiler l'avenue de Clichy et la rue Biot. Les rues des Martyrs, de Dancourt, et suivantes, sont garnies de mitrailleuses.

La garde de Paris est rangée en bataille sur le boulevard de la Villette.

La circulation est interdite dans les rues qui conduisent aux buttes sur lesquelles est placé le parc d'artillerie cerné par la force armée.

Des gardes républicains (anciens gardes municipaux et gardiens de Paris) et des détachements d'ex-sergents de ville, transformés en gardiens de la paix, armés de chassepots, sont chargés de s'emparer des canons. La garde de ces derniers est confiée à un piquet du 159ᵉ bataillon de la garde nationale, composé seulement de 40 hommes.

Le commandant des gardes républicains et des gardiens de la paix somme les gardes nationaux de se rendre et de déposer leurs armes. Ces derniers refusent.

Les troupes assaillantes, bien supérieures en nombre aux gardes nationaux, après avoir échangé quelques coups de fusils avec ces derniers, qui battent en retraite, s'emparent des buttes, qui sont occupées par elles, par de forts détachements du 129ᵉ de ligne et de chasseurs de Vincennes, commandés par le général de division Lecomte.

Pendant que les troupes prenaient leurs dispositions et occupaient les hauteurs de Montmartre, on battait le rappel dans tout le faubourg afin d'assembler les bataillons de la garde nationale et de reprendre les positions dont la troupe s'était si facilement emparée par surprise. Les 166e, 129e, et 158e bataillons de la garde nationale, rapidement concentrés, cernèrent bientôt les gardes républicains, les sergents de ville, et les autres soldats qui occupaient les buttes.

Des artilleurs, dont les chevaux étaient attelés à une dixaine de pièces, emmenèrent ces dernières jusqu'à l'angle de la rue Lepic et de la rue des Abbesses, où ils furent arrêtés par un rassemblement de trois ou quatre cents personnes, parmi lesquelles on remarquait beaucoup de femmes et de jeunes gens.

Un détachement d'infanterie, envoyé pour prêter main forte aux canonniers et les dégager, fut entouré, circonvenu et désarmé par la foule. Les conducteurs des pièces, se voyant alors dans l'impossibilité de remplir leur mission, imitèrent l'exemple des autres soldats, cédèrent aux sollicitations de la foule, restituèrent les canons aux gardes nationaux, qui s'attelèrent à ces derniers et les trainèrent au pas de course à la mairie de Montmartre.

Bientôt la plus grande partie des soldats de la ligne, des artilleurs et même des gardes républicains imitaient l'exemple de leurs camarades, fraternisaient avec le peuple, levaient la crosse en l'air, et refusaient de tirer. Le 88ᵉ de ligne se fit surtout remarquer par ses sentiments républicains et par ses sympathies pour la garde nationale, avec laquelle il fraternisa un des premiers. Il leva en masse le crosse en l'air aux cris de: "Vive la ligne!" "Vive la garde nationale!" "Vive la République!" poussés par la garde nationale et toute la population.

Le général Lecomte, qui avait commandé quatre fois de faire feu sur le peuple, et auquel les soldats avaient refusé d'obéir, abandonné par ses troupes, fut arrêté par elles et conduit prisonnier à l'établissement du Château-Rouge.

Les mitrailleuses et les canons de l'armée régulière avaient en même temps été livrés de bonne grâce aux gardes nationaux.

On rencontrait partout, et surtout sur les boulevards extérieurs, des groupes nombreux composés de soldats de toutes armes et de gardes nationaux fraternisant ensemble aux cris de "Vive la République!" chantant la Marseillaise et l'hymne des Girondins.

Dès huit heures du matin la victoire du peuple était complète.

La troupe par son attitude bienveillante et fraternelle avait assuré le triomphe de la Révolution et évité l'effusion du sang. Quelques conflits regrettables, provoqués par des officiers supérieurs, avaient cependant coûté la vie à sept ou huit personnes. C'était certes un grand malheur. Mais on doit néanmoins se féliciter que la provocation insensée de M. Thiers et de ses collègues du gouvernement n'ait pas causé de plus grands malheurs ce jour-là et fait verser des flots de sang.

Durant toute la journée de nombreux ouvriers volontaires ont été occupés à fortifier les Buttes Montmartre, à creuser plus profondément les tranchées, à solidifier les redoutes.

De nombreuses barricades ont été élevées dans les faubourgs, et surtout à Montmartre.

Des citoyens, protégés par une haie de gardes nationaux, élèvent une forte barricade au haut de la rue des Martyrs, aux angles des boulevards Rochechouart et de Clichy. Cette barricade est ensuite armée d'un canon placé de façon à balayer la rue des Martyrs.

La rue Germain Pilon est aussi barricadée et défendue par une pièce de canon. Le carrefour formé par la rencontre des rues Lepic, des Abbesses, et des Dames est aussi défendu par une énorme barricade garnie de quatre pièces d'artillerie, balayant la rue Lepic et la Place Blanche. Cette dernière place est également barricadée à l'entrée des rues Blanche et de la Fontaine.

Le onzième arrondissement imite l'exemple de Montmartre : les rues Saint-Sébastien, Saint-Sabin, Sedaine et du Chemin Vert, sont garnies de solides barricades en pavés, habilement construites.

A Belleville, où l'insurrection est aussi triomphante, cinq barricades garnies de canons commandent la rue de Paris entre le boulevard extérieur et celui de Puebla. Les rues latérales sont aussi barricadées, ainsi que la rue du Faubourg du Temple et la rue Saint-Maur ; il en est de même de la plupart des faubourgs de Paris et du quartier Saint-Antoine et de la Bastille.

A quatre heures du soir le général Clément Thomas, en habit bourgeois, est reconnu boulevard Rochechouart, au coin de la rue Marie-Antoinette, pendant qu'il prenait le plan des barricades élevées par les défenseurs de Montmartre. Il est immédiatement arrêté comme espion par les gardes nationaux et conduit au poste du Château-Rouge, auprès du général Lecomte, arrêté avant lui.

A quatre heures et quart ces deux généraux ont été transférés rue des Rosiers, près des Buttes Montmartre, où se trouvaient un grand nombre de gardes nationaux, de Garibaldiens et de soldats de ligne.

Le récit de l'exécution des généraux Clément

Thomas et Lecomte est fait tout au long, avec des détails circonstanciés, par un témoin oculaire et auriculaire, M. le capitaine Beugnot, prisonnier lui-même. Nous lui laissons la parole pour décrire ces tristes scènes. Le capitaine Beugnot faisant partie de l'armée de Versailles, sa véracité ne sera pas suspectée par les adversaires de la Commune.

Voici son récit :

"J'ai été fait prisonnier par les insurgés," dit-il, "à neuf heures du matin au haut du boulevard Magenta ; j'étais à cheval accompagné d'une escorte de deux cavaliers, et chargé par le général Le Flô, ministre de la guerre, d'explorer les quartiers de Belleville et de Montmartre, pour lui rendre compte de l'opération projetée de l'enlèvement de canons.

"Malgré les avis de nombreux passants qui, voyant un officier en uniforme s'avancer vers un quartier déjà fort agité, craignaient pour sa sécurité, je dépassai la gare du Nord, me dirigeant vers les hauteurs ; mais dès que j'arrivai à l'intersection du boulevard Magenta et de l'ancien boulevard extérieur, je fus entouré par un groupe de trente ou quarante gardes nationaux armés qui s'élancèrent d'un poste, saisirent mon cheval par la bride, et le renversèrent à moitié sur le trottoir. Au bout de quelques minutes, plus de 400 forcenés étaient réunis autour de moi, hurlant et gesticulant avec leurs fusils de la manière la moins rassurante : 'On vient de tirer sur nous,' me crient-ils, 'on vient de tuer nos frères ! Vous allez sans doute porter des ordres à la troupe ! A bas ! à bas !' Mon cheval, affolé par leurs cris, se cabre ; ils profitent de ses mouvements pour me passer une jambe au-dessus de la selle et ils me renversent. Mes deux cavaliers d'escorte, entourés comme moi par la foule, ne purent m'être d'aucun secours. Ils me menèrent alors, au milieu d'une haie de cent à cent cinquante gardes nationaux, au Comité Central qui, disaient-ils, siège dans le Château-Rouge, établissement de bals publics, situé rue de Clignancourt. Pendant le trajet, qui dura environ une demi-heure, ils s'excitaient entre eux, m'accablant d'injures et de menaces.

"Enfin nous arrivâmes au Château-Rouge, et après avoir traversé le jardin, je fus amené au pavillon où je devais rendre compte de ma conduite au comité annoncé. On me fit attendre plus d'une demi-heure devant la porte ; une foule de gardes nationaux m'entourait toujours, et devenait d'autant plus menaçante que personne ne donnait d'ordres.

"Il était alors dix heures à peu près ; les uns voulaient me laisser dans le jardin, probablement pour en finir avec moi plus vite ; les autres voulaient me faire monter dans la maison auprès du comité ; ces derniers réussirent, et après une rixe violente avec leurs camarades, ils m'enlevèrent au premier étage de la maison. Là, je fus introduit dans une chambre où je trouvai un capitaine du 79ᵉ bataillon de la garde nationale, qui me reçut, je dois le dire, de la manière la plus courtoise, sans vouloir cependant me dire au nom de qui il me faisait comparaître devant lui, et surtout de quel droit on m'avait arrêté. Il se contenta seulement d'une manière évasive, mais toujours très-polie, de me dire que son parti avait besoin de garanties pour la journée, et que nous étions des otages ; le grand mot était lâché, et toutes les représailles devenaient possibles contre moi.

" Je demandai son nom à ce capitaine : il me dit se nommer M. Mayer, être journaliste, avoir un fils au service et prisonnier des Prussiens, être toujours, ajoutait-il, prêt à adoucir autant qu'il le pourrait les rigueurs de ma position. Il m'annonça aussi que le général Lecomte avait été fait prisonnier par une foule furieuse qui s'était jetée sur lui, que ses troupes l'avaient abandonné, et que seul, un jeune capitaine du 18ᵉ bataillon de marche de chasseurs à pied, M. Franck, avait voulu l'accompagner, cherchant à le dégager jusqu'au dernier moment. Je m'aperçus, en effet, de la présence du capitaine Franck, que j'avais d'abord pris pour un officier de la garde nationale.

" Nous étions gardés à vue par deux gardes nationaux armés, et nous ne pouvions avoir aucune communication avec le général Lecomte. Sur ces entrefaites arrivèrent d'autres prisonniers faits par les insurgés ; c'étaient M. de Poursargues, chef de bataillon du 18ᵉ régiment de chasseurs à pied, qui était sous les ordres du général Lecomte, et qui, ayant appris que le général avait été fait prisonnier, avait voulu généreusement s'enquérir de son sort, et avait été arrêté ; puis un chef de bataillon du 89ᵉ de marche, je crois ; deux capitaines du 115ᵉ de ligne abandonnés par leurs hommes dans la gare du Nord, et un capitaine du 84ᵉ en bourgeois, qui revenait de captivité en Allemagne, et avait été arrêté à sa descente du chemin de fer comme *mouchard*, disait-il. Je restai dans la compagnie de ces messieurs jusqu'à trois heures et demie ; le capitaine Mayer, auquel nous demandions sans cesse de nous montrer enfin ce comité dont tout le monde parlait autour de nous, était fort embarrassé de nous répondre, mais très-attentif pour nous et plein de prévenances.

" A ce moment, je me mis à la fenêtre, et je vis se produire dans le jardin un mouvement de mauvais augure : des gardes nationaux formaient la haie, mettant la baïonnette au canon. Tout cela semblait annoncer un départ. Il était évident que nous allions être emmenés du Château-Rouge. Effectivement, le capitaine Mayer vint nous prévenir qu'il avait ordre de nous faire mener aux Buttes Montmartre, où se tenait définitivement le comité, qu'on cherchait, nous dit-il, depuis le matin. Je vis bien clairement alors que ce comité n'existait pas, ou bien ne voulait pas s'occuper de nous ; et j'en conclus que nous étions bel et bien perdus, que nous allions ajouter un deuxième acte à la tragédie du général Bréa et de son aide de camp, lâchement assassinés le 24 juin 1848, à la barrière Fontainebleau.

" Nous descendîmes ; c'est alors que je vis pour la première fois le général Lecomte, qui avait été gardé au secret dans une chambre séparée ; il avait l'air calme et résolu. Nous le saluâmes, et les officiers de la garde nationale en firent autant ; mais les hommes qui faisaient la haie nous injurièrent en nous menaçant d'une fin prochaine. Je n'y étais pour ma part que trop préparé.

" Nous arrivons au haut de la butte, où l'on nous fait entrer dans une petite maison située rue des Rosiers : j'ai remarqué le nom de cette rue. Cette maison est composée d'une porte cochère, d'une cour découverte, d'un rez-de-chaussée et de deux étages.

" On nous bouscule dans une salle étroite et obscure au rez-de-chaussée, et un vieux décoré de juillet à la barbe blanche nous dit que le comité va statuer sur notre sort. Le général Lecomte demande à voir immédiatement le comité, répétant maintes fois que nous sommes arrêtés depuis le matin sans raison et sans jugement. On lui répond qu'on va le chercher. Le capitaine Mayer, qui nous avait protégés contre les brutalités des hommes armés du Château-Rouge, n'était pas monté avec nous à la rue des Rosiers. Mais nous eûmes à nous louer grandement, en son absence, du lieutenant Meyer du 79ᵉ bataillon, qui nous fit bien des fois un rempart de son corps, et d'un jeune garde national, dont malheureusement le nom m'échappe et qui me défendit vingt fois contre les attaques de la foule.

"Et le comité n'arrivait toujours pas. La foule extérieure, lasse de l'attendre, lui et sa décision, avait brisé les carreaux de la fenêtre et, à chaque instant, nous voyons un canon de fusil s'abattre vers nous ; mais les officiers de la garde nationale, comprenant toute la gravité de notre situation, et revenant trop tard sur la légèreté avec laquelle ils nous avaient fait sortir du Château-Rouge et exposés à la fureur d'une populace qui croyait que chacun de nous avait au moins tué dix hommes de sa main dans la matinée, ces officiers relevaient les armes dirigées sur nos poitrines, parlaient à la foule qui hurlait : 'A mort !' tâchaient de gagner du temps, nous promettaient qu'ils défendraient notre vie au péril de la leur.

"Mais tout cela ne faisait qu'irriter davantage la foule, qui hurlait toujours afin d'obtenir notre mort.

"Le chassis de la fenêtre se brise sous les efforts du dehors et livre passage aux plus furieux. Dois-je dire que les premiers qui mirent la main sur le général furent un caporal du 3ᵉ bataillon de chasseurs à pied, un soldat du 88ᵉ de marche, et deux gardes mobiles ? Un de ces derniers misérables, lui mettant le poing sur la figure, lui criait : "Tu m'as donné une fois trente jours de prison ; c'est moi qui te tirerai le premier coup de fusil." C'était une scène hideuse, à rendre fou, bien que nous ayons tous fait le sacrifice de notre vie. Il était cinq heures. Une clameur immense domine toutes les autres, une bousculade affreuse a lieu dans la cour et nous voyons tout à coup jeter au milieu de nous un vieillard inconnu qui n'avait évidemment plus que quelques instants à vivre. Le lieutenant Meyer me dit que c'était Clément Thomas, qui venait d'être arrêté rue Pigalle au moment où il se promenait en curieux; qu'il avait été reconnu par des gardes nationaux et traîné aux Buttes Montmartre pour partager notre sort.

"Dès lors la fureur des gardes nationaux ne connaît plus de bornes : c'est à peine s'ils n'assomment pas leurs courageux officiers qui nous défendent avec énergie et désespoir, car ils sentent qu'ils deviennent impuissants à nous protéger longtemps. En vain un individu vêtu d'une chemise rouge monte-t-il sur un mur d'où il adjure la foule de nommer une cour martiale qui statuera sur le sort des prisonniers ; en vain leur dit-il qu'ils vont commettre un lâche assassinat et souiller la République qu'ils acclament si haut : tout est inutile. L'arrivée imprévue du malheureux général Thomas, détesté dans ces bataillons de Montmartre et de Belleville, à cause de sa juste sévérité pendant le siége, cette arrivée nous a tous perdus : la foule, bête furieuse et déchaînée, veut du sang. Celui de Clément Thomas coule le premier ; on le saisit au collet, malgré la résistance du lieutenant Meyer, et de quelques autres citoyens courageux qui retombent épuisés, pendant que nous autres, toujours gardés à vue et couchés en joue à chaque instant, nous ne pouvons bouger.

" Le vieux capitaine décoré de juillet est un des plus ardents à invectiver le malheureux général, qui disparaît à nos yeux, est entraîné à quelques pas de là et fusillé par dix à douze coups qui répondent lugubrement dans nos cœurs. Ce ne fut pas un feu de peloton, mais des coups isolés tirés l'un après l'autre comme dans un feu de tirailleurs.

" Le malheureux général Lecomte subit quelques instants après le même sort, de la même manière. Il était cinq heures et demie.

" Puis, c'était notre tour. Nous étions préparés à la mort, et chacun de nous s'attendait à ouvrir la marche funèbre. Mais nos défenseurs de la garde nationale, après une demi-heure de suprême effort, parvinrent en partie à apaiser la foule, qui s'était éclaircie après le meurtre des deux généraux, et obtinrent d'elle de nous ramener à notre prison du Château-Rouge, où nous serions encore une fois mis à la disposition du comité.

"Il est six heures. Nous sortons de cette maison de sang où nous étions depuis deux mortelles heures et d'où chacun de nous ne croyait plus sortir vivant. La garde nationale qui nous escorte et forme la haie autour de nous semble revenue de ses affreux instincts du matin. Le crime odieux qui vient de se commettre pèse sur toutes les consciences et serre bien des gosiers. A peine avions-nous fait quelques pas pour redescendre des buttes que nous voyons accourir effaré et très-pâle un homme vêtu de noir et portant en sautoir une écharpe tricolore.

"'Où menez-vous ces officiers?' s'écrie-t-il. Il croit qu'on nous mène au supplice, et le malentendu qui s'engage entre lui et notre escorte nous fait perdre du temps, ameute encore la foule et manque de nous devenir fatal. Nous demandons quel est cet homme. On nous répond que c'est M. Clémenceau, maire du dix-huitième arrondissement et député de Paris. Depuis, M. Clémenceau a expliqué à la tribune de l'Assemblée nationale sa conduite dans cette journée. Nous tenons seulement à constater qu'il n'a paru, au milieu de ces scènes honteuses et sanglantes qu'il aurait peut-être pu empêcher, qu'à six heures du soir, après l'assassinat des deux généraux.

"Nous parvenons enfin au Château-Rouge. Au moment où nous allions y rentrer, nous rencontrons le capitaine Mayer, porteur d'un papier qu'il dit être l'ordre d'élargissement de tous les prisonniers, y compris les malheureux généraux. Il ajoute que les nombreuses courses qu'il a dû faire pour obtenir cet ordre du Comité lui ont fait perdre du temps, et qu'il n'a pu arriver qu'après le crime accompli.

" On nous réintègre dans le pavillon du Château-Rouge, et on nous dit d'attendre, toujours gardés à vue par des gardes nationaux, la décision de ce comité invisible.

" A sept heures, enfin, le lieutenant Meyer revient avec un ordre émanant du Comité : c'est un mandat d'amener lancé contre moi, avec ordre de comparution immédiate devant le Comité central. Etait-ce un nouvel arrêt de mort ou une lueur d'espérance ? Je l'ignorais parfaitement. Mais, après les émotions de cette terrible journée, je n'avais plus rien à apprendre, et je me laissai mener dans une maison située rue de Clignancourt, près du Château-Rouge, où mon sort définitif devait se régler.

" A l'entresol de cette maison, je trouvai deux chambres converties en bureaux où deux hommes écrivaient, puis une dernière pièce fort étroite où je fus mis en présence d'un chef de bataillon de la garde nationale nommé Jaclard, qui me sembla embarrassé dans ses questions et peu ferré sur son mandat. Il se contenta de me demander le récit de la journée, et parut attacher beaucoup d'importance à mes paroles, qu'il fit en partie consigner par écrit. A la suite de cet interrogatoire, il me fit mettre en liberté ; mais c'était une mesure dangereuse pour ma sûreté, car la rue était pleine de gardes nationaux et de gens encore très-surexcités.

"Néanmoins, grâce à la nuit, grâce surtout à la présence du lieutenant Meyer, et du jeune garde national dont je parlais au début, je pus m'échapper sain et sauf et regagner ma maison. Une heure plus tard, M. le capitaine Franck pouvait également sortir du Château-Rouge ; mais les autres prisonniers, dont le commandant de Poursargues faisait encore partie, ne purent s'échapper que le lendemain matin ; car les gardes nationaux qui les avaient séquestrés ne voulaient pas reconnaître les ordres émanés de ce bureau qui m'avait rendu la liberté.

"Tel est le récit parfaitement exact de cette journée du 18 mars pour tout ce qui regarde l'assassinat des deux généraux et les faits de Montmartre et du Château-Rouge. Les officiers de la garde nationale, qui étaient les chefs du mouvement insurrectionnel le matin, virent, vers midi, quelles conséquences affreuses aurait leur conduite et firent, je dois à la vérité de le dire, tous les efforts possibles pour sauver les deux victimes et les autres prisonniers dont la mort fut certaine pendant deux heures.

"Ce qui est le plus triste à constater, c'est que des soldats français ont été les premiers, dans un moment pareil, à tirer sur leur général, seul et désarmé, et que les autorités municipales de Montmartre, ainsi que ce fameux Comité dont on nous parlait à chaque instant, ne parurent ni au Château-Rouge, ni à la maison de la rue des Rosiers, et ne firent dans la journée aucun effort visible pour sauver les apparences.

"Signé : Capitaine Beugnot,
"Officier d'ordonnance du ministre de la guerre.

"Versailles, 23 mars 1871."

Ce récit est une preuve évidente que l'exécution des généraux Clément Thomas et Lecomte fut la conséquence de l'irritation populaire, de l'exaspération de la foule affolée qui accusait : le premier d'être venu l'espionner, lever le plan des barricades afin de la faire massacrer, et le second d'avoir donné quatre fois l'ordre de tirer sur le peuple.

Ce document constate aussi que les officiers et un grand nombre de gardes nationaux ont fait tout leur possible pour sauver les deux malheureux généraux.

Leur mort ne peut donc être attribuée qu'à l'exaspération populaire, et il serait souverainement injuste d'en rendre responsable le Comité Central.

Le même jour, le général Chanzy et M. Edmond Turquet, député de l'Aisne, et ancien procureur impérial, arrivant à six heures du soir par le train venant de Tours, furent aussi arrêtés et mis à la disposition du Comité Central.

Le même soir les bataillons de Belleville et ceux de Montmartre occupèrent l'état-major de la place Vendôme.

Telle fut la journée du 18 mars, qui assura sans coup férir le triomphe du Comité Central de la garde nationale, et qui prépara l'avènement de la Commune.

Voici en quels termes le *Journal Officiel* rendit compte de cette journée :

" Citoyens :

" La journée du 18 mars, que l'on cherche par raison et par intérêt à travestir d'une manière odieuse, sera appelée dans l'histoire : la journée de la justice du peuple !

" Le gouvernement déchu, toujours maladroit, a voulu provoquer un conflit sans s'être rendu compte ni de son impopularité ni de la confraternité des différentes armes. L'armée entière, commandée par un fratricide le général Vinoy, a répondu à l'ordre de massacrer le peuple par le cri de : 'Vive la République ! Vive la garde nationale !'

" Seuls deux hommes qui s'étaient rendus impopulaires par des actes que nous qualifions dès aujourd'hui d'iniques ont été frappés par la foule dans un moment d'indignation.

"Le Comité de la Fédération de la garde nationale, pour rendre homage à la vérité, déclare qu'il est étranger à ces deux exécutions.

"Aujourd'hui les ministères sont constitués, la préfecture de police purgée fonctionne, les administrations reprennent leur activité, et nous invitons tous les citoyens à maintenir le calme et l'ordre le plus parfait.

"Citoyens, vous avez vu à l'œuvre la Fédération de la garde nationale établie au milieu de tant de difficultés ; par ce que nous avons fait vous pouvez juger ce que nous aurions pu faire pour la défense nationale, et ce que nous ferons dans l'avenir pour le salut de la République.

"Pour le Comité Central,

"Vésinier, délégué au *Journal Officiel*."

Le Comité Central a en-outre publié les deux proclamations suivantes, annonçant au peuple et à la garde nationale la victoire du 18 mars :

"*Au Peuple.*

"Citoyens,

"Le peuple de Paris a secoué le joug qu'on essayait de lui imposer.

"Calme, impassible dans sa force, il a attendu sans crainte comme sans provocation les fous éhontés qui voulaient toucher à la République.

" Cette fois nos frères de l'armée n'ont pas voulu porter la main sur l'arche sainte de nos libertés.

" Merci à tous, et que Paris et la France jettent ensemble les bases d'une république acclamée avec toutes ses conséquences, le seul gouvernement qui fermera pour toujours l'ère des invasions et des guerres civiles.

" L'état de siége est levé.

" Le peuple de Paris est convoqué dans ses sections pour faire ses élections communales.

" La sûreté de tous les citoyens est assurée par le concours de la garde nationale.

"Le Comité Central de la garde nationale.

"Signé : ANT. ARNAUD, ASSY, BILLORAY, FERRAT, BABICK, ED. MOREAU, DUPONT, VARLIN, BOURSIER, MORTIER, GOUHIER, LAVALETTE, FR. JOURDE, ROUSSEAU, CH. LUILLER, HENRI FORTUNÉ, G. ARNOLD, VIARD, BLANCHET, J. GROLLARD, BARROUD, H. GERESME, FABRE, BERGERET, BOUIT.

"Hôtel-de-Ville de Paris, le 19 mars 1871."

"*Aux gardes nationaux de Paris.*

"Citoyens,

"Vous nous aviez chargés d'organiser la défense de Paris et de vos droits.

"Nous avons conscience d'avoir rempli cette mission : aidés par votre généreux courage et votre admirable sang-froid nous avons chassé ce gouvernement qui nous trahissait.

"A ce moment notre mandat est expiré, et nous vous le rapportons, car nous ne prétendons pas prendre la place de ceux que le souffle populaire vient de renverser.

"Préparez donc et faites de suite vos élections communales, et donnez-nous la seule récompense que nous ayons jamais espérée, celle de vous voir établir la véritable République.

"En attendant nous conservons, au nom du peuple, l'Hôtel-de-Ville.

"Le Comité Central de la garde nationale.

(*Suivent les signatures du Comité Central.*)

"Hôtel-de-Ville de Paris, le 19 mars 1871."

Ces deux documents si concis et si simples se passent de tous commentaires. Vit-on jamais vainqueurs plus modestes, plus modérés et plus honnêtes. C'est le 18 mars que la victoire les a placés au pouvoir, et dès le lendemain 19 ils demandent à en descendre et convoquent les électeurs dans leurs comices pour qu'ils leur donnent des successeurs.

Que l'on compare la conduite de ces hommes avec celle des membres du gouvernement de la prétendue défense nationale, qui, après s'être perpétués pendant sept mois au pouvoir, ont refusé d'en descendre quand le peuple de Paris, après les sommations du 31 octobre et du 21 janvier, leur a signifié une troisième fois, dans la journée du 18 mars, les congés les plus formels, et que l'on dise franchement de quel côté est l'usurpation et de quel côté est la modération, la convenance et la justice ?

Voici la proclamation par laquelle le Comité Central convoque les électeurs pour la nomination des membres de la Commune :

" RÉPUBLIQUE FRANÇAISE.

" *Liberté, Egalité, Fraternité.*

" Le Comité Central de la garde nationale, considérant qu'il y a urgence de constituer immédiatement l'administration communale de la ville de Paris,

" Arrête :

" Art. 1.—Les élections du Conseil Communal de la ville de Paris auront lieu, mercredi prochain, 22 mars.

" Art. 2.—Le vote se fera au scrutin de liste

et par arrondissement. Chaque arrondissement nommera un conseiller par chaque 20 mille habitants ou fraction excédante de plus de dix mille.

" Art. 3.—Le scrutin sera ouvert de huit heures du matin à six heures du soir. Le dépouillement aura lieu immédiatement.

" Art. 4.—Les municipalités des vingt arrondissements sont chargées, chacune en ce qui la concerne, de l'exécution du présent arrêté.

" Une affiche ultérieure indiquera le nombre des conseillers à élire par arrondissement.

" Le Comité Central de la garde nationale.

(*Suivent les signatures.*)

"Hôtel-de-Ville de Paris, le 19 mars 1871."

Lorsque les membres du Comité Central de la garde nationale eurent ainsi honnêtement et courageusement accompli leur mandat, ils adressèrent les touchants adieux suivants aux électeurs de la Commune :

" République Française.

" *Liberté, Egalité, Fraternité.*

comité central.—élections à la commune.

" Citoyens,

"Notre mission est terminée; nous allons céder la place et votre Hôtel-de-Ville à vos nouveaux élus, à vos mandataires réguliers.

" Aidés par votre patriotisme et votre dévouement, nous avons pu mener à bonne fin l'œuvre difficile entreprise en votre nom. Merci de votre concours persévérant ; la solidarité n'est plus un vain mot ; le salut de la République est assuré.

" Si nos conseils peuvent avoir quelque poids dans vos résolutions, permettez à vos plus zélés serviteurs de vous faire connaître, avant le scrutin, ce qu'ils attendent du vote d'aujourd'hui.

" Citoyens,

" Ne perdez pas de vue que les hommes qui vous serviront le mieux sont ceux que vous choisirez parmi vous, vivant de votre propre vie, souffrant des mêmes maux.

" Défiez-vous autant des ambitieux que des parvenus ; les uns comme les autres ne consultent que leur propre intérêt, et finissent toujours par se considérer comme indispensables.

" Défiez-vous également des parleurs, incapables de passer à l'action ; ils sacrifieront tout à un discours, à un effet oratoire ou à un mot spirituel.

" Evitez également ceux que la fortune a trop favorisés, car trop rarement celui qui possède la fortune est disposé à regarder le travailleur comme un frère.

" Enfin, cherchez des hommes aux convictions sincères, des hommes du peuple, résolus, actifs, ayant un sens droit et une honnêteté reconnue. Portez vos préférences sur ceux qui ne brigueront pas vos suffrages: le véritable mérite est modeste, et c'est aux électeurs à connaître leurs hommes, et non à ceux-ci de se présenter.

" Nous sommes convaincus que, si vous tenez compte de ces observations, vous aurez enfin inauguré la véritable représentation populaire, vous aurez trouvé des mandataires qui ne se considéreront jamais comme vos maîtres.

" Le Comité Central de la garde nationale."

(Suivent les signatures.)

CHAPITRE III.

LES PRINCIPES ET LES IDÉES DU PROLÉTARIAT PENDANT LA RÉVOLUTION DU 18 MARS.

Après la conduite honnête et modeste du Comité Central, on aurait naturellement pu supposer qu'il aurait eu l'approbation du monde politique et de la presse. Eh bien, il n'en a pas été ainsi : à la nouvelle de la convocation des électeurs tous les membres du gouvernement et de l'assemblée de Versailles ont jeté les hauts cris, tous ont crié à l'usurpation, à l'anarchie, à la démagogie ! Les journaux ont protesté contre la conduite du Conseil Central de la garde nationale, qui, selon eux, n'avait pas le droit de convoquer les électeurs, et usurpait la souveraineté du peuple en le faisant. Et, mettant aussitôt en pratique leurs théories réactionnaires et jésuitiques, 21 journaux publièrent, en y adhérant, la protestation suivante :

"Considérant que la convocation des électeurs constitue un acte de souveraineté nationale, qui ne peut être accompli que par les pouvoirs émanant du suffrage universel ;

" Considérant que le comité établi à l'Hôtel-de-Ville n'a en conséquence ni droit, ni qualité pour faire une telle convocation ;

" Les représentants des journaux considèrent la convocation fixée au 22 courant, jour des élections, comme nulle et non avenue, et engagent les électeurs à ne point la prendre en considération.

" Ont signé :

> " *Le Journal des Débats, Le Constitutionnel, L'Electeur-Libre, La Petite Presse, La Vérité, Le Figaro, Le Gaulois, Paris-journal, Le Petit-journal, Le National, L'Univers, La Cloche, La Patrie, Le Français, Le Bien-Public, Le Journal des Villes et des Campagnes, Le Journal de Paris, Le Moniteur Universel, La France-Nouvelle, La Gazette de France, Le Monde.*"

Cet appel ouvert à la disobéissance et à la résistance au décret du Comité Central de la garde nationale, était une véritable excitation à la guerre civile, et aurait pu être réprimé comme telle par le Comité.

Ce dernier était, comme nous l'avons dit, régulièrement issu de la libre élection de 215 bataillons de la garde nationale sur 265 ; il représentait donc incontestablement la grande majorité de la garde nationale, comprennant tous les citoyens. Et sous l'empire du suffrage universel et du gouvernement des majorités, personne ne pouvait lui contester sérieusement son droit. Personne mieux que le Conseil Central ne représentait la souveraineté du peuple de Paris. Il avait donc le droit incontestable de convoquer les électeurs pour la nomination d'une assemblée communale, et c'était en outre son devoir le plus strict, et toute l'argumentation de la presse réactionnaire contre ce droit et ce devoir était sans aucune valeur.

Et non-seulement le Conseil Central avait le droit pour lui, mais encore il disposait de la force, puisque l'armée appelée à agir contre lui avait refusé de le faire et s'était jointe à la garde nationale pour servir la cause du Conseil Central.

Il eut été bien facile à ce dernier s'il l'eut voulu de punir sévèrement les rédacteurs des 21 journaux qui avaient osé publier la protestation, véritable excitation à la guerre civile, que nous venons de citer. Eh bien, il ne le fit pas. Il préféra user de mansuétude et de longanimité en ne poursuivant pas cette presse coupable, coutumière de toutes les réactions et de toutes les violences. Il se contenta de faire publier au *Journal Officiel* l'avertissement suivant :

" Après les excitations à la guerre civile, les injures grossières et les calomnies odieuses, devait nécessairement venir la provocation ouverte à la désobéissance aux décrets du gouvernement siégeant à l'Hôtel-de-Ville, régulièrement élu par l'immense majorité des bataillons de la garde nationale de Paris, 215 sur 265 environ.

" Plusieurs journaux publient en effet aujourd'hui une provocation à la désobéissance à l'arrêté du Comité Central de la garde nationale, convoquant les électeurs pour le 22 courant afin d'élire l'assemblée communale de la ville de Paris.

" Cette pièce est un véritable attentat contre la souveraineté du peuple de Paris, commis par les rédacteurs de la presse réactionnaire.

" Comme il a déjà été déclaré, le Comité Central de la garde nationale siégeant à l'Hôtel-de-Ville respecte la liberté de la presse, c'est-à-dire le droit qu'ont tous les citoyens de contrôler, de discuter et de critiquer ses actes, à l'aide de tous les moyens de publicité. Mais il entend faire respecter les décisions des représentants de la souveraineté du peuple de Paris, et il ne permettra pas impunément que l'on y porte atteinte plus longtemps, en continuant à exciter à la désobéissance à ses décisions et à ses décrets.

" Une répression sévère sera la conséquence de tels attentats, s'ils continuent à se produire.

" P. Vésinier, délégué au *Journal Officiel*."

Le Comité Central de la garde nationale publiait

de son côté la remarquable déclaration suivante, que nous recommendons à l'attention de nos lecteurs :

"Fédération Républicaine de la Garde Nationale.

"*Organe du Comité Central.*

"Si le Comité Central de la garde nationale était un gouvernement, il pourrait, pour la dignité de ses électeurs, dédaigner de se justifier. Mais, comme sa première affirmation a été de déclarer : 'qu'il ne prétendait pas prendre la place de ceux que le souffle populaire avait renversés,' tenant par simple honnêteté à rester exactement dans la limite expresse du mandat qui lui a été confié, il est néanmoins un composé de personnalités, qui ont le droit de se défendre.

"Enfant de la République, qui écrit sur sa devise le grand mot de Fraternité, il pardonne à ses détracteurs ; mais il veut détromper les honnêtes gens qui ont accepté la calomnie par ignorance.

"Il n'a pas été occulte : ses membres ont mis leurs noms à toutes ses affiches. Si ces noms étaient obscurs, ils n'ont pas fui la responsabilité, et elle était grande.

"Il n'a pas été inconnu, car il était issu de la libre expression des suffrages de deux cent quinze bataillons de la garde nationale.

" Il n'a pas été fauteur de désordres, car la garde nationale, qui lui a fait l'honneur d'accepter sa direction, n'a commis ni excès ni représailles ; elle s'est montrée imposante et forte par la sagesse et la modération de sa conduite.

" Et pourtant les provocations n'ont pas manqué ; et pourtant le gouvernement n'a cessé, par les moyens les plus honteux, de tenter l'essai du plus épouvantable des crimes : la guerre civile.

" Il a calomnié Paris, et a ameuté contre lui la province.

" Il a armé contre nous nos frères de l'armée, qu'il a fait mourir de froid sur nos places, tandis que leurs foyers les attendaient.

" Il a voulu nous imposer un général en chef.

" Il a, par des tentatives nocturnes, tenté de nous désarmer de nos canons, après avoir été empêché par nous de les livrer aux Prussiens.

" Il a, enfin, avec le concours de ses complices effarés de Bordeaux, dit à Paris : 'Tu viens de te montrer héroïque ; or, nous avons peur de toi, donc nous t'arrachons ta couronne de capitale !'

" Qu'a fait le Comité Central pour répondre à ces attaques ? Il a fondé la Fédération ; il a prêché la modération, disons le mot, la générosité ; au moment où l'attaque armée commençait, il disait à tous : 'Jamais d'agression ! et ne ripostez qu'à la dernière extrémité !'

"Il a appelé a lui toutes les intelligences, toutes les capacités ; il a demandé le concours du corps des officiers ; il a ouvert sa porte chaque fois que l'on y frappait au nom de la République.

"De quel côté étaient donc le droit et la justice ? De quel côté était la mauvaise foi ?

"Cette histoire est trop courte et trop près de nous, pour que chacun ne l'ait pas encore à la mémoire. Si nous l'écrivons à la veille du jour où nous allons nous retirer, c'est, nous le répétons, pour les honnêtes gens, qui ont accepté légèrement des calomnies dignes seulement de ceux qui les avaient lancées.

"Un des plus grands sujets de colère de ces derniers contre nous est l'obscurité de nos noms. Hélas! bien des noms étaient connus, très-connus, et cette notoriété nous a été bien fatale!....

"Voulez-vous connaître un des derniers moyens qu'ils ont employés contre nous ? Ils refusaient du pain aux troupes qui ont mieux aimé se laisser désarmer que de tirer sur le peuple. Et ils nous appellent assassins, eux qui punissaient les refus d'assassinat par la faim !

"D'abord, nous le disons avec indignation : la boue sanglante dont on essaye de flétrir notre honneur est une ignoble infamie. Jamais un arrêt d'exécution n'a été signé par nous ; jamais la garde nationale n'a pris part à l'exécution d'un crime.

" Quel intérêt y aurait-elle ? Quel intérêt y aurions-nous ?

" C'est aussi absurde qu'infâme.

" Au surplus, il est presque honteux de nous défendre. Notre conduite montre, en définitive, ce que nous sommes.

" Avons-nous brigué des traitements ou des honneurs ? Si nous sommes inconnus, ayant pu obtenir, comme nous l'avons fait, la confiance de 215 bataillons, n'est-ce pas parce que nous avons dédaigné de nous faire une propagande ? La notoriété s'obtient à bon marché : quelques phrases creuses ou un peu de lâcheté suffit ; un passé tout récent l'a prouvé.

" Nous, chargés d'un mandat qui faisait peser sur nos têtes une terrible responsabilité, nous l'avons accompli sans hésitation, sans peur, et dès que nous voici arrivés au but, nous disons au peuple qui nous a assez estimés pour écouter nos avis, qui ont souvent froissé son impatience : 'Voici le mandat que tu nous as confié : là où notre intérêt personnel commence, notre devoir finit ; fais ta volonté. Mon maître, tu t'es fait libre. Obscurs, il y a quelques jours, nous allons rentrer obscurs dans tes rangs, et montrer aux gouvernants que l'on peut descendre, la tête haute ; les marches de ton Hôtel-de-Ville, avec la certitude de trouver au bas l'étreinte de ta loyale et robuste main.'

"*Les Membres du Comité Central :*

"Ant. Arnaud, Assy, Billoray, Ferrat, Babick, Ed. Moreau, C. Dupont, Varlin, Boursier, Mortier, Gouhier, Lavalette, Fr. Jourde, Rousseau, Ch. Lullier, Henri Fortuné, G. Arnold, Viard, Blanchet, J. Grollard, Barroud, H. Geresme, Fabre, Bergeret, Bouit."

Le *Journal Officiel* contenait en outre une adresse aux départements pleine de convenance et de modération, dans laquelle les évènements de la capitale étaient exposés avec autant de simplicité que de vérité ; voici ce document, dont la publication produisit le meilleur effet en province :

"*Aux Départements.*

"Le peuple de Paris, après avoir donné, depuis le 4 septembre, une preuve incontestable et éclatante de son patriotisme et de son dévouement à la République, après avoir supporté avec une résignation et un courage au dessus de tout éloge les souffrances et les luttes d'un siége long et pénible, vient de se montrer de nouveau à la hauteur des circonstances présentes par le courage et le dévouement que la patrie était en droit d'attendre de lui.

" Par son attitude calme, imposante et forte, par son esprit d'ordre républicain, il a su rallier l'immense majorité de la garde nationale, s'attirer les sympathies et le concours actif de l'armée, maintenir la tranquillité publique, éviter l'effusion du sang, réorganiser les services publics, respecter les conventions internationales et les préliminaires de paix.

" Il espère que toute la presse reconnaîtra et constatera sa modération et son honnêteté, son courage et son dévouement, et que les calomnies ridicules et odieuses répandues depuis quelques jours en province cesseront.

" Les départements, éclairés et désabusés, rendront justice au peuple de la capitale, et ils comprendront que l'union de toute la nation est indispensable au salut commun.

" Les grandes villes ont prouvé, lors des élections de 1869 et du plébiscite, qu'elles étaient animées du même esprit républicain que Paris : les nouvelles autorités républicaines espèrent donc qu'elles lui apporteront leur concours sérieux et énergique dans les circonstances présentes, et qu'elles les aideront à mener à bien l'œuvre de régénération et de salut qu'elles ont entreprise au milieu des plus grands périls.

" Les campagnes seront jalouses d'imiter les villes. La France tout entière, après les désastres qu'elle vient d'éprouver, n'aura qu'un but : assurer le salut commun.

"C'est là une grande tâche, digne du peuple français, et il n'y faillira pas.

"La province, en s'unissant à la capitale, prouvera à l'Europe et au monde tout entier que la France veut éviter toute division intestine, toute effusion de sang.

"Les pouvoirs actuels sont essentiellement provisoires, et ils seront remplacés par un conseil communal qui sera élu mercredi prochain, le 22 courant.

"Que la province se hâte donc d'imiter l'exemple de la capitale en s'organisant d'une façon républicaine, et se mette au plus tôt en rapport avec elle au moyen de délégués.

"Le même esprit de concorde, d'union, d'amour républicain, nous inspirera tous. N'ayons qu'un espoir, qu'un but : le salut de la patrie et le triomphe définitif de la République démocratique, sociale, un et indivisible.

"Le délégué au *Journal Officiel*."

Le rédacteur en chef de l'organe officiel du Comité Central, délégué à ce journal, avait aussi publié un article sur le prolétariat et sur la bourgeoisie, dans lequel il définissait le rôle que la première de ces classes sociales était appelée à jouer dans la révolution qui venait de s'accomplir.

Nous empruntons cet article, avec les réflexions qui l'accompagnent, à un journal bonapartiste qui l'a reproduit. Il est selon nous très-intéressant de voir juger les hommes de la Commune par les défenseurs de l'Empire, et l'appréciation de ces derniers est d'autant plus curieuse qu'elle s'adresse au rédacteur en chef du *Journal Officiel*, qui est un des ennemis les plus acharnés de l'Empire. Il a combattu à outrance le coup-d'Etat du deux-décembre 1851, et il a été condamné à la transportation.

L'auteur des reflexions qui accompagnent la citation de l'article du *Journal Officiel* ignorait cela.

Voici le document en question, précédé et suivi des appréciations du journaliste impérialiste :

" Accorderons-nous aujourd'hui notre attention à ce gouvernement infâme, dont le premier soin, après avoir perfidement et maladroitement provoqué Paris, a été d'annoncer à ses préfets qu'il s'est empressé de se mettre en sûreté à Versailles ?

" D'autres que les morts la réclament en ce moment.

" Accorderons-nous notre attention à ces journalistes, qui après avoir applaudi au Quatre-septembre, condamnent, impitoyablement le Dix-huit mars, sans même paraître avoir conscience de l'étroite solidarité de ces deux dates ?

" D'autres que la vénalité impuissante et le cynisme audacieux la réclament en ce moment.

" Accorderons-nous notre attention à ces députés

de Paris qui, frappés d'épouvante par leur œuvre, la désavouent à Versailles, et abandonnent à lui-même le peuple qu'ils ont égaré, de peur d'avoir à se placer demain entre sa poitrine et les boulets que M. Thiers fait fondre pour la trouer ?

" D'autres que les hypocrites et les lâches la réclament en ce moment.

" C'est aux vainqueurs du gouvernement de M. Thiers ; c'est aux adversaires logiques d'une assemblée usurpatrice ; c'est aux justiciers instinctifs d'une presse condamnée à l'égout ; c'est aux instruments enfin affranchis de trente meneurs politiques, démasqués par leur propre victoire, que nous voulons consacrer aujourd'hui notre attention," dit l'écrivain bonapartiste.

" Nous tenons d'abord à reproduire la remarquable réplique opposée par le *Moniteur* du Comité Central à ses accusateurs. La voici, telle qu'elle a paru lundi à Paris :

" 'Les journaux réactionnaires continuent à tromper l'opinion publique, en dénaturant avec préméditation et mauvaise foi les évènements politiques dont la capitale est le théâtre depuis trois jours. Les calomnies les plus grossières, les inculpations les plus fausses et les plus outrageantes sont publiées contre les hommes courageux et désintéressés qui, au milieu des plus grands périls, ont assumé la lourde responsabilité du salut de la République.

" ' L'histoire impartiale leur rendra certainement la justice qu'ils méritent, et constatera que la Révolution du 18 mars est une nouvelle étape importante dans la marche du progrès.

" ' D'obscurs prolétaires, hier encore inconnus, et dont les noms retentiront bientôt dans le monde entier, animés d'un amour profond de la justice et du droit, d'un dévouement sans borne à la France, s'inspirant de ces généreux sentiments et de leur courage à toute épreuve, ont résolu de sauver à la fois la patrie envahie et la liberté menacée. Ce sera là leur mérite devant leurs contemporains et devant la postérité.

" ' Les prolétaires de la capitale, au milieu des défaillances et des trahisons des classes gouvernantes, ont compris que l'heure était arrivée pour eux de sauver la situation en prenant en main la direction des affaires publiques.

" ' Ils ont usé du pouvoir que le peuple a remis entre leurs mains avec une modération et une sagesse qu'on ne saurait trop louer.

" ' Ils sont restés calmes devant les provocations de leurs ennemis, et prudents en présence de l'étranger.

" ' Ils ont fait preuve du plus grand désintéressement et de l'abnégation la plus absolue. A peine arrivés au pouvoir, ils ont eu hâte de convoquer dans ses comices le peuple de Paris, afin qu'il nomme immédiatement une municipalité communale dans les mains de laquelle ils abdiqueront leur autorité d'un jour.

" 'Il n'est pas d'exemple dans l'histoire d'un gouvernement provisoire qui se soit plus empressé de déposer son mandat dans les mains des élus du suffrage universel.

" ' En présence de cette conduite si désintéressée, si honnête et si démocratique, on se demande avec étonnement comment il peut se trouver une presse assez injuste, malhonnête et éhontée pour déverser la calomnie, l'injure et l'outrage sur des citoyens respectables, dont les actes ne méritent jusqu'à ce jour qu'éloge et qu'admiration.

" ' Les amis de l'humanité, les défenseurs du droit, victorieux ou vaincus, seront donc toujours les victimes du mensonge et de la calomnie ?

" ' Les travailleurs, ceux qui produisent tout et ne jouissent de rien, ceux qui souffrent de la misère accumulée, fruit de leur labeur et de leurs sueurs, devront-ils donc sans cesse être en butte à l'outrage ?

" ' Ne leur sera-t-il jamais permis de travailler à leur émancipation sans soulever contre eux un concert de malédictions ?

" ' La bourgeoisie, leur aînée, qui a accompli son émancipation il y a plus de trois-quarts de siècle, qui les a précédés dans la voie de la Révolution, ne comprend-elle pas aujourd'hui que le tour de l'émancipation du prolétariat est arrivé ?

" 'Les désastres et les calamités publiques dans lesquels son incapacité politique et sa décrépitude morale et intellectuelle ont plongé la France devraient pourtant lui prouver qu'elle a fini son temps, qu'elle a accompli la tâche qui lui avait été imposée en '89, et qu'elle doit sinon céder la place aux travailleurs, au moins les laisser arriver à leur tour à l'émancipation sociale.

" ' En présence des catastrophes actuelles, il n'est pas trop du concours de tous pour nous sauver.

" ' Pourquoi donc continue-t-elle avec un aveuglement fatal et une persistance inouïe à refuser au prolétariat sa part légitime d'émancipation ?

" ' Pourquoi lui conteste-t-elle sans cesse le droit commun ; pourquoi s'oppose-t-elle de toutes ses forces et par tous les moyens au libre développement des travailleurs ?

" ' Pourquoi met-elle sans cesse en péril toutes les conquêtes de l'esprit humain accomplies par la grande révolution française ?

" ' Si depuis le 4 septembre dernier la classe gouvernante avait laissé un libre cours aux aspirations et aux besoins du peuple ; si elle avait accordé franchement aux travailleurs le droit commun, l'exercice de toutes les libertés ; si elle leur avait permis de développer toutes leurs facultés, d'exercer tous leurs droits et de satisfaire leurs besoins ; si elle n'avait pas préféré la ruine de la patrie au triomphe certain de la République en Europe, nous n'en serions pas où nous en sommes et nos désastres eussent été évités.

" 'Le prolétariat, en face de la menace permanente de ses droits, de la négation absolue de toutes ses légitimes aspirations, de la ruine de la patrie et de toutes ses espérances, a compris qu'il était de son devoir impérieux et de son droit absolu de prendre en main ses destinées et d'en assurer le triomphe en s'emparant du pouvoir.

" 'C'est pourquoi il a répondu par la révolution aux provocations insensées et criminelles d'un gouvernement aveugle et coupable, qui n'a pas craint de déchaîner la guerre civile en présence de l'invasion et de l'occupation étrangères.

" 'L'armée, que le pouvoir espérait faire marcher contre le peuple, a refusé de tourner ses armes contre lui, elle lui a tendu une main fraternelle et s'est jointe à ses frères.

" 'Que les quelques gouttes de sang versé, toujours regrettables, retombent sur la tête des provocateurs de la guerre civile et des ennemis du peuple, qui, depuis près d'un demi-siècle, ont été les auteurs de toutes nos luttes intestines et de toutes nos ruines nationales.

" 'Le cours du progrès, un instant interrompu, reprendra sa marche, et le prolétariat accomplira, malgré tout, son émancipation !

" 'VÉSINIER, délégué au *Journal Officiel*.'

"Ce langage ne contraste-t-il pas, de la façon la plus favorable pour son auteur, avec celui que tinrent les hommes du Quatre-septembre, que tenait hier le gouvernement de M. Thiers, et que les députés de Paris eussent assurément prêté aux travailleurs, s'ils avaient eu le courage d'accepter la direction d'une révolution qui devra ses proportions encore inconnues à leur lâcheté enfin évidente ?

"Il y a loin de ces déclarations précises, de ces prétentions modestes, de ces sentiments désintéressés et patriotiques aux mensonges imposés au télégraphe, aux forfanteries ambitieuses, aux exigences dictatoriales, aux sentiments égoïstes de MM. Favre, Thiers et Floquet.

"Nous déshonorions hier gratuitement l'auteur de cet article en le mettant au rang de ces hommes. Les lignes que nous venons de reproduire nous obligent à déclarer que nous avons eu tort. Le délégué au *Journal Officiel* est un honnête homme. MM. Thiers, Favre et Floquet ne sont pas d'honnêtes gens."

Le Comité Central des vingt arrondissements de Paris a aussi publié sous la forme d'un manifeste un programme très-remarquable des réformes à accomplir par la Commune.

Voici ce document :

"*Manifeste du Comité des Vingt Arrondissements.*

" Paris, par la Révolution du 18 mars, par l'effort spontané et courageux de sa garde nationale, a reconquis son autonomie, c'est-à-dire le droit d'organiser sa force publique, sa police et son administration financière.

" Au lendemain de la défaite sanglante et désastreuse que la France vient de subir, comme le châtiment de soixante-dix ans d'empire, de monarchie, de réaction cléricale, parlementaire, autoritaire et conciliatrice, notre patrie se relève, ressuscite, commence une vie nouvelle et reprend la tradition des anciennes Communes et de la Révolution française ; cette tradition lui a donné la victoire et mérité le respect et la sympathie des nations dans le passé, lui donnera l'indépendance, la richesse, la gloire pacifique, et l'amour des peuples dans l'avenir.

" Jamais heure ne fut plus solonnelle. Cette révolution que nos pères ont commencée et que nous achevons, poursuivie à travers les siècles avec tant d'abnégation et d'héroïsme par les artisans du moyenâge, par les bourgeois de la renaissance, par les combattants de 1789, qui a coûté la vie à tant de héros glorieux ou obscurs, va se consommer sans lutte sanglante, par la toute puissance de la volonté populaire qui se prononcera souverainement en déposant son bulletin dans l'urne.

" Pour assurer le triomphe de l'idée révolutionnaire et communale dont nous poursuivons le pacifique accomplissement, il importe d'en déterminer les principes généraux et d'en formuler le programme que vos mandataires devront réaliser et défendre.

" La Commune est la base de tout état politique, comme la famille est l'embryon de la société.

" Elle doit être autonome, c'est-à-dire se gouverner et s'administrer elle-même suivant son génie particulier, ses traditions, ses besoins, exister comme personne morale conservant dans le groupe politique, national et spécial, son entière liberté, son caractère propre, sa souveraineté complète, comme l'individu au milieu de la cité.

" Pour s'assurer le développement économique le plus large, l'indépendance et la sécurité nationale et territoriale, elle peut et doit s'associer, c'est-à-dire se fédérer avec toutes les autres communes ou associations de communes qui composent la nation. Elle a, pour la décider, les affinités de race, de langage, la situation géographique, la communauté de souvenirs, de relations et d'intérêts.

" L'autonomie de la commune garantit au citoyen la liberté, l'ordre à la cité ; et la fédération de toutes les communes augmente par la réciprocité, la force, la richesse, les débouchés et les ressources de chacune d'elles, en la faisant profiter des efforts de toutes.

" C'est cette idée communale poursuivie depuis le

douzième siècle, affirmée par la morale, le droit et la science qui vient de triompher le 18 mars 1871.

" Elle implique, comme forme politique, la République, seule compatible avec la liberté et la souveraineté populaire.

" La liberté la plus complète de parler, d'écrire, de se réunir et de s'associer.

" Le respect de l'individu et l'inviolabilité de sa pensée.

" La souveraineté du suffrage universel, restant toujours maître de lui-même et pouvant se convoquer et se manifester incessamment.

" Le principe de l'élection appliqué à tous les fonctionnaires ou magistrats.

" La responsabilité des mandataires, et, par conséquent, leur révocabilité permanente.

" Le mandat impératif, c'est-à-dire précisant et limitant le pouvoir et la mission du mandataire.

"En ce qui concerne Paris, ce mandat peut être ainsi déterminé :

" Réorganisation immédiate des districts de la cité, suivant la situation industrielle et commerciale de chaque quartier.

" Autonomie de la garde nationale, formée de tous les électeurs, nommant tous ses chefs et son état-major général, conservant l'organisation civile et fédérative représentée par le Comité Central, et à laquelle la Révolution du 18 mars doit son triomphe.

"Suppression de la préfecture de police. Surveillance de la cité exercée par la garde nationale placée sous les ordres immédiats de la Commune.

"Suppression, quant à Paris, de l'armée permanente, aussi dangereuse pour la liberté civique qu'onéreuse pour l'économie sociale.

"Organisation financière qui permette à la ville de Paris de disposer intérieurement et librement de son budget, sous réserve de sa part de contributions dans les dépenses générales et services publics, et qui répartisse suivant le droit et l'équité les charges du contribuable d'après les services reçus.

"Suppression de toutes subventions favorisant les cultes, les théâtres, ou la presse.

"Propagation de l'enseignement laïque, intégral, professionnel, conciliant la liberté de conscience, les intérêts, les droits de l'enfant avec les droits et la liberté du père de famille.

"Ouverture immédiate d'une vaste enquête, établissant la responsabilité incombant aux hommes publics dans les désastres qui viennent d'accabler la France ; précisant la situation financière, commerciale, industrielle et sociale de la cité, le capital et la force dont elle dispose, les ressources dont elle jouit, et fournissant les éléments d'une liquidation générale et amiable nécessaire à l'acquittement de l'arriéré et à la reconstitution du crédit.

"Organisation d'un système d'assurance communale

contre tous les risques sociaux, y compris le chômage et la faillite.

" Recherche incessante et assidue des moyens les plus propres à fournir au producteur le capital, l'instrument de travail, les débouchés et le crédit, afin d'en finir pour toujours avec le salariat et l'horrible paupérisme, afin d'éviter à jamais le retour des revendications sanglantes et des guerres civiles, qui en sont les conséquences fatales.

" Tel est le mandat que nous donnons et que nous vous demandons, citoyens, de donner à vos élus. S'ils le remplissent comme ils le doivent, avec intelligence et fidélité, Paris sera devenu, par la Révolution radieuse et fraternelle du 18 mars, la cité la plus libre et la plus heureuse entre toutes les villes, non pas seulement la capitale de la France, mais la capitale du monde.

" C'est à vous, citoyens, à consommer pacifiquement avec la fierté et le calme de la souveraineté, l'acte qui sera peut-être le plus grand que doive voir le siècle et qu'aura vu l'histoire, en allant déposer dans l'urne le bulletin de vote qui affirmera votre capacité, votre idée, votre force.

" Pour et par délégation du comité des vingt arrondissements.

" PIERRE DENIS, DUPAS, LEFRANÇAIS, EDOUARD ROULLIER, JULES VALLÈS."

Il suffit de jeter un coup d'œil sur les documents que nous venons de citer pour se convaincre qu'à côté des causes matérielles, des accidents de guerre, des phénomènes politiques qui ont occasionné la Révolution du 18 mars, il y avait d'autres causes de l'ordre philosophique, économique et social, encore beaucoup plus graves, beaucoup plus urgentes, et d'une solution plus utile et surtout plus impérieusement réclamée.

Disons d'abord que l'enseignement philosophique et religieux n'est plus en harmonie avec les besoins de notre époque, que les progrès de l'esprit humain, aussi bien que les lumières et la raison, repoussent les théories philosophiques surannées, les superstitions et les dogmes absurdes des religions modernes. Sans insister d'avantage sur ce point, et abordant le domaine économique et social, nous disons: que les classes privilégiées et gouvernantes veuillent ou non le comprendre, la grande question de notre époque, celle dont la solution doit être trouvée et appliquée, c'est celle du prolétariat.

Il faut absolument et sous peine de décadence ou de mort que cette question soit résolument abordée. Il faut que le prolétariat soit transformé, que le salariat soit aboli. Il faut que le problème social soit résolu.

La société actuelle ne peut plus fonctionner, elle ne peut plus durer, elle ne peut plus vivre. Il faut qu'elle muert ou qu'elle se transforme. Mais ne pouvant mourir elle se transformera.

Le progrès des arts et des sciences, en se développant grandit l'horizon, les besoins, et les appetits des classes déshérités ; leur donne plus de lumières, augmente aussi la connaissance de leurs droits, leur en donne la conscience sérieuse et raisonnée, les pousse bon gré mal gré à la conquête de ces droits et à la satisfaction de leurs besoins ; ces derniers étant en raison directe du développement intellectuel des individus.

Une autre cause de transformation sociale, c'est que dans notre milieu économique la vie matérielle devient toujours plus difficile pour les travailleurs prolétaires.

L'équilibre entre la production et la consommation se rompt tous les jours d'avantage. La différence ou le rapport entre les salaires et les besoins de la vie matérielle devient de plus en plus grand. C'est-à-dire que le prix du travail payé à l'ouvrier pour un produit devient tous les jours plus faible, tandisque le prix de vente des aliments augmente considérablement. La différence entre le prix de fabrication des produits et celui de leur vente augmentant, la misère suit la même proportion ; les ouvriers, dont le salaire baisse, et qui vivent de produits, ne peuvent plus racheter de ces derniers qu'une portion insuffisante à leurs besoins ; ils souffrent donc, ils sont dans la gêne, dans la misère, et ne tardent pas à tomber dans le paupérisme.

Notre société, chose triste à dire, en est arrivée à ce point, à cette situation terrible, mais qu'il faut bien constater : la misère des travailleurs-prolétaires croît en raison directe et proportionnelle des progrès du travail, de l'industrie, des arts, des métiers, des sciences, et de la richesse sociale ; cette dernière étant accumulée entre les mains de quelques uns, d'une infinie minorité exploiteuse, à laquelle elle profite seule et fournit les moyens d'opprimer la majorité travailleuse, dont elle augmente sans cesse la misère. Un organisme social qui en est arrivé là, qui produit des effets aussi désastreux, lesquels vont en s'empirant chaque jour, est un ordre social mauvais, condamné à périr, et dont les jours sont comptés.

Les sociétés comme les individus ne peuvent exister qu'à de certaines conditions normales ; quand ces dernières leur font défaut, quand les éléments strictement nécessaires à leur vie leur manquent, elles agonisent et succombent bientôt.

Ce sont là précisément les phénomènes qui se produisent aujourd'hui ; aveugle qui ne les voit pas, coupables sont ceux qui ne veulent pas céder à l'évidence, et qui cherchent dans les moyens empiriques des remèdes qu'ils ne pourraient trouver que dans la science sociale.

C'est parce que la classe gouvernante a méconnu tout cela, parce qu'elle a volontairement fermé les yeux à la lumière, parce qu'elle s'est bouché les oreilles pour ne pas entendre, parce qu'elle a refusé avec persistance de comprendre, que nous en sommes arrivés à la crise dans laquelle nous sommes plongés aujourd'hui, et c'est pour cela que la Révolution du 18 mars s'est produite.

Que les hommes du pouvoir, leurs satellites, leurs co-intéressés, leurs co-associés, leurs complices, et leurs valets, qui nous insultent, nous diffament et nous calomnient journellement de la manière la plus infâme, étudient les causes du mal que nous signalons, qu'ils en recherchent les remèdes naturels, enseignés par la science, cela vaudra mieux que de nous outrager. Qu'ils nous lisent; qu'ils s'enquèrent de notre passé, de notre conduite présente, de nos idées, de nos principes, de nos tendances, de notre but, et ils verront que ceux qu'ils traitent si facilement de barbares, d'ignorants stupides et grossiers, d'incapables et de coupables, de malhonnêtes gens, de canaille, de misérables, de scélérats et de brigands, sont des gens honnêtes et sérieux, intelligents et capables, qu'ils feraient mieux d'étudier et d'écouter, que d'injurier.

Chercher à déshonorer des adversaires en économie sociale, des contradicteurs en philosophie et des ennemis politiques, les emprisonner, les proscrire, les fusiller, les massacrer en masse, épouvanter, terroriser une population, dépeupler une ville comme Paris, ce ne sont pas là des solutions au mal social que nous signalons ; c'est vouloir l'aggraver au lieu de le guérir, que de faire de pareilles choses.

Toutes les fautes, tous les crimes, des individus comme des partis et des sociétés, sont des déviations aux lois naturelles, des déraillements de l'esprit humain, des outrages au bon sens, à la raison, à la justice et au droit ; ils produisent de graves accidents, des perturbations profondes, des catastrophes et des révolutions, quand ce sont les classes gouvernantes qui s'en rendent coupables.

Le Dix-huit mars devrait avoir ouvert les yeux aux moins clairvoyants ; cette grande commotion sociale devrait leur avoir persuadé et les avoir convaincu que le grand, le difficile problème du prolétariat exige une solution.

Eh bien, malheureusement il n'en a pas été ainsi ; les terribles évènements qui se sont accomplis depuis le 18 mars, la réaction inexorable, sanglante et folle qui s'est produite après cette date, nous a prouvé que les émigrés de Versailles, comme ceux de Coblentz, n'ont rien oublié et rien appris ; qu'ils sont sourds, aveugles et sans pitié.

Ils nous conduisent inexorablement et fatalement aux plus épouvantables malheurs, aux catastrophes les plus terribles, et aux abîmes. Mais malgré eux et contre eux la solution qu'ils redoutent le plus, parce qu'elle mettra un terme à leur triple exploitation religieuse, politique et économique, s'accomplira. Le prolétariat contemporain sera aboli, comme l'ont été l'esclavage antique et le servage moderne.

CHAPITRE IV.

RÔLE DES DÉPUTÉS, DES MAIRES ET DES ADJOINTS DE PARIS.

Voyons maintenant quel a été le rôle des maires, des adjoints et des députés de Paris pendant les évènements que nous racontons.

Le 19 mars les magistrats municipaux de Paris se sont réunis à 2 et à 6 heures de l'après-midi dans les mairies des 3me et 2me arrondissements sous la présidence de M. Tirard.

Ces messieurs décidèrent dans ces deux réunions d'envoyer une députation au gouvernement de Versailles afin d'obtenir de lui la révocation du général bonapartiste Vinoy, un des hommes les plus compromis lors du coup-d'Etat du deux-décembre, 1851, et du général royaliste d'Aurelle de Paladines, que le gouvernement de l'assemblée de Versailles avait eu la malencontreuse idée de nommer commandant en chef des gardes nationaux de la Seine.

La réunion des maires et des adjoints de Paris demandait en outre que ces deux officiers supérieurs soient remplacés par le général Billaut et par le lieutenant-colonel Langlois.

Les révocations du préfet de police Valentin, commandant de gendarmerie, du maire de Paris, Jules Ferry, et leur remplacement par MM. Edmond Adam et Dorian étaient aussi réclamées.

Après de nombreuses démarches et un grand nombre de pourparlers le gouvernement se décida enfin à accorder le remplacement du général d'Aurelle de Paladines par M. Langlois, et M. Ferry donna sa démission de maire de Paris.

Le nouveau commandant de la garde nationale se rendit alors à l'Hôtel-de-Ville auprès du Conseil Central, pour l'informer de sa nomination.

Il fut reçu par le commandant Brunet, qui lui demanda s'il reconnaissait les pouvoirs du Comité Central de la garde nationale?

"Non!" répondit arrogamment le lieutenant-colonel Langlois.

"Alors nous ne pouvons pas non plus vous accepter comme commandant des gardes nationaux de Paris," répondit le citoyen Brunet, et M. Langlois se retira.

Les maires et les adjoints de la capitale, auxquels se joignirent bientôt les députés de Paris, continuèrent les négociations auprès du gouvernement de Versailles, mais sans obtenir aucune solution satisfaisante.

Les députés de Paris, d'accord avec les maires et les adjoints, résolurent ensuite de porter la question devant l'assemblée de Versailles, afin d'en hâter la solution si c'était possible.

Voici la proclamation qu'ils publièrent dans Paris, et par laquelle ils informèrent leurs électeurs de leurs intentions et de leurs résolutions :

" Citoyens,

"Pénétrés de l'absolue nécessité de sauver Paris et la République et d'éviter toute cause de collision, et convaincus que le meilleur moyen d'atteindre ce suprême résultat est de donner satisfaction aux vœux légitimes du peuple, nous avons résolu d'engager aujourd'hui l'Assemblée nationale à adopter deux mesures qui, nous l'espérons, ne seront pas repoussées et contribueront à établir le calme dans vos esprits.

"Ces deux mesures sont : l'élection de tous les chefs de la garde nationale et la formation d'un Conseil Municipal nommé par tous les citoyens.

"Ce que nous désirons et ce qui est nécessaire au bien public, dans toutes les circonstances actuelles, c'est l'ordre dans la liberté et par la liberté. ' Vive la France !' 'Vive la République !'

"Signé : Louis Blanc, Schoelcher, Peyrat, Adam, Floquet, Bernard, Langlois, Lockroy, Farcy, Brisson, Greppo, Millière."

Voici l'opinion du citoyen Paschal Grousset sur la proclamation et la conduite des députés de Paris :

" C'est sans étonnement, mais avec une douleur véritable, que nous avons lu ce matin, sur les murailles, le manifeste des députés et des maires de Paris.

" Certes, nous rendons hommage à l'empressement avec lequel ces élus du peuple ont accepté, pour leur compte personnel, les deux points principaux du programme populaire : le scrutin communal et l'indépendance de la garde nationale ; nous constatons volontiers la bonne grâce qu'ils ont mise à attester publiquement, et par voie d'affiche, cette adhésion à un mouvement qui s'était accompli en dehors d'eux.

" Pour qui sait les petitesses et les misères de la politique, ce sacrifice, car c'en est un véritable, ce sacrifice a sa valeur, qu'il serait injuste de ne pas apprécier.

" Mais ces réserves faites, où en sommes nous, où en est parmi nous l'abaissement du sens politique, si les élus de Paris, les représentants du peuple, croient devoir subordonner le programme du 18 mars à l'approbation de l'Assemblée de Versailles ?

" Quoi ! citoyen Louis Blanc, citoyen Lockroy, citoyen Greppo, citoyen Millière, sérieusement vous pensez qu'en droit le peuple de Paris a besoin, pour fonder sa liberté municipale, de l'autorisation des bons villageois ?

" Quoi ! vous jugez qu'en fait cette autorisation aurait une valeur quelconque ?

" Sérieusement, nous ne pouvons le croire.

" Le droit de Paris à ne pas subir plus longtemps l'oppression de la province, de l'esprit à ne pas être étouffé par la matière, de la science à ne pas être obscurcie par la stupidité, est trop évident pour ne pas éclater à tous les yeux, et spécialement aux yeux des représentants de Paris.

" Quant au fait, celui de la valeur que peut avoir en ce moment l'opinion d'une assemblée de ruraux, qui n'a même plus dans sa petite ville une baïonnette sûre à son service, auprès d'une population de trois cent mille hommes armés jusqu'aux dents, unis dans une même pensée et maîtres de toutes les positions dans la capitale de monde ; quant au fait, disons-nous, il est assez patent par lui-même pour qu'il n'y ait pas deux manières de le juger.

" Alors, quelle peut être la raison de cette proposition que les députés de Paris offrent de porter à l'assemblée de Versailles ?

" Est-ce le beau projet de donner une apparence de 'légalité' au fait de la reprise de possession par le peuple de Paris de sa souveraineté ?

" Est-ce l'opinion que cette politesse va toucher le

cœur des ruraux et faire le trait-d'union qu'ils jugent nécessaire entre Paris et la province ?

"En ce cas, pauvre politique, comme toute politique parlementaire, et aussi peu appropriée que possible à l'esprit même de la Révolution présente !

"Allez, nous n'avons pas besoin de prendre ces mitaines ! Les départements savent bien qu'ils ne peuvent pas se passer de Paris, et que Paris sait fort bien se passer d'eux.

"Et puis, il en serait autrement, que feraient-ils ? Nous avons la force, et ils ne l'ont plus. Nous avons le droit, et ils ne peuvent le contester, puisqu'ils ont été les premiers à nous répudier, à nous mettre au ban de la nation.

"La situation présente est plus forte que tous les raisonnements du monde.

"Nous voulons nous organiser et nous gouverner nous-mêmes. Nous en avons le pouvoir. Nous en avons la volonté. Nous le faisons.

"Les départements n'ont plus qu'à courber la tête. Et c'est déjà trop que de daigner leur en donner l'avis."

Afin de donner encore une idée exacte de la négociation entamée par les députés de Paris, nous faisons un résumé impartial des discussions qui ont eu lieu à ce sujet au sein de l'assemblée de Versailles.

Dans le séance du 20 mars dernier, M. Clémenceau saisit l'assemblée d'une proposition relative à l'élection de la municipalité parisienne dans les termes suivants :

"Dans les graves circonstances que nous traversons, je dépose un projet de loi signé par plusieurs membres de cette assemblée. Le voici :

" Article 1er.—Il sera procédé dans le plus bref délai à des élections municipales pour la ville de Paris.

" Article 2e.—Le conseil municipal de Paris se composera de 80 membres.

" Article.3e.—Le conseil nommera son président, qui aura les attributions de maire de Paris.

" Article 4e.—Il y aura incompatibilité entre les fonctions de maire et d'adjoints des divers arrondissements et celles de conseiller municipal.

"Signé : Louis Blanc, Langlois, Lockroy, Martin-Bernard, Tirard, Clémenceau."

" Nous demandons l'urgence, ajoute le dépositaire du projet.

" *Le Président.*—Mais après la réunion qui vient d'avoir lieu dans les bureaux, vous ne pouvez point demander l'urgence.

" *M. Clémenceau.*—Nous ne venons pas irriter le débat, c'est pour cela que nous ne voulons pas développer les raisons qui nous obligent à demander l'urgence. (Parlez ! parlez !)

" Il n'y a à cette heure dans Paris d'autre pouvoir que celui des municipalités. Le gouvernement a quitté son poste. (Protestations au banc du gouvernement.)

" Le poste du gouvernement était où était le danger. Donc il est constant qu'il n'y a plus dans Paris d'autre autorité que celle des municipalités.

" *M. Picard.*—Cette autorité est contestée.

" *M. Clémenceau.*—Raison de plus pour demander l'urgence, car comme je l'ai déjà dit deux fois, il n'y a point d'autre autorité dans Paris.

" *M. le Président.*—Vous n'avez pas le droit de dire qu'il n'y a pas d'autorité en France.

" *M. Clémenceau.*—Je ne dis pas cela. Je ne serai point ici si je ne reconnaissais pas à cette assemblée le pouvoir souverain. Si vous voulez sortir de cette situation qui m'effraye, créez de suite une autorité municipale à Paris, de façon à ce que ceux qui veulent que l'ordre soit rétabli se rangent autour de cette autorité.

" Cette autorité ne peut émaner que du vote de Paris. Vous ne trouverez que dans son expression le point d'appui que vous devez donner à ceux qui veulent rentrer dans la légalité.

" *M. Picard.*—S'il ne s'agissait que d'un conseil municipal, je ne contredirais pas l'honorable préopinant. Mais devant une insurrection qui ne reconnaît point certaines municipalités, qui peut n'en reconnaître aucune demain, est-il possible de faire des élections vraies, c'est-à-dire libres ? Non. Nous demandons que la chambre se prononce contre l'urgence.

"*M. Tirard.*—Nous ne contestons point ce fait. Oui, il faut que les élections soient libres. Mais croyez-le, si nous vous demandons l'urgence pour ce projet, c'est que nous en sentons l'absolue nécessité. Nous avons fait tout ce qui était possible, nous avons affronté les plus grands périls depuis deux jours.

"*M. Thiers.*—Et nous aussi.

"*M. Tirard.*—Mais Paris a été abandonné par le gouvernement.

"*M. Thiers.*—Non !

"*M. Picard.*—Les ministres ont été expulsés par la force.

"*M. Tirard.*—Je ne fait que constater un fait, nous ne blamons personne. . . . .

"Je reviens aux faits. Nous nous sommes réunis dans nos mairies sans pouvoirs qui nous permissent d'intervenir en rien. J'ai été hier avec deux de mes collègues au ministère de l'intérieur. La garde nationale venait de l'envahir, nous avons dû nous retirer. En un mot, nous sommes restés dans nos mairies, et cette nuit seulement le ministre de l'intérieur nous a envoyé les pouvoirs nécessaires pour agir au point de vue administratif. Nous avons reçu des délégués de l'Hôtel-de-Ville, auxquels nous avons déclaré que nous étions les seuls élus du suffrage universel, et que nous ne voulions pas laisser péricliter notre mandat.

"Parmi les causes qui nous ont mis dans cette situation, plusieurs ont frappé tous les esprits. D'abord on s'est étonné de ce que la garde nationale ne se soit pas levée à l'appel du gouvernement. C'est un peu à cause du vote sur la loi sur les échéances. En outre Paris n'a pas d'administration municipale. Je vous garantis que le jour où nous aurons fait placarder un appel aux honnêtes Parisiens, pour les inviter à se donner des mandataires, la guerre civile sera finie.

"*M. Picard.*—Mais les électeurs sont déjà convoqués!

"*M. Tirard.*—Je réponds à l'objection du ministre de l'intérieur. Il y a des affiches invitant aux élections pour le 22; nous avons déclaré que nous nous opposerions aux élections. Et vous venez nous dire que nous pactiserions avec l'émeute? Soyez sûrs que la population sera avec nous, quand vous aurez fait ce que nous vous demandons.

"*M. Picard.*—La chambre a entendu les explications de nos collègues. Qu'y a-t-il entre eux et nous? Une nuance. Dans les circonstances actuelles, il ne faut pas s'arrêter aux nuances. Il me semble donc que la chambre ne doit pas repousser la proposition d'urgence. D'ailleurs, plusieurs de nos collègues savent que depuis longtemps déjà nous étions disposés à proposer un projet de loi sur les élections municipales. . . . .

"L'urgence est ensuite mise aux voix et adoptée."

Dans la séance du 21 mars, un membre de l'assemblée prend de nouveau la parole sur la question des élections municipales et s'exprime en ces termes :

"Ce matin, nous avons examiné dans les bureaux la question sur le conseil municipal de Paris. Cette question appelle des élections pour la France entière. Dans ce moment, il faut que cette assemblée sache accepter son mandat. Le temps presse, je vous demande de décider que les commissaires nommés par les bureaux discutent de suite. Dussions-nous y passer la nuit entière ?

"Pendant que nous sommes inactifs ici, les insurgés agissent. Il nous faut de l'activité ; ce n'est point être actif que de se retirer à deux heures quand nous avons la journée devant nous.

. . . .

"*M. Clémenceau.*—Je vous ai déjà déclaré que nous ne reconnaissons d'autre autorité que la votre, et que je ne demande que le rétablissement de cette autorité dans Paris. On peut y arriver par la force ou par la paix. Je crois que nous pouvons y arriver par la paix.

"Nous avons dit : Nous voulons intervenir entre Paris et le Comité Central. Mais il nous faut une base pour intervenir. Cette base c'est l'élection municipale. Nous ferons ces élections, alors la lutte sera pacifique. Vous aurez rétabli le calme dans Paris sans verser une seule goutte de sang. (Cris à droite.) Mais vous ne pouvez pas faire le siége de Paris. Les chefs de bataillons sont là, mais leurs hommes ne leur obéissent pas. Croyez-moi, il n'y a qu'un moyen de sauver l'ordre, c'est de faire les élections municipales à Paris ; mais hâtons-nous !

"*M. Langlois.*—Je suis de l'avis du citoyen Clémenceau. Mais je désire que l'assemblée déclare, afin que les élections qui seront faites demain à Paris soient illégales, que les élections municipales auront lieu à bref délai. Mettez dès aujourd'hui Paris dans le droit commun pour les élections municipales, voilà la solution pratique. Vous diminuerez par ce moyen le nombre de ceux qui voteraient sous l'impulsion du Comité Central. Faites celà, je vous en supplie.

"*M. Brisson.*—Nous reconnaissons tous que la proposition du citoyen Langlois est d'une urgence extrême. Mais nous tenons à déclarer d'ores et déjà que cette assemblée municipale n'aura aucun droit sur la France. Si le rapport de la commission sur les élections ne peut être prêt à temps, que l'Assemblée par un ordre du jour motivé fasse une loi qui remette Paris dans le droit commun.

. . . . . .

"*M. le Président.*—Tous les bureaux n'ont pas nommé de commissaires, c'est déplorable ! Voici l'ordre du jour motivé déposé sur mon bureau :

"'Considérant qu'un gouvernement libre a remplacé le gouvernement arbitraire qui est déchu ;

"'L'assemblée nationale décrête :

"'La ville de Paris rentrera dans le droit commun quant à son administration municipale.'

"*M. Thiers.*—Il est vrai que la question a une énorme gravité ; nous comprenons l'intérêt qu'on lui porte. Voulez-vous dire à Paris, qu'il sera traité comme le reste de la France ? Oui. Mais la France ne peut pas subir le joug de Paris, sachez-le. (Applaudissements à droite.)

"Le droit commun nous ne pouvons l'accepter qu'expliqué. Sous le dernier régime Paris n'était pas représenté, il était administré par une commission nommée par le préfet de la Seine. Si vous entendez par droit commun que Paris soit administré par ses représentants, je suis de votre avis.

"Mais si vous voulez dire que Paris sera administré comme une ville de 300 mille âmes, non ! Il faut combiner les mesures pour organiser le système agréable aux Parisiens avant de faire la loi.

"Si Paris a besoin de cette garantie : qu'il aura

un conseil municipal comme toutes les villes, nous la lui donnons ; mais si Paris entend se faire esclave des sections, nous aimons trop Paris pour le vouloir. Donnez-nous très-peu de jours, Paris se gouvernera avant peu lui-même. Nous ne demandons que le temps nécessaire pour préparer la loi.

" *M. Louis Blanc.*—Nous nous associons de tout notre cœur aux paroles du chef du pouvoir exécutif. Mais c'est parce qu'il faut à Paris un centre autour duquel puissent se rallier tous les bons citoyens qu'il faut se hâter de donner à Paris un conseil municipal.

" *A droite.*—Mais oui !   Mais oui !

" *M. Louis Blanc.*—Et alors que l'assemblée le déclare immédiatement.

" *M. Clémenceau.*—Je remercie le chef de l'exécutif de ses déclarations, mais il demande du temps, et c'est le temps qui nous manque.   Il est vrai qu'on ne peut pas faire une loi précipitée.   Mais ne pourrait-on pas procéder dans un bref délai aux élections municipales et voter la loi ensuite ?

" *A droite.*—Allons donc !   Allons donc !

" *M. Clémenceau.*—Mais si je parle ainsi, Messieurs de la Commission, c'est que je ne veux pas livrer mon pays à la guerre civile.   Peut-être avez vous peur d'avoir l'air de pactiser avec l'émeute.

"Mais, si le gouvernement de l'Hôtel-de-Ville est obéi il y aura demain des élections à Paris.

"Je tiens à venir dégager ici ma responsabilité des malheurs qui pourront suivre. Si vous ne voulez pas cette loi à bref délai, nous allons à l'abîme, sachez-le.

"*A droite.* —La cloture! la cloture!

"*Un Membre.*—Y a-t-il à Paris des listes électorales régulières? (Oui! à gauche.) Nous accorderons à Paris de rentrer dans le droit commun, quand il y sera rentré lui-même.

"*M. l'amiral Saisset.*—J'ai été appelé au commandement en chef des gardes nationaux de la Seine, et immédiatement j'ai écrit aux maires que, si j'étais fort de leur autorité, je pourrais ranger autour de mon drapeau tous les bons citoyens.

"Après cela, j'ai écrit à une commune de m'envoyer deux bataillons pour m'emparer de l'Elysée et du ministère de l'intérieur. Ils n'ont pas voulu venir. Mais il y a pourtant péril en la demeure. On fait des réquisitions à domicile; on arrête des citoyens. Le général Allain a été pris comme ôtage, sa femme aussi, m'a-t-on assuré.

"On m'a dit à Paris que, après avoir été abandonné par l'Assemblée (murmures), on n'avait su autour de qui se ranger. Je suis arrivé à avoir 300 hommes à ma disposition; ce n'est pas avec cela qu'on vient à bout de la situation. Oui, la situation est terrible, l'insurrection est capable de tout. Je parle en homme qui sait les choses. Ecoutez-moi, donnez toute facilité à Paris de faire des élections municipales ; que les élections aient lieu après-demain. (Rumeurs.)

" Il y a deux jours que je suis au milieu de tout cela, et je rougis d'avoir été obligé d'y être. Je suis prêt à aller combattre les insurgés avec vous, mais il faut songer qu'il y a là cinq cent mille femmes ou enfants innocents.

" *M. Tolain.*—Il me semble qu'après ces explications toutes vos illusions devraient disparaître. Si vous voulez éviter la guerre civile, donnez aux maires et aux députés de Paris le moyen d'agir. Il vous faut vous incliner si vous voulez sauver Páris et la République. (Oh ! oh ! la République !)

" Je ne discute pas si, à tort ou à raison, l'insurrection (rumeurs) a tort ; oui, si j'avais cru l'insurrection juste, je serais à l'Hôtel-de-Ville.

" J'ai fait tous mes efforts pour rétablir l'ordre dàns Paris, moi qui ne suis pas, vous le savez, un partisan déclaré de l'ordre. (Rumeurs.) Mon nom n'indique pas précisément les opinions conservatrices, ce qui ne m'empêche pas de vouloir l'ordre dans les cœurs et dans la rue. Si vous voulez sauver la population de Paris, cette population qui, depuis six mois, a souffert de toutes les misères, et qui est si émue à cette heure, accordez-nous d'apporter à Paris la certitude que, dans quelques jours, il pourra faire des élections municipales.

" Un membre trouve la proposition peu opportune. (Oh! oh!)

" *M. Thiers.*—Paris se plaint de ne pas être représenté comme les autres villes de France ; il a raison ! Mais nous lui demandons de reconnaître l'impossibilité absolue où nous nous trouvons de satisfaire sur l'heure à ses vœux. Il faut combiner un système ; nous le combinerons le plus tôt possible. Comment voulez-vous qu'en vingt-quatre heures on fasse un projet de loi aussi grave ? Croyez-vous que les hommes qui occupent Paris, qui ont tué Thomas, l'âme de la République. . . . .

" *M. Jules Favre.*—Proscrit de décembre ! ce sont les bonapartistes qui l'ont tué.

" *M. Thiers.*—Qui ont pris Chanzy comme otage, car si nous commettons une faute, c'est lui qui en répondra ; croyez-vous que ces gens-là vous écouteront, vous Lockroy, vous Clémenceau ? Et pourtant si vous n'êtes pas républicains, qui le sera ? On nous a dit que l'amiral Saisset avait été acclamé sur le boulevard, nous le nommons général en chef.

" *L'amiral Saisset.*—On m'a condamné à mort.

" *M. Thiers.*—Eclaircissons la situation. Qu'avons-nous fait à Paris ? On vous avait dit qu'on vous rendrait les canons, je n'étais pas de cet avis. Je consentis à patienter. Alors, on vint nous dire : Comment, vous supportez le spectacle de cent bouches à feu braquées sur Paris, menaçant les affaires et arrêtant les Prussiens sur le sol de la France !

"Nous nous sommes entendus avec vous (à gauche), vous nous avez dit : On va vous les rendre. On ne les rendit pas, je résolus de les enlever, et j'aime mieux avoir été vaincu que d'avoir refusé de combattre. Si nous avons été vaincus d'ailleurs, c'est qu'il y a eu confusion ; la troupe se voit entourée de femmes et d'enfants, elle ne tire pas.

"En 1848, le gouvernement, qui m'était cher, est tombé pour le même fait. Alors, sur le champ, j'ai enlevé les troupes à ce chaos, je les ai portées de l'autre côté de la Seine ; et là elles faisaient respecter la loi et la souveraineté nationale. Le général d'Aurelle avait bien demandé dix mille gardes nationaux, pour les faire battre à côté de l'armée active, ils ne se sont pas présentés. Paris ne voulant pas se sauver, nous avons résolu de penser à la France et à vous.

"C'est à cause de cette révolution que nous avons sauvé l'armée, que nous vous avons trouvé un lieu de réunion protégé par l'armée fidèle et la France entière. (Bravos.)

"Nous savons que Paris a sauvé l'honneur de la France, mais nous ne devons pas sacrifier son droit.

"Paris ne nous a pas aidé à le délivrer des insurgés. Paris nous a donné le droit de préférer la France à lui. Et pourtant nous viendrons au secours de Paris quand nous le pourrons. (Murmures à gauche.)

" Non, je vous mets au défi de faire un projet de loi que ces gens-là acceptent. Quand l'assassinat n'a pas ouvert les yeux à Paris, le projet de loi ne les lui ouvrira pas.

"*M. Tolain.*—Nous avons protesté le jour même des assassinats; nous le leur avons dit.

"*M. Thiers.*—Oui, Paris sera représenté; nous ferons une loi, peut-être peu conforme à nos idées, mais nous la ferons sans espoir, pour que ces hommes ne prétextent plus de leur aveuglement; ce n'est pas par la raison qu'on les désarme. Ce qui les désarmera, ce sera l'attitude ferme et calme de cette Assemblée et l'attitude de la France entière. A un moment, ils se trouveront isolés; et alors nous voulons que Paris se sauve lui-même; et ce n'est pas quand il offre 300 hommes à l'amiral Saisset qu'il semble disposé à le faire.

" Nous ne voulons pas attaquer Paris; qu'il nous ouvre les bras, nous lui ouvrirons les nôtres. Paris a des droits, nous ne lui refuserons pas de les reconnaître; mais ne vous payez pas d'illusion; car, la loi faite, je vous défierais de la mettre à exécution.

"*M. Clémenceau.*—Le chef du pouvoir vous a expliqué comment il avait été amené à être la cause première des évènements qui se sont produits. (Rumeurs générales.)

"*M. Jules Favre.*—C'est un acte d'accusation.

"*M. Clémenceau.*—Je crois que le gouvernement a fait des fautes, mais ces fautes ne sont rien à côté des crimes qui ont été commis. (Ah ! ah !)

"Les maires avaient promis de faire tout leur possible pour amener une solution pacifique. J'ai dit pour ma part au ministre de l'intérieur que, sans le transfert de l'Assemblée nationale à Versailles et la suppression des cinq journaux, tout aurait été fini il y a dix jours.

"Le chef du pouvoir exécutif nous dit : Vous ne satisferez point ces hommes avec votre loi ; mais je ne tiens pas à les satisfaire. Je veux donner un soutien aux hommes d'ordre qui se trouvent dans Paris. Ils sont en majorité. Sans cela vous serez obligé d'employer la force, vous aurez toute la responsabilité de vos actes.

"*M. Jules Favre.*—Tout à l'heure, le président du conseil vous disait : Que Paris fasse un signe, nous serons avec lui. Nous n'avons jamais cessé d'être avec lui. Mais le temps presse, c'est par des actes énergiques qu'il faut combattre le mal. Les citoyens de Paris n'acceptent qu'en frémissant le joug honteux qu'on leur impose. Des journaux ont donné un grand exemple. Alors qu'ils sont sous le couteau des assassins, ils ont rédigé la protestation suivante :

"(Il lit la protestation des journaux et les signatures.)

"Vous voyez qu'à la presque unanimité la presse de Paris a protesté contre le coupable attentat dont Paris est victime. Et pour ce qui est de la question que nous discutons, je le déclare, oui, Paris doit avoir sa représentation. Nous avons préparé, de concert avec le ministre de l'intérieur, un projet de loi dans ce sens. S'il ne s'agissait que de rendre à Paris la liberté des élections, la majorité de cette Assemblée rendrait à Paris des droits longtemps discutés. Mais ces questions ne sont pas celles qu'on discute à Paris.

"Il y a des doctrines funestes qu'on nomme en philosophie l'individualisme, et le matérialisme en politique : la République au dessus du suffrage universel. Avec cela on peut faire croire à Paris qu'il peut avoir son individualité propre, vivre de son autonomie, et il est triste après tant de siècles de se trouver en face d'une sédition qui pourrait être ramenée par la fable des membres et de l'estomac.

"Comment donc! Paris voudrait-il se séparer de la province, des ruraux, comme on dit? Comment Paris pourrait-il soutenir cette erreur politique et sociale, après ce siége qu'il a supporté avec tant d'héroïsme? Il a pu comprendre que la séparation d'avec la province était pour lui la mort. Une commune libre, c'est la servitude directe.

"Il m'a paru, dans un mouvement aussi extraordinaire, qu'il n'était pas hors de propos de signaler l'erreur qui a pu entraîner des hommes abusés. Comment se fait-il que nous puissions hésiter à rentrer dans une voie vigoureuse pour avoir raison d'un pareil opprobre ? (Bravos à droite.)

" Est-ce que cette situation de Paris n'est pas la guerre civile ? Les réquisitions ont commencé ; nous allons voir la société tout entière s'effondrer par la faute de ceux qui n'ont pas su prendre les armes pour se défendre. Si le gouvernement a quitté Paris, c'est pour sauver l'armée. Mais que l'émeute le sache bien, si le gouvernement est à Versailles, c'est avec espoir de retour.

" Que l'émeute le sache bien, elle qui étudie pour savoir si nous n'avons pas le droit pour la réprimer de faire appel à l'armée étrangère. Comment donner caution de notre solvabilité, après des secousses pareilles ? Ils sont venus nous demander, avec M. Thiers, si nous ne voulions pas continuer à traiter avec les Prussiens. (Rires.)

" Il ne faut pas rire d'affaires aussi sérieuses ; et, selon moi, des hommes qui veulent vous renverser ne méritent aucune pitié. Laissez-moi vous lire, pour vous donner une idée de leur morale, l'article suivant que je trouve dans leur journal officiel.

" M. Jules Favre lit l'article de l'*Officiel* relatif à l'assassinat des généraux Lecomte et Clément Thomas ; il l'accompagne de quelques commentaires.

" Et pourtant qu'avons-nous fait ?

" Les Prussiens voulaient désarmer la garde nationale, nous lui avons maintenu ses armes avec des efforts considérables. Que la France le sache, quoi qu'il arrive, nous serons avec elle.

"*L'amiral Saisset.*—Eh bien! appelons la province et marchons sur Paris.

"*M. Tolain.*—Nous ne nous payons pas de mots, nous voulons un vote.

"*M. Tirard.*—J'arrive de Paris. Tous les maires se sont réunis dans la mairie du 2me arrondissement. Une grande partie des mairies sont occupées par les maires réels. (Murmures.) Nous sommes en face des hommes de l'Hôtel-de-Ville; nous leur faisons échec. Je passe mes jours dans la mairie; je vais y revenir après la séance; je sais mieux que personne ce qui se passe à Paris.

" En toute sincérité, je vous le dis, Paris peut être sauvé par des mesures de préservation. C'est une mesure de préservation que nous vous avons proposée. On a annoncé cette mesure, et immédiatement le résultat s'est fait sentir. J'ai fait venir les chefs de bataillon; je leur ai dit: Il faut en finir! Et ils ont signé la proclamation qui est affiché à cette heure dans tout mon arrondissement.

"Je ne suis pas dans le secret des moyens dont dispose le ministre, mais une grande partie des bataillons de la garde nationale est armée de chassepots: il y a des pantalons rouges dans les rangs des gardes nationaux insurgés. Je ne crois pas que vous ayez la force. (Rumeurs.)

"Un mot pour finir. Une chose m'a frappé dans le discours du ministre des affaires étrangères, c'est la division qu'on cherche à faire naître entre Paris et la province. Eh bien, il se passe des faits à Paris que je ne veux pas faire connaître. (Parlez! parlez! —Non! non!) Je vous annonce que notre œuvre est en bon chemin, ne nous empêchez pas de le poursuivre . . . .

"*A droite.*—Et Chanzy?

"Chanzy, nous avons été le chercher, nous!

"Si vous voulez adopter notre projet, la tranquillité renaîtra. Dans trois jours, nous serons maîtres de l'Hôtel-de-Ville; si nous revenons les mains vides ce soir à Paris, je ne sais pas ce qui pourra arriver. Je tenais à vous le dire.

"*M. Thiers.*—Plus les circonstances sont graves, plus la discussion est longue. Je remercie M. Tirard du courage qu'il montre dans ces circonstances difficiles.

"Qu'il soit bien entendu que nous n'entendons pas marcher sur Paris; nous attendons que Paris fasse un acte de raison. Nous accorderons à Paris ses droits, nous n'y mettrons qu'une restriction : on prendra des mesures pour que de pareilles infamies ne se reproduisent plus.

"*M. le Président.*—On m'a remis plusieurs ordres du jour motivés.

"MM. Picard et Jules Favre déclarent que le

gouvernement accepte ces ordres du jour indistinctement.

" Un membre ayant demandé l'ordre du jour pur et simple, M. Favre répond que l'adoption de cette proposition serait considérée par le gouvernement comme hostile.

" L'ordre du jour suivant est adopté :

" ' L'Assemblée nationale, de concert avec le pouvoir exécutif, déclarant que l'administration municipale de Paris et des départements sera faite sur le principe des conseils élus, passe à l'ordre du jour.' "

Après le vote de l'ordre du jour motivé qui précéde, lequel n'offrait aucune garantie à la population parisienne, puis qu'il ne disait pas quand les conseils municipaux seraient élus, ni par qui, ni comment, messieurs les députés de la gauche et les maires et adjoints de Paris publièrent la protestation suivante contre les élections du conseil communal, qui devaient avoir lieu le lendemain vingt-deux mars :

" Citoyens :

" Vos vœux ont été portés à l'Assemblée nationale par vos députés : l'Assemblée y a satisfait par un vote unanime qui garantit les élections municipales sous bref délai à Paris et dans toutes les communes de France.

" En attendant ces élections, *seules légales et régulières, seules conformes aux vrais principes des institutions républicaines,* le devoir des bons citoyens est de ne pas répondre à un appel qui leur est adressé sans titre et sans droit.

" Nous, vos représentants municipaux, nous vos députés, déclarons donc rester entièrement étrangers aux élections annoncées pour demain et protestons contre leur *illégalité.*

" Citoyens, unissons-nous dans le respect de la loi, et la patrie et la République seront sauvées.

" Vive la France ! Vive la République ! "

(*Suivent les signatures.*)

On voit par la proclamation qui précède que les maires, adjoints et députés de Paris, déniaient aux électeurs de la capitale le droit de procéder aux élections de leur assemblée communale sans le bon plaisir de la majorité de l'assemblée de Versailles.

Cette protestation des magistrats municipaux et des députés, qui n'était nullement fondée en droit, eut au point de vue moral les conséquences les plus funestes, et produisit un très-mauvais effet.

Cette scission déclarée entre ces magistrats, ces députés et le Comité Central de la garde nationale, au sujet d'une question aussi grave que celle des élections communales, fut très-funeste non-seulement à la cause de la Commune, mais encore à celle de la République.

Si le 21 mars, trois jours après le triomphe de la Révolution du 18, les maires, les adjoints et les députés de Paris s'étaient franchement, ouvertement ralliés à la cause de la révolution communale qui s'accomplissait, et que les élections du 22 devaient légitimer et consacrer, il est certain que cette cause aurait été complètement gagnée dans l'opinion publique, et que l'assemblée de Versailles et le gouvernement de M. Thiers auraient été impuissants à s'opposer plus longtemps à son triomphe définitif.

Mais malheureusement il n'en a pas été ainsi. Messieurs les députés de la gauche, les maires et les adjoints, en donnant leur appoint à l'assemblée de Versailles, ont porté un coup fatal à la Révolution, au triomphe de la cause communale, et ils ont rendu inévitable la guerre civile, les massacres et les transportations qu'ils redoutaient. Ces représentants et ces magistrats peuvent être considérés à juste titre comme responsables du sang versé et de la réaction qui a suivi.

Si un jour la République succombe, ils pourront s'accuser en toute justice d'avoir été les principaux auteurs de sa chute.

Les difficultés et l'opposition que les députés, les maires et les adjoints de Paris firent aux élections communales, qui devaient avoir lieu le 22 mars, obligèrent le Comité Central de la garde nationale de les ajourner au dimanche, 26 du même mois.

Veut-on avoir une idée exacte de l'esprit d'arbitraire réactionnaire qui inspirait messieurs les maires et adjoints de Paris, voici une proclamation signée d'eux, qu'ils ont fait afficher sur les murs de Paris, le 22 mars, et qui ne laissera aucun doute dans l'esprit de nos lecteurs :

"RÉPUBLIQUE FRANÇAISE.

"*Liberté, Egalité, Fraternité.*

"L'assemblée des maires et adjoints de Paris, en vertu des pouvoirs qui lui ont été conférés ;

"Au nom de suffrage universel dont elle est issue et dont elle entend faire respecter le principe ;

"En attendant la promulgation de la loi qui conférera à la garde nationale de Paris son plein droit d'élection ;

"Vu l'urgence, nomme provisoirement :

"L'Amiral Saisset, représentant de la Seine, commandant supérieur de la garde nationale de Paris ;

"Le Colonel Langlois, représentant de la Seine, chef d'état-major général ;

"Le Colonel Schoelcher, représentant de la Seine, commandant en chef de l'artillerie de la garde nationale.

"Les maires et adjoints de Paris."

(*Suivent les signatures.*)

En lisant cette proclamation la population parisienne se demandait avec surprise depuis quand des magistrats municipaux, maires et adjoints, élus pour administrer des mairies, avaient le mandat de nommer à des commandements militaires de premier ordre, et où ils avaient puisé le droit d'usurper la souveraineté du peuple et de ravir à ce dernier le droit imprescriptible de procéder lui-même à l'élection de tous les chefs de la garde nationale, depuis le caporal jusqu'au général en chef.

Cette prétention des magistrats municipaux, aussi ridicule qu'outrecuidante et qu'arbitraire, après la Révolution du 18 mars, accomplie par le peuple pour reconquérir précisément le droit de nommer le commandant en chef de la garde nationale et l'assemblée communale, était bien faite pour inspirer le mépris le plus profond et soulever l'indignation générale. C'est ce qui arriva.

Dès lors les maires, adjoints et représentants de Paris furent estimés à leur juste valeur et considérés pour ce qu'ils étaient réellement, c'est-à-dire pour des réactionnaires alliés de Versailles et ennemis du peuple, de ses droits et de son émancipation politique et sociale.

L'Amiral Saisset, qui s'était écrié à l'assemblée de Versailles: "Marchons de suite sur Paris," chercha alors à atténuer le mauvais effet que sa nomination produisait.

Il publia dans ce but les deux proclamations suivantes :

" Chers concitoyens,

" Je me hâte de vous informer que, de concert avec les députés de la Seine et les maires de Paris, nous avons obtenu du gouvernement de l'Assemblée nationale la complète reconnaissance de vos franchises municipales et votre droit d'élire tous les officiers de la garde nationale, y compris le commandant en chef, une modification à la loi sur les échéances des billets, et un projet de loi sur les loyers en faveur de tous les locataires dont le loyer n'est pas au dessus de 1,200 francs.

" Jusqu'à ce que vous ayez confirmé ma nomination, ou que vous m'ayez remplacé, je resterai à mon poste d'honneur pour assurer l'exécution des lois de conciliation que nous avons réussi à obtenir et pour contribuer ainsi à la consolidation de la République.

"Signé: Saisset.

"Paris, le 24 mars 1871."

Il serait bien difficile de trouver un modèle de proclamation plus astucieusement mensonger que celui-ci.

Il suffit de lire les débats soulevés au sein de l'assemblée de Versailles au sujet de l'élection du Conseil communal de Paris, pour s'apercevoir que jamais l'assemblée de Versailles n'avait voulu accorder " la complète reconnaissance des franchises municipales et le droit d'élire tous les officiers de la garde nationale y compris le commandant en chef," etc.

L'assemblée de Versailles avait simplement voté pour la forme et sous les plus expresses réserves de M. Thiers et de ses collègues, un ordre du jour motivé disant que "l'administration municipale de Paris et des départements sera faite sur le principe *des conseils élus*," sans dire ni par qui, ni comment ces conseils seront élus, ni quels seront leurs attributions et leurs droits. Ce vote n'engageait absolument l'assemblée à rien et n'était qu'un hypocrite escamotage.

Le projet de loi municipal qui était alors à l'étude, et qui fut voté plus tard, est une preuve incontestable de l'esprit réactionnaire de l'assemblée en matière électorale comme en toute autre.

Voici ses principaux articles :

" Art. 1.—Les élections municipales auront lieu dans toute la France ; les pouvoirs conférés par les électeurs ne pourront dépasser trois ans.

" Art. 2.—Les commissions municipales cesseront leurs fonctions, etc.

" Art. 3.—La loi du 3 juillet 1849 est provisoirement remise en vigueur pour le choix des maires.

"Art. 4.—Les 20 arrondissements de Paris nommeront chacun trois membres du Conseil municipal de Paris, choisis parmi les éligibles domiciliés *depuis* trois *ans* dans l'arrondissement et y exerçant leur industrie.

. . . . . .

" Art. 8.—Il y aura un maire et trois adjoints par

chacun des 20 arrondissements; ils seront *choisis par le chef du pouvoir exécutif.* . . . .

"Art. 9.—Le préfet de la Seine et le préfet de police pourront assister aux séances du conseil municipal, il y auront voix consultative.

"Art. 10.—Le conseil municipal *ne s'assemblera que sur la convocation du préfet de la Seine.* . . . .

"Art. 12.—Il y aura chaque année une session ordinaire spécialement consacrée à la présentation et à la discussion du budget. Cette cession ne pourra durer plus d'un mois.

"Art. 13.—Le conseil municipal votera le budget, et ne délibérera que sur les objets d'administration municipale, etc."

Toute l'économie de cette loi peut se résumer dans ces dispositions réactionnaires: Conseil municipal de 60 membres pris parmi les habitants qui ont trois ans de domicile, convoqués, réunis sous la surveillance du maire de Paris et du préfet de police, sous le contrôle du gouvernement, qui a le droit de le dissoudre. Il n'a pas d'autre droit que celui de voter le budget qui lui est présenté; c'est une machine à voter au service du gouvernement. Et à côté de lui il y a les 20 maires et les 90 adjoints nommés par le gouvernement. Cette loi municipale est une ironie amère, une mistification, un outrage pour la population parisienne, qu'elle met en tutelle et dont elle confisque les droits.

Quant aux nominations du commandant en chef de la garde nationale, du chef d'état-major général, du commandant en chef de l'artillerie, et des chefs de légions, il n'en avait pas même été parlé dans les discussions qui avaient eu lieu à l'assemblée.

L'amiral Saisset n'ignorait pas l'opinion du gouvernement et de l'assemblée de Versailles sur ce sujet. Il savait bien que le chef du pouvoir exécutif, les ministres et toute l'assemblée, sans exception, y compris lui Amiral Saisset, Messieurs Schoelcher, Louis Blanc, Langlois, et tous les députés de la gauche, étaient formellement opposés à la nomination des commandants supérieurs de la garde nationale par cette dernière.

Du reste la nomination des commandants Saisset, Langlois et Schoelcher à leurs hautes fonctions, par les maires et les adjoints de Paris, n'était-elle pas la négation la plus absolue des droits de la garde nationale.

Après cela et après avoir accepté les bénéfices de ces nominations illégales et destructives du droit, l'Amiral Saisset pouvait-il être bien-venu à promettre à la garde-nationale le respect de ses droits?

Il ne pouvait y avoir doute pour personne sur le but secret que poursuivaient les maires, les adjoints et les députés de Paris, unis à l'assemblée de Versailles. Ils voulaient étouffer dans son berceau la Révolution du 18 mars.

CHAPITRE V.

TENTATIVES RÉACTIONNAIRES.

Dans une seconde proclamation l'amiral Saisset, sous des apparences conciliantes et en affichant un respect hypocrite pour la République, cherchait à railler autour de lui les gardes nationaux du parti de l'*ordre*, afin de renverser le Comité Central de la garde nationale et de restaurer le pouvoir chancelant du gouvernement de Versailles.

Voici ce second document :

"Paris, le 25 mars.

"Nommé commandant en chef de la garde nationale de la Seine, de concert avec les maires qui ont été élus, j'entre aujourd'hui dans mes fonctions. Je n'ai d'autre titre à l'honneur de vous commander, que celui d'associé dans votre héroïque résistance, en défendant les forts et les positions sous mon commandement contre l'ennemi. J'espère, par la persuasion et les bons conseils, effectuer la réconciliation de tous dans la République ; mais je suis fermement résolu à donner ma vie pour la *défense de l'ordre*, et à exiger le respect des personnes et des propriétés, comme mon fils unique a donné la sienne pour la défense de son pays. Raillez-vous à moi! Donnez-moi votre confiance et la République sera sauvée.

" Ma devise est : Honneur et Pays ! "

Ce que désirait l'amiral Saisset, ce que voulaient comme lui tous les hommes de Versailles, c'était de railler autour de son nom et de ceux de Messieurs Schoelcher et Langlois tous les amis de l'ordre, tous les républicains honnêtes et modérés, afin de former dans Paris un noyeau réactionnaire puissant, capable de neutraliser le pouvoir du Comité Central de la garde nationale en attendant le moment opportun pour le renverser.

Les débats de l'assemblée de Versailles prouvent surabondamment que les maires, les adjoints et les députés de Paris ne poursuivaient pas d'autre but.

Tous les journaux réactionnaires n'en faisaient nul mystère et l'avouaient hautement.

" L'amiral Saisset," disaient-ils, " commandant en chef de la garde nationale, M. Langlois et M. Schoelcher, s'occupent de concentrer les bataillons qui ne reconnaissent pas l'autorité de la Commune.

" L'amiral Saisset est en ce moment à la tête de 20,000 hommes, bien armés, parmi lesquels des zouaves, des marins, des mobiles, des élèves de l'école polytecnique, et un bataillon formé entièrement de l'armée. Les gardes nationaux *amis de l'ordre* seront payés tous les jours à la Bourse.

"L'amiral Saisset espère par ce moyen obtenir un plus grand nombre d'adhérents.

"L'amiral Saisset a reçu des canons et des munitions par le chemin de fer du Nord.

"Ce matin, à dix heures, les gardes nationaux amis de l'ordre ont transporté sur la place de la Bourse des canons et des mitrailleuses, qu'ils ont fait rentrer dans Paris dans des sacs de farine.

"Un nombre considérable de gardes mobiles se joignent aux amis de l'ordre. On leur donnera les chassepots qu'on a pris aux gardes nationaux; ils formeront un bataillon pour la défense spéciale de la Bourse. Plusieurs zouaves se sont mis aux ordres des autorités légitimes.

"La Bourse est gardée par les 8me, 11me, et 228me bataillons.

"Un corps d'artilleurs armés de mitrailleuses s'est raillé à la cause de l'ordre et s'est emparé du Grand-hôtel, où l'amiral Saisset a établi son quartier général.

"Des bataillons de l'ordre occupent le marché Saint-Honoré, le Palais-royal, la rue Montmartre, le Grand-hôtel, et la station de Saint-Lazare.

"L'attitude du 16me arrondissement est ferme, le

32me bataillon de Montmartre refuse d'obéir au Comité Central, etc. etc. . . . ."

Mais les gardes nationaux des quartiers réactionnaires que Messieurs Saisset, Langlois, Schoelcher, les adjoints et les maires avaient enrôlés sous leur bannière de l'ordre, devaient bientôt agir ouvertement contre leurs collègues dévoués à la République démocratique et sociale, à la Révolution du 18 mars et au Comité Central.

Voici des faits extraits d'un rapport officiel, qui le prouvent de la manière la plus incontestable :

"Dès le 22 mars les amis de l'ordre, résolus à commencer la lutte, à provoquer à la guerre civile et à l'effusion du sang, avaient organisé des rassemblements nombreux et des manifestations contre le Comité Central, afin de tenter un coup de main au nom de l'ordre si la chose leur était possible.

"A une heure et demie la manifestation, qui se massait depuis midi sur la place du Nouvel Opéra, s'est engagée dans la rue de la Paix. Dans les premiers rangs, un groupe très-exalté, parmi lequel les gardes nationaux ont reconnu MM. Heckeren, De Coetlogon, et H. de Pène, anciens familiers de l'empire, agitait violemment un drapeau sans inscription. Arrivée à la hauteur de la rue Neuve Saint-Augustin, la manifestation a entouré, désarmé et maltraité deux gardes nationaux détachés en sentinelles avancées. Ces citoyens n'ont dû leur salut qu'à leur retraite ; et, sans fusils, les vêtements déchirés, ils se sont réfugiés sur la place Vendôme. Aussitôt les gardes nationaux, saisissant leurs armes, se sont portés immédiatement en ordre de bataille jusqu'à la hauteur de la rue Neuve des Petits-Champs.

"La première ligne avait reçu l'ordre de lever la crosse en l'air si elle était rompue, et de se replier derrière la troisième ; de même pour la seconde ; la troisième seule devait croiser la baïonnette, mais recommandation fut faite de ne pas tirer.

"Le premier rang de la foule, qui comptait environ 800 à 1,000 personnes, se trouve bientôt face à face avec les gardes nationaux. Le caractère de la manifestation se dessine alors nettement. On crie dans les rangs des prétendus gens de l'ordre : 'A bas les assassins ! 'A bas le Comité Central de la garde nationale !' Les gardes nationaux républicains sont l'objet des plus grossières insultes. On les appelle, 'Assassins ! brigands ! lâches !'

"Des furieux saisissent les fusils des gardes nationaux, arrachent le sabre d'un officier. Les cris redoublent. La manifestation se transforme en véritable émeute. Un coup de revolver tiré par cette bande de furieux féroces, s'intitulant eux-mêmes *défenseurs de l'ordre*, atteint à la cuisse le citoyen Majournal, lieutenant d'état-major de la place, membre du Comité Central.

"Le général Bergeret, commandant la place, accourre au premier rang dès le début, et fait sommer les émeutiers de se retirer.

" Dix sommations légales sont faites, pendant près de cinq minutes on entend les roulements des tambours prescrits par la loi. Les défenseurs de l'ordre y répondent par des cris, des injures, et des coups de feu. Deux gardes nationaux tombent grièvement blessés. Cependant, leurs camarades hésitent à tirer sur les émeutiers assassins, et déchargent leurs fusils en l'air.

"Les insurgés réactionnaires enhardis se précipitent sur leurs trop indulgents adversaires, s'efforçant de les désarmer et de rompre leurs lignes.

"Mais à la fin les gardes nationaux républicains, à bout de patience et de longanimité, forcés de se défendre sous peine de se voir massacrés, font usage de leurs armes. Aux premiers coup de feu qui retentissent et qui sont dirigés sur les émeutiers, ces derniers se dispersent subitement et se sauvent en tous sens.

" Le général Bergeret fait alors immédiatement cesser le feu. Tous les officiers joignent leurs efforts à ceux du général, et se précipitent au devant de leurs hommes pour arrêter l'effusion du sang.

"Eh bien, pendant ce temps-là quelques coups de

fusils retentissent encore ; ce sont des prétendus défenseurs de l'ordre, cachés et embusqués dans les maisons, qui assassinent lâchement les gardes nationaux qui ne tirent plus sur eux et sur leurs complices."

Deux véritables défenseurs de l'ordre dans le bon sens de ce dernier mot, les citoyens Wahlin et François, appartenant aux 7me et 215me bataillons républicains, ont été tués, et neuf de leurs collègues, les citoyens Majournal, Cochet, Miche, Ancelot, Legat, Reyer, Pingamot, Train, et Laborde, ont été grièvement bléssés.

Les prétendus hommes d'ordre, coupables de cette lutte sanglante, ont aussi eu des morts et des blessures à déplorer. Le premier atteint mortellement qui a été porté à l'ambulance du Crédit Mobilier, est le Vicomte de Molinet, frappé à la tête et par derrière, au premier rang des insurgés. Il est tombé au coin de la rue de la Paix et de la rue Neuve des Petits-Champs, la face contre terre, du côté de la place Vendôme. Le Vicomte de Molinet a certainement été tué par les émeutiers ; car, s'il eut été atteint en fuyant, son corps serait tombé dans la direction du Nouvel Opéra. On a trouvé sur lui un poignard fixé à sa ceinture par une chaînette.

Un grand nombre de revolvers et de cannes à épées appartenant aux émeutiers ont été ramassés dans la rue de la Paix et portés à l'état-major de la place.

Le docteur Ramlow, chirurgien-major du camp de Toulouse, domicilié 32, rue de la Victoire, et les médecins Nolé, Pannard, Dolle, Trélat, Leclerc, sont accourus pour donner leurs soins aux blessés et ont signé les procès-verbaux.

Les valeurs trouvées sur les émeutiers ont été placées sous enveloppes scellées et déposées à l'état-major de la place.

C'est grâce au sangfroid et à la fermeté du général Bergeret, qui a su contenir la juste indignation des gardes nationaux, que de plus grands malheurs ont pu être évités.

Le général américain Sheridan, d'une fenêtre de la rue de la Paix, a observé ces tristes évènements, et a attesté que les premiers coups de feu ont été tirés par les hommes de la manifestation, qui s'intitulaient mensongèrement les amis de l'ordre.

Le lendemain, 23 mars, tandisqu'un certain nombre des gardes nationaux, partisans du Comité Central, traversaient paisiblement la rue de Valois traînant après eux deux fourgons remplis de fusils, les gens de l'ordre, bien supérieurs en nombre, les entourent aussitôt sans les prévenir, tirent dessus plusieurs coups de fusils, en blessent trois, en font prisonniers 22, en désarment 50, et leur enlèvent les deux voitures pleines d'armes. Cette agression coupable jette une grande panique dans le quartier, les magasins sont aussitôt fermés et les rues deviennent désertes.

Comme le 18 mars et comme toujours, le 22 et le 23 les prétendus défenseurs de l'ordre ont été les agresseurs ; ce sont eux qui les premiers ont provoqué à la guerre civile et versé le sang.

CHAPITRE VI.

TENTATIVES CONCILIANTES DES MAIRES ET DES ADJOINTS DE PARIS AUPRÈS DE L'ASSEMBLÉE DE VERSAILLES.

Les agressions violentes, les tentatives d'insurrection et l'échauffourée de la place Vendôme, loin d'avoir été utiles au parti de l'ordre, n'avaient servi qu'à prouver sa cruauté, sa faiblesse et son impuissance. Les émeutiers avaient été dispersés et obligés de fuir honteusement. Les députés, les maires et les adjoints de Paris voyaient avec la plus grande anxiété leur autorité disparaître, l'influence et le pouvoir du Comité Central de la garde nationale grandir chaque jour. Ils redoutaient surtout l'approche des élections du conseil communal. Ils auraient voulu conjurer le danger au moyen de la nomination d'un conseil municipal, dont l'élection aurait été faite à la suite d'un vote de l'Assemblée, et dont les attributions auraient été déterminées par cette dernière.

C'est dans ce but que les magistrats municipaux de la capitale se rendirent à Versailles, afin d'user de tout leur pouvoir et de toute leur influence pour déterminer les députés à convoquer les électeurs de

Paris à bref délai, pour nommer le conseil municipal et empêcher les élections communales.

Voici un extrait de la séance de l'assemblée de Versailles du 23 mars, qui édifiera complètement nos lecteurs sur l'esprit qui animait les maires et les adjoints de Paris, et qui donnera en même temps une idée exacte de l'accueil qui fut fait par la majorité de l'Assemblée aux magistrats parisiens :

" *M. Arnaud* (de l'Ariége).—Vu la gravité des circonstances, tous mes collègues de la municipalité de Paris se sont transportés à Versailles dans le but de se mettre en communication avec l'Assemblée nationale. Ils savent qu'il est de règle commune que seuls les membres de l'Assemblée peuvent entrer dans la salle des séances. Mais ils ont cru devoir vous demander de faire une exception en leur faveur. (Protestation à droite.)

"Soyez sûrs qu'il suffit que ce soit un de vos collègues qui se soit chargé de cette communication pour que toute pensée de désordre soit écartée. L'Assemblée décidera comme elle l'entendra et comme elle le jugera convenable.

"J'étais chargé d'une communication, je vous l'ai faite en toute conscience. Comme il se trouve parmi vos collègues des maires de Paris, l'un d'eux viendra lire à la tribune la communication que l'on a à vous faire. Je fais observer cependant que comme tous sont venus en corps, que comme tous ont été chargés de cette communication à titre de délégués . . .

" *A droite.*—Délégués par qui ? (Bruit.)

" *Quelques voix.*—Est-ce par le pouvoir ?

" *M. Floquet.*—Vous voulez donc la continuation de la guerre civile ? (Bruit.)

" *M. Arnaud* (de l'Ariége).—Quand je parle de délégation, comme nous ne reconnaissons que le pouvoir issu du suffrage universel, je ne crois pas avoir besoin de donner des explications. S'il s'agissait pour nous d'une question de convenance, nous la croirions facile à résoudre.

" Mais ce que je tiens à constater c'est que nous sommes venus tous ici pour faire connaître le résultat de nos efforts communs, et j'ajoute que nous espérons triompher. Nous voulons nous fortifier par le sentiment et le concours de l'Assemblée nationale.

" Je laisse aux soins de M. le Président de choisir le meilleur moyen de tout concilier.

" Je demande au moins qu'on assigne une tribune à mes collègues de la municipalité de Paris.

" *M. le Président.*—Il n'y a rien de plus simple que de concilier les droits, les prérogatives et les intérêts de l'Assemblée, qu'il ne faut jamais sacrifier, avec la déférence que l'on doit aux maires de Paris.

" M. Arnaud (de l'Ariége) a dit que les maires de Paris avaient une communication à faire à l'Assemblée.

Il se trouve parmi eux plusieurs de nos collègues. Comme il n'entre pas dans la pensée des maires de Paris de venir alternativement à la tribune, il suffira que l'un d'eux, étant notre collègue, soit leur organe pour la communication qu'ils ont à nous faire.

" Quant à ce qui touche la déférence due aux maires de Paris, il est facile d'y donner satisfaction. Une tribune sera mise à leur disposition, et je dois même ajouter que les questeurs ont déjà pris des mesures en conséquence.

"*M. Baze.*—J'ai fait mettre à la disposition de MM. les maires les places qui pouvaient être dans les lieux les plus distingués. (On rit.)

"Il est six heures. On voit entrer et prendre place dans une tribune du premier rang, près de l'avant-scène du côté droit, quatorze membres de la municipalité parisienne. Chacun des maires ou adjoints porte une écharpe en sautoir. Ils se tiennent debout. A leur entrée dans la salle, l'Assemblée se lève et applaudit chaleureusement. La gauche pousse unanimement les cris de 'Vive la France!' et 'Vive la République!' A droite on crie seulement 'Vive la France!'

"Les maires répondent par les cris de 'Vive la France! vive la République!'

"A peine ces cris viennent-ils d'être poussés par la municipalité parisienne, que cinquante ou soixante membres de l'extrême droite crient, en désignant les maires : ' A l'ordre ! à l'ordre !—On ne respecte pas l'Assemblée !—Faites évacuer la tribune !—Ils n'ont pas le droit de prendre ainsi la parole !—Ils sont admis au même titre que le public ! ' Ces réclamations de l'extrême droite, appuyées par une partie de la droite, sont entremêlées de protestations de la gauche en faveur des maires.

" A ce moment, le tumulte est si grand dans la salle qu'il devient complètement impossible de saisir les diverses exclamations qui s'entre-croisent encore à droite et à gauche.

" Une trentaine de députés de l'extrême droite se couvrent, bien que le président soit découvert, à son fauteuil, et qu'il n'ait pas encore annoncé que la séance était suspendue ou levée.

" A la gauche on entend crier : A bas les chapeaux ! Respectez donc votre président ! respectez-vous vous-mêmes ; découvrez-vous donc !

" *M. Floquet*, s'adressant à la droite.—Vous insultez Paris !

" *Voix à droite*.—Et vous, vous insultez la France !

" Loin de s'apaiser, l'agitation redouble encore. Les députés de la gauche restent à leurs bancs. Une grande partie de ceux de la droite, au contraire, ont quitté leurs places et se préparent à sortir de la salle des séances.

" En présence de cette émotion profonde, qu'il ne lui est guère facile de dominer, M. le Président annonce que la séance est levée, qu'on se réunira immédiatement dans les bureaux et que ce soir il y aura une séance.

"La séance est levée à six heures et demie."

Par cet accueil plus que malveillant les malheureux magistrats municipaux de la capitale purent s'apercevoir de quel esprit d'hostilité, d'intolérance, d'animosité et de haine la majorité royaliste de l'assemblée de Versailles était animée contre la capitale. Ils auraient dû être convaincus alors, s'ils ne l'avaient pas encore compris jusqu'à ce jour, que cette majorité intraitable et inexorable ne voulait aucun accommodement avec la population parisienne, qu'elle l'avait en grande horreur, que, pour elle, la garde nationale de Paris, son esprit et ses idées étaient l'abomination de la désolation, qu'elle la couvrait de ses colères et de ses anathèmes, et qu'elle ne désirait rien moins que son extermination, afin d'arriver sûrement au renversement de la République et à la restauration de la monarchie qui était son rêve et son idéal.

A dix heures du soir la séance de l'Assemblée fut reprise, ainsi que la chose avait été décidée. Messieurs les maires de Paris ne sont plus dans la tribune qui leur est encore réservée et qui est vide; ils sont repartis pour la capitale.

Monsieur le président cherche autant qu'il est en son pouvoir à atténuer le mauvais effet que l'incartade des députés de la droite a produit dans l'opinion publique, et surtout sur l'esprit des magistrats municipaux de Paris.

"L'incident qui a clos notre dernière séance," dit-il, "a révélé une émotion qui me parait être le résultat d'une déplorable méprise.

"Le président de cette assemblée a regretté que celle-ci fut amenée à lever la séance lorsqu'elle venait de recevoir messieurs les maires de Paris, qui viennent de donner de si louables exemples de courage et de dévouement à la liberté et à l'ordre."

Cette eau bénite parlementaire ne put effacer la désastreuse impression causée par l'accueil outrageant fait aux maires de Paris. Ces derniers, après l'affront qu'ils avaient subi, auraient dû renoncer au moins pour le moment à toute espèce de conciliation entre la droite de l'assemblée de Versailles et la population parisienne. Mais il n'en fut pas ainsi; avant de quitter Versailles ils avaient chargé leur collègue M. Arnaud (de l'Ariége) de donner communication à l'assemblée des suppliques des électeurs parisiens.

Voici en quels termes ce député s'acquitta du mandat qui lui avait été confié :

"*M. Arnaud* (de l'Ariége).—Je viens au nom de mes collègues des municipalités de Paris apporter à l'Assemblée une communication à laquelle nous attachons la plus grande importance.

"Paris est à la veille, non pas d'une insurrection, mais de la guerre civile dans ce qu'elle peut avoir de plus affreux. Dans cette circonstance, les maires de Paris ont pensé qu'il y avait des mesures à prendre.

"Les résolutions que nous vous proposons ont été jugées par nous de nature à éviter une plus grande effusion du sang.

"Nous sommes convaincus que le rétablissement de l'ordre et le salut de la République exigent les mesures suivantes :

"'1. Que l'Assemblée se mette à l'avenir en communication plus directe et plus intime avec les municipalités de Paris.

"'2. Qu'elle autorise les maires à prendre les mesures que les circonstances exigent.

"'3. Que les élections de la garde nationale aient lieu avant le 28 de ce mois.

"'4. Que l'élection du conseil municipal ait lieu avant le 3 avril, si c'est possible ; que la condition du domicile soit réduite à six mois, et que les maires et les adjoints procèdent aussi de l'élection.'

"Cette communication, continue M. Arnaud, a été rédigée avant le départ des maires de Paris. Il n'y a rien été changé, et l'incident auquel M. le Président a fait allusion n'a eu aucune influence sur les termes de notre communication. Permettez-moi seulement de faire un nouvel appel à la conciliation ; il y a eu des malentendus.

" *Une voix.*—Il n'y a eu que cela.

" *M. Arnaud* (de l'Ariége). — Il ne doit rien rester, ni d'un côté ni de l'autre, de l'incident facheux qui s'est produit. (Applaudissements répétés.)

" *M. le Président.* — Cette proposition ne peut émaner que d'un membre de l'Assemblée, j'invite M. Arnaud (de l'Ariége) à la signer.

" M. Arnaud, s'étant conformé à la requète de M. le Président, l'urgence a ensuite été adoptée à l'unanimité."

Avant de lever la séance l'Assemblée décide qu'elle se réunira ce soir à dix heures en séance publique.

Après de nombreux pourparlers et de grandes difficultés, la commission nommée à cet effet se décide enfin, à neuf heures et demie du soir, à faire son rapport sur la proposition de M. Arnaud (de l'Ariége). Voici comment M. de Peyramont s'est exprimé à ce sujet :

" Messieurs, nous comprenons l'impatience de l'Assemblée, elle est bien légitime ; mais votre commission vous demande la permission de vous affirmer qu'elle n'a pas perdu une seule minute pour remplir la mission que vous lui avez donnée.

" Elle a été nommée à deux heures. Pendant le cours de notre séance elle s'est constituée et a délibéré immédiatement. Elle a entendu les maires de Paris, ou du moins l'un d'entre eux. Elle les a écoutés avec le sentiment que commande leur attitude dans les circonstances actuelles.

"Après avoir entendu les maires elle a éprouvé le besoin d'entendre aussi M. le Président du pouvoir exécutif; elle a désiré connaître sa pensée, et sur la proposition même, dont la gravité le commandait assurément, et sur le dernier état des choses à Paris.

"Votre commission vient à l'instant même d'entendre M. le Président du Conseil; elle a recueilli ses paroles avec la religieuse attention qu'elles commandent, et c'est après les avoir pesées qu'elle s'est unanimement convaincu qu'en présence de la situation, telle qu'elle existe à l'heure où nous parlons, la proposition de l'honorable M. Arnaud (de l'Ariége) ne pourrait que donner lieu à une discussion pleine de dangers sans aucun avantage. (Assentiment sur plusieurs bancs.)

"Une parole imprudente pourrait faire couler des flots de sang, et dans cette situation bien appréciée par elle, votre commission, à l'unanimité, m'a chargé de vous dire quels seraient les dangers de cette discussion, et avec la même unanimité elle adjure mon honorable collègue de retirer sa proposition. (Exclamation à gauche.)

"Il l'a présentée sous l'influence des plus nobles sentiments, dans un esprit d'apaisement; mais le but qu'il se proposait, il l'atteindrait bien plus sûrement en la retirant qu'en la laissant livrée à nos débats. (Très-bien, très-bien.)

" *M. Ducuing.*—Je demande la parole.

" *Quelques membres.*—Laissez parler les auteurs de la proposition.

" M. Arnaud (de l'Ariége) s'entretient au pied de la tribune avec quelques-uns de ses collègues, maires de Paris.

" *M. le Président.*—Les auteurs de la proposition pourraient se concerter et faire connaître demain leurs résolutions. (Oui, oui !—Non, non !)

" *M. Clémenceau.*—Oh, non ! ce n'est pas possible !

" *M. le Président.*—Si les auteurs de la proposition sont d'accord, dès à présent, ils pourraient faire connaître leur décision.

" *Voix nombreuses.*—A demain, à demain.

" M. Tirard monte à la tribune, et, en présence de l'agitation de l'Assemblée, il en descend après un moment.

" M. Arnaud (de l'Ariége) l'y remplace presque aussitôt.

" *M. Arnaud* (de l'Ariége).—Je ne comprends pas, messieurs, l'impatience de l'Assemblée. Evidemment, les circonstances sont extrêmement graves. Les évènements se précipitent non-seulement à toute heure, mais à toute minute. On a reçu des renseignements de Paris. Eh bien, on vient nous dire qu'un mot jeté dans la discussion peut faire l'effet d'une étincelle sur une matière inflammable, et devenir une provocation qui ferait couler des flots de sang. (Interruption.)

"Il faut donc au moins que nous puissions nous entendre, moi et ceux de mes collègues qui ont signé la proposition. (Oui, oui!) Il y a solidarité entre nous.

"Par conséquent, quelle que soit l'impatience de l'Assemblée . . . .

"*Quelques membres.*—Elle n'est pas impatiente.

"*M. Arnaud* (de l'Ariége).—Vous comprenez que nous serions impardonnables si nous faisions un acte précipité. Les circonstances sont tellement graves qu'il faut savoir ce que nous devons faire ce soir même. Permettez-nous donc de nous entendre. (Oui, oui!—A demain!)

"*M. Paris.*—Je demande que la séance soit suspendue pendant un quart-d'heure afin que les auteurs de la proposition aient le temps de se concerter sur cette question. (Non, non!—Si, si!—Agitation confuse.)

"M. Thiers, chef du pouvoir exécutif, monte à la tribune, et le silence se rétablit.

"*M. le Président.*—La parole est à M. le chef du pouvoir exécutif.

"*M. Thiers*, chef du pouvoir exécutif.—Je supplie tous les membres de cette Assemblée, à quelque opinion qu'ils appartiennent, de bien réfléchir en ce moment à leurs paroles et à leurs actes.

"Tout le monde ici, en présence des évènements immenses qui se passent, aura une responsabilité des plus graves. Rentrez en vous-mêmes, étouffez vos passions, ne songez qu'à l'intérêt public, et, si vous le faites, je ne doute pas de la résolution que nous saurons prendre. (Très-bien ! très-bien !)

"Quant à nous, membres du gouvernement, si la discussion s'engageait, vous verriez que nous n'avons rien à craindre de la publicité. Ce n'est donc pas pour nous que je viens vous demander le silence maintenant, c'est pour le pays. Si l'on veut éclaircir ces faits en séance publique, il peut en résulter des évènements considérables. Il est possible qu'une parole malheureuse, dite sans mauvaise intention, fasse couler des torrents de sang.

"Eh bien, permettez-moi de parler avec franchise : au milieu des grands évènements, on éprouve une agitation intérieure qui ne trouve sa satisfaction que dans les discussions ; voilà l'entraînement auquel il faut savoir résister. (Approbation.) Je vous adjure, si vous êtes une Assemblée vraiment politique, de voter comme le propose la commission, et de ne pas vouloir des éclaircissements qui, dans ce moment-ci, seraient très-dangereux. (Vous avez raison !—Très-bien !)

"Je le répète, si la discussion s'engage, pour le malheur du pays, vous verrez que ce n'est pas nous qui avons intérêt a nous taire. (Mouvement. A demain ! à demain !)

"*M. le Président.*—La discussion ne peut, en aucun cas, s'engager ; le rapport de la commission n'a pas été fait, la délibération ne peut pas être ouverte. M. le président de la commission s'est borné à adjurer l'un des auteurs de la proposition à la retirer ; il ne lui a pas encore été répondu ; la situation reste ce qu'elle est, il ne peut pas y avoir de discussion avant que le rapport de la commission ait été fait. (C'est juste !—Très-bien !)"

M. Thiers en effrayant l'assemblée, en lui disant qu'une parole malheureuse, échappée à un député sans mauvaise intention, pourrait faire couler des flots de sang, savait bien qu'il ne disait pas la vérité, qu'il exagérait avec préméditation des dangers imaginaires qui n'existaient pas pour le moment.

M. Thiers savait bien que les hommes du Comité Central cherchaient par tous les moyens à éviter la guerre civile et l'effusion du sang. Il en avait eu une preuve convaincante dans la manière prudente, modérée, conciliante, temporisatrice avec laquelle il agissait envers la partie réactionnaire de la garde nationale des premier et deuxième arrondissements, qui occupait les mairies, le Louvre, le Grand-Hôtel, la Banque, la Bourse, etc. La répression plus que modérée de l'agression coupable faite par les amis de l'ordre, le 22 mars, près de la place Vendôme, contre les gardes nationaux partisans du Comité Central, témoignait aussi de la façon la plus éclatante de l'esprit de modération et d'humanité qui animait ce dernier.

Les élus de la garde nationale disposaient certes, depuis le 18 mars, de forces assez considérables pour réduire très-facilement au silence l'opposition de leurs adversaires.

Ils avaient avec eux 215 bataillons sur 265 dont se composait toute la garde nationale, et encore sur les 50 bataillons qui n'avaient pas participé à l'élection du Comité Central, beaucoup étaient neutres ou indifférents; il n'y avait guère que cinq ou six bataillons ouvertement hostiles, et même ces derniers comptaient dans leur sein un élément républicain. Malgré tous les efforts, toutes les manœuvres, tous les moyens d'action et d'influence dont pouvaient disposer les amis de l'ordre, jamais ils ne purent mettre à la disposition de l'Amiral Saisset plus de deux mille gardes nationaux. L'amiral a déclaré lui-même à l'Assemblée qu'il n'en avait eu que trois cents, mais son chiffre est au dessous de la vérité.

Dans tous les cas il y a une chose certaine, c'est que si le Comité Central de la garde nationale avait voulu en finir avec les meneurs réactionnaires et leurs scïdes, la chose ne lui eut pas été difficile. S'il ne l'a pas fait, c'est par une seule raison ; c'est qu'il était animé des intentions les plus conciliantes, qu'il avait horreur de la guerre civile et qu'il voulait employer tous les moyens possibles et raisonnables pour éviter l'effusion du sang.

M. Thiers outrageait donc sciemment la vérité quand il affirmait qu'un mot imprudent dit à l'Assemblée pouvait faire couler des torrents de sang.

Le jour même où M. Thiers exprimait ces craintes si déplorablement exagérées, l'assemblée de Versailles, par l'accueil malhonnête, blessant, grossier, qu'elle avait fait aux maires de Paris, avait certes fait tout ce qu'il fallait pour exciter à la guerre civile, si cette dernière eut été possible ; et après la scène si imprudente, si inconvenante, si provocatrice qui avait eu lieu lorsque les maires de Paris s'étaient montrés dans la tribune qui leur avait été réservée à l'Assemblée, il n'est pas possible de supposer que la population, qui a supporté sans mot dire cet outrage grossier fait à ses magistrats, était disposée à verser le sang à flots pour un seul mot malheureux dit à la tribune. Monsieur Thiers, quelque subtil, quelque habil et quelque roué qu'il soit, ne parviendra jamais à faire admettre son effrayante hypothèse par une personne intelligente et de bonne foi.

Le chef du pouvoir exécutif, en évoquant devant l'Assemblée le spectre sanglant de la guerre civile, avait un but secret. Il voulait empêcher tout compromis, tout moyen de conciliation entre l'Assemblée et la population de Paris. Il voulait laisser s'accomplir les évènements qu'il prévoyait, laisser s'installer la Commune qu'il voulait détruire, et il voulait gagner du temps pendant qu'elle se constituerait pour organiser une force armée capable d'étouffer la Révolution du 18 mars, d'anéantir la Commune, de les noyer toutes les deux dans des flots de sang ; il se promettait bien de ne pas reculer plus tard devant le cataclysme sanglant qu'il semblait redouter alors. En politique habile, froid et cruel, il préparait le terrain et les éléments qui devaient assurer son sanglant triomphe.

L'adhésion de l'Assemblée aux élections communales ou l'acceptation de la proposition des maires de Paris formulée par M. Arnaud (de l'Ariége), amenait forcément un compromis, si non une réconciliation entre Paris et Versailles, et ruinait tout le plan de M. Thiers ; c'est ce que ce dernier ne voulait pas. Voilà le véritable motif qui lui a fait enterrer sous les fleurs de sa perfide rhétorique la proposition Arnaud.

Pour cet homme fatal, comme pour César, le sort en était jeté ; il voulait arriver à la réalisation de son plan et de ses projets politiques, même en traversant un sanglant Rubicon.

Pendant que M. Thiers ourdissait son intrigue parlementaire et qu'il réussissait à faire repousser la proposition de M. Arnaud (de l'Ariége), le Comité Central de la garde nationale ne restait pas inactif.

Il faisait de louables efforts pour assurer la libre réussite des élections qui devaient avoir lieu le 26 mars, et il se décida à employer des moyens énergiques capables de contraindre les municipalités hostiles à laisser procéder à ces élections. Il n'y avait pas de temps à perdre, car elles devaient avoir lieu le lendemain.

A cet effet, le 25 de ce même mois de mars, à 3 heures, une colonne de 3,000 gardes nationaux environ partit de la place de l'Hôtel-de-Ville avec trois pièces d'artillerie précédées de quelques cavaliers. Elle suivit la rue de Rivoli jusqu'à la mairie du premier arrondissement, où elle s'arrêta. Des délégués du Comité Central se présentèrent devant l'adjoint, qui les reçut aussitôt en l'absence du maire. Les pourparlers durèrent près d'une heure. La foule était énorme devant la mairie, et l'anxiété générale. On redoutait un conflit.

Enfin les propositions du Comité sont acceptées. Il est décidé d'un commun accord que les élections du Conseil Communal, et la nomination du commandant en chef de la garde nationale par le suffrage universel direct, auront lieu le lendemain 26.

Afin de faire approuver aussi ces mêmes conditions par le deuxième arrondissement, les bataillons de la Fédération continuèrent leur marche par la rue de Rivoli, en traversant la place du Palais-National, et en suivant la rue de Richelieu jusqu'à la rue Neuvedes-Petits-Champs, dans laquelle ils s'engagèrent pour gagner la rue Vivienne, où ils s'arrêtèrent.

Les délégués se dirigèrent ensuite vers la Bourse, où ils furent reçus par 12 ou 15 maires et adjoints.

Là encore surgissent de graves difficultés. D'une part les magistrats municipaux se récrient au sujet de l'ultimatum qui leur est proposé, et ils refusent d'accéder à des propositions qui leur sont faites par une manifestation armée. D'autre part les délégués du Conseil Central déclarent qu'il y a péril en la demeure, que les élections ne peuvent être ajournées plus longtemps, qu'il faut à tout prix qu'elles soient faites de suite, et que, quoiqu'il puisse être décidé, elles auront lieu le lendemain.

Enfin, après des débats orageux qui ont duré une heure et demie, les propositions du Comité sont aussi adoptées, et les municipalités des arrondissements qui jusqu'à ce jour l'avaient refusé, consentent enfin à prêter leur concours aux élections qui auront lieu le lendemain.

A leur sortie de la séance, les délégués du Conseil Central, tout joyeux, annoncent l'heureux résultat qu'ils viennent d'obtenir aux gardes nationaux rangés en bataille devant la Bourse ; à cette excellente nouvelle la joie brille sur tous les visages, les fronts se dérident, les soldats citoyens des quartiers populaires lèvent la crosse en l'air et défilent devant leurs collègues des quartiers aristocratiques ; lesquels imitant ce bon exemple, lèvent aussi la crosse en l'air et accueillent leurs concitoyens aux cris mille et mille fois répétés de " Vive la République ! " Les tambours battent aux champs. L'enthousiasme est indescriptible et gagne tous les habitants.

Les femmes aux fenêtres partagent la joie générale, mêlent leurs applaudissements à ceux des gardes nationaux et acclament aussi la République.

La population des quartiers du centre de Paris se porte en masse sur les boulevards, se mêle et se réconcilie avec celle des faubourgs, les mains se pressent, les âmes se dilatent, les visages rayonnent de joie. Chacun se sent soulagé du poids qui l'oppressait en présence d'une situation fort complexe et qui apparaissait sans issue il y avait à peine un quart-d'heure.

Un rendez-vous a été pris pour le soir à la Bourse, afin que les maires absents viennent adopter les conventions déjà prises par leurs collègues.

La réconciliation est générale, les députés de Paris ont adhéré aux conditions électorales acceptées par les maires et les adjoints.

La proclamation suivante, consécration publique du traité qui venait d'être fait, fut affichée sur les murs de Paris :

"Paris, le 25 mars, 6 heures du soir.

" Citoyens,

"Les députés de Paris, les maires et les adjoints

élus réintégrés dans les mairies de leurs arrondissements, et les membres du Comité Central fédéral de la garde nationale, convaincus que le seul moyen d'éviter la guerre civile, l'effusion du sang à Paris, et en même temps d'affermir la République, est de procéder à des élections immédiates, en conséquence ils convoquent pour demain, dimanche, tous les citoyens dans les colléges électoraux.

"Les bureaux seront ouverts à huit heures du matin, et seront fermés à minuit.

"Les habitants de Paris comprendront que dans les circonstances actuelles, le patriotisme les oblige à venir tous prendre part au vote, afin que les élections aient le caractère sérieux qui seul peut assurer la paix dans la cité."

(Suivent les signatures.)

L'amiral Saisset et les bataillons dits de l'ordre, qui occupaient le Grand-Hôtel, la gare Saint-Lazare, le boulevard des Capucines, le 1er et le 2me arrondissements, etc., ont cédé ces postes aux bataillons fédérés du Comité Central.

M. Louis Blanc, au nom des députés de Paris, annonce à l'assemblée de Versailles qu'une affiche signée par les maires et adjoints de Paris appelle les électeurs parisiens à nommer demain un conseil municipal. Il ajoute qu'il y aurait un danger sérieux à retarder les élections dont il s'agit. En conséquence il conjure l'Assemblée, au nom des députés de Paris, de reconnaître qu'en prenant en toute connaissance de cause cette décision imposée par les circonstances, les maires et adjoints de Paris ont agi en bons citoyens.

La proposition de Monsieur Louis Blanc est renvoyée à la commission d'initiative, qui est chargée de son enterrement en bonne et dûe forme.

Le lendemain en effet le rapporteur de la commission d'initiative parlementaire vint déclarer à la tribune que cette commission, "continuant à s'en rapporter à la sagesse et à la fermeté du gouvernement, est d'avis de ne pas prendre en considération la proposition de Messieurs Louis Blanc et autres collègues."

Ces conclusions sont immédiatement adoptées par l'Assemblée.

Un député, dont nous regrettons de ne pas savoir le nom, dépose au nom de huit de ses collègues un projet de résolution ainsi conçu :

"L'Assemblée nationale déclare nulles et non avenues les élections municipales qui viennent d'avoir lieu à Paris." (Exclamations à gauche, applaudissements à droite.)

Cette proposition, signée de huit députés et applaudie par la droite, est une preuve du mépris que la majorité de l'Assemblée professe pour la souveraineté du peuple et le suffrage universel, qu'elle invoque journellement quand c'est son intérêt de le faire.

Néanmoins, par un sentiment de crainte que lui inspirait la Révolution victorieuse dans Paris, et aussi pour ne pas fournir la preuve flagrante de son antipathie pour le suffrage universel, elle a repoussé l'urgence de la proposition qui lui était faite.

Par ce vote, l'Assemblée des capitulards, élue uniquement pour faire la paix, reconnaît implicitement que ses pouvoirs sont expirés, et qu'elle *n'a plus rien à l'ordre du jour*, comme le disait si bien le procès-verbal d'une de ses dernières séances.

Mais l'Assemblée rurale de Versailles, malgré toutes les raisons sérieuses qui devraient l'engager à borner sa mission au mandat tacite qu'elle a reçu de conclure la paix avec la Prusse, n'en persiste pas moins dans l'œuvre liberticide qu'elle accomplit depuis sa première réunion. Elle continue de siéger contre tout droit, et persiste dans sa prétention de s'ériger en assemblée souveraine, de s'imposer par la force à la population de la capitale qui la répudie. Nous la verrons faire un nouveau siége de Paris, bombarder cette ville, la couvrir de ruines, de cadavres, verser des flots de sang et la dépeupler.

CHAPITRE VII.

LES ÉLECTIONS DE LA COMMUNE.

Sans tenir compte du mauvais vouloir, de l'hostilité, de la haine, des propositions ridicules, des projets odieux, sinistres et insensés de l'assemblée de Versailles, les électeurs de Paris procédèrent, le 26 mars, avec calme, en bon ordre et en toute liberté, aux élections des membres de la Commune.

Le temps était magnifique ce jour-là ; une grande foule se promenait dans les rues, tout était tranquille, l'ordre le plus parfait règnait partout, disaient alors tous les journaux sans distinction de couleur politique.

Le scrutin pour la nomination des membres du Conseil Communal a été ouvert à 8 heures du matin ; les électeurs se sont rendus paisiblement dans les diverses sections électorales des vingt arrondissements, afin de remplir leur devoir de citoyens-électeurs ; chacun d'eux a voté en toute liberté, aucune pression, aucune influence n'ont été exercées sur eux. Jamais la liberté du vote n'a été observée aussi scrupuleusement.

Le Comité Central de la garde nationale a prouvé jusqu'au bout son esprit libéral et son impartialité, son respect de la souveraineté du peuple et du suffrage universel. Sa loyauté a été égale à sa modestie et à son désintéressement.

Le même jour, afin de donner une nouvelle preuve de sa modération, il faisait mettre en liberté le général Chanzy.

Le Comité Central aurait, s'il avait été moins porté aux mesures de clémence, parfaitement pu retenir cet officier supérieur de l'armée, et même le faire condamner, car il avait la preuve que le général Chanzy était venu avec son armée dans l'intention d'organiser la résistance contre le Comité Central, et de conspirer contre lui avec Thiers, Jules Favre, Saisset, Schoelcher, Langlois, et tous les rénégats du Quatre-Septembre.

Mais le Comité Central feignit d'oublier ou d'ignorer ce crime, la clémence, presque toujours bonne conseillère, l'emporta dans son esprit, et nous l'en félicitons bien sincèrement. C'était une manière aussi généreuse qu'intelligente d'honorer le scrutin du 26, et de préparer sous les meilleurs auspices l'avènement du nouveau pouvoir.

Les élections ont donné raison aux partisans de la Commune; les candidats dévoués à cette dernière ont en effet triomphé dans tous les arrondissements, excepté dans les 1er, 2me, 9me, et 16me, où les conservateurs l'ont emporté.

Dans le premier arrondissement, celui du Louvre, un des plus aristocratiques de Paris, les candidats de la Commune, les citoyens Vésinier, Miot et Pillot, ont obtenu un nombre de voix bien supérieur à celui qu'ils espéraient; le premier d'entre eux a eu 3,500 voix. Le même phénomène s'est produit dans le 2me arrondissement.

Le Comité Central de la garde nationale a eu un grand nombre de ses membres influents élus à l'assemblée de la Commune. L'association internationale des travailleurs a obtenu le même succès.

Les élections communales du 26 mars ont été une grande victoire pacifique remportée par la révolution démocratique et sociale.

Presque tous les élus sont des prolétaires, l'élément bourgeois ne figure parmis eux qu'en infime minorité. Le plus grand nombre d'entre eux sont des ouvriers, tous à l'exception des candidats des 1er, 2me, 9me, et 16me arrondissements sont des travailleurs soit de la main, soit de la pensée. Quelques-uns exercent, il est vrai, ce que l'on est convenu d'appeler des professions libérales, mais ils n'en sont pas moins dévoués à la cause de la révolution démocratique et sociale, et à l'émancipation des prolétaires. Parmi eux nous citerons les citoyens Félix Pyat, Delescluze, Blanqui, Flourens, Miot, dont les principes révolutionnaires sont suffisamment connus.

D'autres citoyens moins célèbres n'étaient pas non plus des ouvriers, mais tous servaient avec dévouement et courage la cause de ces derniers. Citons parmi eux :

Le citoyen Tridon, avocat, n'ayant jamais exercé sa profession que pour se défendre devant les tribunaux de l'Empire, qui l'ont condamné à de nombreuses années de prison, et la dernière fois à la déportation.

Le citoyen Rigault, étudiant, ex-rédacteur de *La Marseillaise*, de *La Patrie en Danger*, et de plusieurs autres journaux républicains, socialistes et libres-penseurs. Le citoyen Rigault avait fait ses preuves sous l'Empire, en combattant courageusement pour la cause du Peuple et de la Révolution. Il avait bravé et subi de nombreuses condamnations pour la défense et la revendication de ses idées politiques, philosophiques et sociales. Rigault était un des plus dévoués, des plus courageux et des plus intelligents membres de la Commune.

Le citoyen Protot, jeune avocat très-distingué, un des accusés dans l'affaire dite de la Renaissance, dont la plaidoirie admirable, devant la sixième chambre, avait été fort remarquée. Quoique bien jeune encore, le citoyen Protot avait déjà beaucoup travaillé pour la cause de l'affranchissement du prolétariat.

Le citoyen Vermorel, avocat devenu journaliste et publiciste, auteur de plusieurs volumes d'histoire, qui s'était toujours fait remarquer par ses attaques vigoureuses contre les hommes de l'opposition, qu'il accusait avec raison d'avoir perdu la République et compromis toutes les libertés par leur conduite coupable, leurs mesures réactionnaires, et leurs décrets liberticides.

Le citoyen Paschal Grousset, ex-rédacteur de *La Marseillaise*, condamné par la cour de Blois, écrivain original, et révolutionnaire hardi et dévoué.

Le citoyen Vaillant, ancien étudiant instruit, intelligent, et très-profondément convaincu, ayant mis son savoir au service de la révolution sociale.

Le citoyen Jules Vallès, écrivain de talent, journaliste populaire, ayant pris part à un nombre considérable de publications démocratiques et socialistes, et un des pamphlétaires les plus aimés du peuple parisien.

Le citoyen Cournet, rédacteur principal du *Réveil*, républicain militant bien connu par son zèle et son dévouement.

Le citoyen Arthur Arnould, ex-rédacteur du *Rappel* et de *La Marseillaise*.

Les citoyens Regère, docteur; Lefrançais, ex-maître d'école; Goupil, docteur; Parisel, docteur; Jules Allix, économiste; Eudes, étudiant; Verdure, ex-instituteur, rédacteur de *La Marseillaise*; Léo Meillet, avocat; J.-B. Clément, journaliste; Bergeret, officier; etc., n'appartenaient pas à la classe ouvrière proprement dite, mais tous avaient ses aspirations, ses besoins, et poursuivaient le même but qu'elle en politique, en philosophie et en économie sociale.

Les autres membres de la Commune étaient presque tous des ouvriers proprement dits. Il y avait encore un des élus du 26 mars, le citoyen Beslay, qui n'était pas ouvrier mais un riche rentier.

Voici par arrondissement la liste exacte du résultat des élections communales du 26 mars :

1ᵉʳ ARRONDISSEMENT (*Louvre*).

(Résultat complet.—Quatre conseillers à élire.)

Adam	7,272
Méline	7,251
Rochard	6,629
Barré	6,294

(Ces quatre candidats sont élus.)

Vésinier	3,565
Grandjean	3,458
Dr. Pillot	3,309
Jules Miot	3,219

2ᵉ ARRONDISSEMENT (*Bourse*).

(Complet.—Quatre conseillers à élire.)

Brelay	7,025
Loiseau-Pinson	6,922
Tirard	6,386
Cheron	6,068

(Ces quatre candidats sont élus.)

Pothier	4,422
Serraillet	3,711
Durand	3,656
Johannard	3,639

3ᵉ Arrondissement (*Temple*).

(7 sections—5 conseillers.)

A. Arnaud	8,679
Demay	8,736
Pindy	7,816
Cléray	6,115
Clovis Dupont	5,661

(Ces cinq candidats sont élus.)

4ᵉ Arrondissement.

(11 sections—5 conseillers.)

Lefrançais	8,705
Arthur Arnould	8,584
Clémence	8,173
Gérardin	8,104
Amouroux	7,906

(Ces cinq candidats sont élus.)

Louis Blanc	5,232

5ᵉ Arrondissement.

(5 sections—5 conseillers.)

Régère	4,026
Jourde	3,949
Tridon	3,948
Blanché	3,271
Ledroit	3,236

6ᵉ Arrondissement (*Saint-Sulpice*).

Albert Leroy	5,800
Goupil	5,111
Varlin	3,602
Beslay	3,714
Docteur Robinet	3,904

(Ces cinq candidats sont élus.)

G. Courbet	1,172
Laccord	1,146
Hérisson	956

7ᵉ Arrondissement.
(12 sections sur 19.)

Dr. Parisel	3,367
Ernest Lefèvre	2,859
Urbain	2,803
Brunel	1,947
(Ces quatre candidats sont élus.)	
Ribeaucourt	968
Arnaud (de l'Ariége)	653
Toussaint	627

8ᵉ Arrondissement.

Raoul-Rigault	2,175
Vaillant	2,145
Arthur Arnould	2,114
Allix	2,028
(Ces quatre candidats sont élus.)	
Carnot	1,922
Aubry	1,840
Denormandie	1,804
Belliard	1,618

9ᵉ Arrondissement.
(6 sections sur 9—5 conseillers.)

Ranc	8,950
Desmarest	4,232
Ulysse Parent	4,770
E. Ferry	3,732
Nast	3,691
(Ces cinq candidats sont élus.)	
Dupont de Bussac	2,005
George Avenel	1,449
Docteur Sémerie	1,382
Briosne	1,085

10ᵉ Arrondissement.
(Résultat complet.—5 conseillers.)

Fortuné (Henri)	11,042
Pyat (Félix)	11,813

Gambon 14,734
Rastoul 10,325
Babick 10,738
Olive 3,985

11ᵉ Arrondissement.

Mortier 19,397
Delescluze 18,379
Protot 18,062
Assy 18,041
Eudes 17,392
Avrial 16,193
Verdure 15,577

12ᵉ Arrondissement (*Bercy-Reuilly*).
(8me et 11me sections.)

Varlin 2,312
Geresme 2,194
Fruneau 2,173
Theisz 2,150

(1re, 2me et 3me sections, les mêmes candidats l'emportent
à une forte majorité.)

13ᵉ Arrondissement.

Léo Meillet 6,531
Général E. Duval 6,482
Chardon 4,663
Frankel 4,480

14ᵉ Arrondissement (*Montrouge*).
(Trois conseillers.—Résultat complet, sauf une section.)

Billoray 6,100
Martelet 5,927
Descamps 5,830

(Ces trois candidats sont élus.)

15ᵉ Arrondissement (*Grenelle*).

Parisel 2,773
Lefèvre 2,370

Urbain 2,304
Brunel 1,528
Ribeaucourt 1,247

16ᵉ Arrondissement (*Passy-Auteuil*).
(Deux conseillers.)
Dr. Marmottan 2,036
De Boutoiller 1,909
Félix Pyat 1,332
Victor Hugo 1,274
(Les deux premiers sont élus.)

17ᵉ Arrondissement (*Batignolles*).
Varlin 9,356
Clément 7,121
Gérardin 6,142
Chalin 4,547
Malon 4,199
(Ces candidats sont élus.)

18ᵉ Arrondissement (*Montmartre*).
(6 sections sur 12—7 conseillers.)
Dereure . . . .
Theisz . . . .
Blanqui . . . .
J.-B. Clément . . . .
Th. Ferré . . . .
Vermorel . . . .
Paschal Grousset . . . .
(Ces candidats sont élus avec 14,000 voix environ.)

19ᵉ Arrondissement.
(10 sections sur 16.)
Puget 9,547
Oudet 10,060
Delescluze 5,840
Jules Miot 5,520
Cournet 5,540
Ostyn 4,100
(Ces six candidats sont élus.)

20ᵉ Arrondissement (*Belleville et Charonne*).

Ranvier	14,127
Bergeret	14,003
Blanqui	13,498
Flourens	13,333

La *Nouvelle République* résume comme suite le résultat définitif des élections :

"Le nombre des votants a dépassé le chiffre de 250,000.

"La moyenne des voix attribuées aux candidats élus dépasse le quart des électeurs inscrits ; elle est très-supérieure à la majorité moyenne ordinaire dans les élections municipales.

"La liste révolutionnaire a triomphé dans seize arrondissements sur vingt, les 3ᵉ, 4ᵉ, 5ᵉ, 6ᵉ, 7ᵉ, 8ᵉ, 10ᵉ, 11ᵉ, 12ᵉ, 13ᵉ, 14ᵉ, 15ᵉ, 17ᵉ, 18ᵉ, 19ᵉ, et 20ᵉ, et remporté un demi-succès dans le 9ᵉ.

"Les 1ᵉʳ, 2ᵉ, 9ᵉ et 16ᵉ arrondissements seuls ont voté pour la réaction, représentée par les maires et les adjoints."

DEUXIÈME PARTIE.
LA COMMUNE DE PARIS.

CHAPITRE I.
PROCLAMATION DE LA COMMUNE.

La proclamation du résultat du vote communal a eu lieu le 28 mars, à 4 heures du soir, sur la place de l'Hôtel-de-Ville, avec une solennité émouvante et grandiose.

Dès deux heures les bataillons de la garde nationale arrivaient de toutes les directions : des ponts, des quais, des places et des rues environnantes, joyeux, allègres, pleins d'entrain et d'enthousiasme, marquant le pas d'un air martial, au bruit des tambours, au son des clairons, au chant de la Marseillaise, drapeaux déployés, accueillis partout par des acclamations sympathiques, auxquelles ils répondaient par des vivats enthousiastes en faveur de la République et de la Commune.

Toute la garde nationale de Paris a pris part à ce défilé imposant. Jusqu'au soir la marée montante de ses bataillons envahit la place et déborda dans la rue de Rivoli, sur les places, dans les squares, sur les quais, dans l'avenue Victoria, et sur le boulevard de Sébastopol, qui furent submergés par elle.

La foule des spectateurs était immense. Elle se pressait et s'entassait partout ; sur les trottoirs, dans les magasins et les allées ; les appartements des maisons voisines étaient remplis, toutes les fenêtres étaient garnies de spectateurs ; les barricades servaient d'estrades naturelles sur lesquelles hommes, femmes, enfants s'entassaient à les faire crouler.

La statue équestre d'Henri IV, qui décore la façade de l'Hôtel-de-Ville, était voilée d'une tenture rouge, sur laquelle se détachait le buste de la République, ombragé de drapeaux rouges et coiffé d'un bonnet phrygien. Sous la déesse populaire, devant la porte centrale et communiquant avec l'intérieur de l'Hôtel-de-Ville par un couloir, s'élevait une vaste estrade tendue de rouge, garnie de siéges et d'une table servant de bureau.

Le drapeau rouge du peuple flottait tout au haut de l'Hôtel-de-Ville, ainsi que sur les Tuileries et sur tous les monuments publics. Celui de la Commune était au fronton du monument communal, et ceux de tous les bataillons étaient en faisceau devant l'estrade.

A quatre heures les membres du Comité Central et ceux de la Commune font leur apparition sur l'estrade, et viennent prendre place sur les siéges autour du bureau.

Ils sont accueillis par le plus grand enthousiasme, les plus vifs applaudissements et les cris innombrables de : "Vive la Commune !" "Vive la République !" Tout Paris était avec eux.

La plupart des nouveaux élus étaient en civils, quelques-uns en uniforme d'officiers de la garde nationale ; tous étaient ceints de l'écharpe rouge frangée d'or, ils avaient en outre à la boutonnière un ruban de la même couleur ayant des franges semblables.

Aussitôt que les membres de la Commune et du Conseil Central ont pris place, le président de ce dernier agite la sonnette placée sur la table, et les canons du quai de Grève font entendre leur roulement formidable ; d'autres détonations leur répondent de toute part.

A ce moment la place de l'Hôtel-de-Ville présente le spectacle le plus grandiose, le plus solennel et le plus émouvant. Les drapeaux des bataillons, les enseignes des compagnies flottent au vent, la forêt des fusils et des baïonnettes resplendit au soleil, les uniformes innombrables se dessinent partout, les figures bronzées et martiales des gardes nationaux s'animent, s'éclairent d'enthousiasme, leurs yeux brillent d'espérance. On dirait qu'un souffle régénérateur a passé sur cette multitude immense, courbée pendant vingt ans sous le despotisme honteux d'un tyran monomane, dont l'ambition stupide l'a livré à l'étranger, et qui vient tout à coup de se relever au souffle régénérateur de la liberté.

En présence de l'inauguration de cette Commune, qui personnifie en elle tous ses vœux et toutes ses espérances, la fin de sa misère et de tous ses maux, un avenir de réparation, de liberté et de justice, le peuple a recouvré sa fierté native, sa bonté naïve, on courage, sa dignité, sa grandeur, sa conscience, toutes ses qualités et toutes ses vertus. Il veut être grand, fort et généreux. Il se sent réellement souverain et digne de lui, pour la première fois depuis vingt ans ; digne de la grande cause de l'affranchissement des prolétaires qu'il veut accomplir. Sa joie et son délire éclatent au bruit du canon dans cet instant d'enthousiasme sublime, et se manifestent de nouveau par des cris cent mille fois répétés de "Vive la Commune !" " Vive la République !"

Tous les gardes nationaux pris d'un mouvement électrique, magnétique, irrésistible agitent leurs armes, mettent leurs képis au bout de leurs baïonnettes, élèvent, brandissent leurs fusils en l'air et poussent des hourras frénétiques.

Le président du Comité Central se lève, agite de nouveau sa sonnette. Le canon se taît, les cris cessent, la foule est immobile. Le silence se fait aussi profond, que le mugissement de l'artillerie, le bruit des fanfares et les cris du peuple étaient grands il y avait quelques minutes à peine. Il donne alors, d'une voix forte, lecture de la liste des membres de la Commune nouvellement élus.

Nous reproduisons ici cette liste telle qu'elle a été publiée sur la place de l'Hôtel-de-Ville.

La voici :

Premier arrondissement (4 conseillers élus).— Adam, Méline, Rochart, Barré.

Deuxième arrondissement (4 conseillers).—Brelay, Loiseau-Pinson, Tirard, Chéron.

Troisième arrondissement—(Temple ; 5 conseillers). —Demay, Arnaud, Pindy, Cléray, Dupont.

Quatrième arrondissement (5 conseillers). — Lefrançais, Arthur Arnould, Gérardin, Amouroux, Clémence.

Cinquième arrondissement (5 conseillers).—Jourde, Régère, Tridon, Blanchet, Ledroit.

Sixième arrondissement—(Saint-Sulpice).—Albert Leroy, Goupil, Docteur Robinet, Beslay, Varlin.

Septième arrondissement.—Dr. Parisel, Ernest Lefèvre, Urbain, Brunel.

Huitième arrondissement—(Faubourg Saint-Honoré ; 4 conseillers). — Raoul Rigault, Vaillant, Arthur Arnould, Jules Allix.

Neuvième arrondissement (5 conseillers).—Ranc, Ulysse Parent, Desmarest, E. Ferry, Nast.

Dixième arrondissement (5 conseillers).—Gambon, Félix Pyat, Henri Fortuné, Champy, Babick.

Onzième arrondissement.—Eudes, Mortier, Protot, Assi, Avrial, Verdure.

Douzième arrondissement—(Bercy-Reuilly).—Varlin, Fruneau, Geresme, Theisz.

Treizième arrondissement—(Gobelins).—Léo Meillet, Duval, Chardon, Frankel.

Quatorzième arrondissement—(Montrouge ; 3 conseillers).—Billoray, Martelet, Decamp.

Quinzième arrondissement—(Vaugirard-Grenelle). —Clément, Jules Vallès, Langevin.

Seizième arrondissement—(Passy-Auteuil ; 2 conseillers).—Docteur Marmoteau, De Bouteiller.

Dix-septième arrondissement—(Batignolles).— Varlin, Clément, Gérardin, Chalain, Malon.

Dix-huitième arrondissement—(Montmartre ; 7 conseillers).—Blanqui, Theisz, Dereure, J.-B. Clément, Th. Ferré, Vermorel, Paschal Grousset.

Dix-neuvième arrondissement. — Oudet, Puget, Delescluze, Cournet, J. Miot, Ostyn.

Vingtième arrondissement—(Belleville).—Ranvier, Bergeret, Flourens, Blanqui.

Cette lecture a été interrompue vingt fois par des nombreux applaudissements, qui éclataient après la proclamation des élus de chaque arrondissement. Et lorsqu'elle fut terminée d'innombrables vivats éclatèrent de nouveau. La musique de la garde nationale joua ensuite la Marseillaise, le Chant du Départ et d'autres airs républicains.

Plusieurs discours, alternés par la musique et des chants patriotiques, ont été prononcés par les citoyens Lavalette, Assi, Ranvier et Beslay, et très applaudits.

Voici le discours du citoyen Beslay, doyen d'âge de la Commune, le seul qui ait été sténographié :

" Citoyens,

" Notre présence ici atteste à Paris et à la France, que la Commune de Paris c'est, nous n'en doutons pas, l'affranchissement de toutes les communes de la République.

" Depuis cinquante ans, les routiniers de la vieille politique nous bernaient avec les grands mots de décentralisation, du gouvernement du pays par le pays; grandes phrases qui ne nous ont rien donné.

" Plus vaillants que vos devanciers, vous avez fait comme le sage qui marchait pour prouver le mouvement, vous avez marché et l'on peut compter que la République marchera avec vous.

" C'est là en effet le couronnement de votre victoire pacifique. Vos adversaires ont dit que vous frappiez le République; nous répondons, nous, que si nous l'avons frappée, c'est comme le pieu que l'on enfonce plus profondément en terre.

" Oui, c'est par la liberté complète de la Commune que la République va s'enraciner chez nous. La République n'est plus aujourd'hui ce qu'elle était aux grands jours de notre révolution. La république de 93 était un soldat qui, pour combattre au dehors et au dedans, avait besoin de centraliser sous sa main toutes les forces de la patrie. La république de 1871 est un travailleur, qui a surtout besoin de liberté pour féconder la paix.

"*Paix et travail!* Voilà notre avenir ; voilà la certitude de notre revanche et de notre régénération sociale, et, ainsi comprise, la République peut encore faire de la France le soutien des faibles, la protectrice des travailleurs, l'espérance des opprimés dans le monde, et le fondement de la République universelle.

" L'affranchissement de la Commune est donc, je le répète, l'affranchissement de la République elle-même ; chacun des groupes sociaux va retrouver sa pleine indépendance et sa complète liberté d'action.

" La Commune s'occupera de ce qui est local.

" Le département s'occupera de ce qui est régional.

" Le gouvernement s'occupera de ce qui est national.

" Et, disons-le hautement, la Commune que nous fondons sera la Commune modèle. Qui dit travail dit ordre, économie, honnêteté, contrôle sévère, et ce n'est pas dans la Commune républicaine que Paris trouvera des fraudes de 400 millions.

" De son côté, ainsi réduit de moitié, le gouvernement ne pourra plus être que le mandataire docile du suffrage universel et le gardien de la République.

"Voilà, à mon avis, citoyens, la route à suivre ; entrons-y hardiment et résolument. Ne dépassons pas cette limite fixée par notre programme, et le pays et le gouvernement seront heureux et fiers d'applaudir à cette révolution si grande et si simple, et qui sera la plus féconde révolution de notre histoire.

"Pour moi, citoyens, je regarde comme le plus beau jour de ma vie d'avoir pu assister à cette grande journée, qui est pour nous la journée du salut. Mon âge ne me permettra pas de prendre part à vos travaux, comme membre de la Commune de Paris; mes forces trahiraient trop souvent mon courage, et vous avez besoin de vigoureux athlètes. Dans l'intérêt de la propagande je serai donc obligé de donner ma démission ; mais soyez sûrs que, à côté de vous, comme auprès de vous, je saurai, dans la mesure de mes forces, vous continuer mon concours le plus dévoué, et servir comme vous la sainte cause du travail et de la République.

"Vive la République ! vive la Commune !"

Les discours terminés, le président clôt cette séance d'inauguration, et aussitôt les canons recommencent à tonner et les bataillons à défiler. Les tambours battent aux champs, les fanfares retentissent, les exclamations redoublent et, pendant deux heures, plus de 250 mille gardes nationaux défilent devant leurs élus aux cris, un million de fois répétés, de : " Vive la Commune ! " " Vive la République ! "

L'enthousiasme est général, il a gagné tout le monde ; partout, dans toutes les rues, sur tous les quais et les boulevards, la foule : hommes, femmes, enfants, prolétaires et bourgeois, accueillent la garde nationale à son passage par les manifestations et les cris les plus sympathiques.

Les fenêtres sont garnies de spectateurs joyeux, les maisons sont pavoisées de drapeaux rouges, qui n'effraient personne.

Le soir l'Hôtel-de-Ville, les Tuileries, le Louvre, etc., un grand nombre d'autres monuments publics et des maisons particulières sont illuminés. Paris et ses ex-faubourgs sont en fête.

La Commune a été proclamée sous les meilleurs auspices.

Voici en quels termes le Comité Central annonce l'heureux avènement de cette dernière, et fait ses adieux au peuple et à la garde nationale.

" Citoyens,

" Il nous a été permis d'assister aujourd'hui (28 mars) au spectacle populaire le plus magnifique que nous ayons jamais vu. Nos cœurs en sont émus. Paris a salué et applaudi la Révolution. Paris vient d'ouvrir une nouvelle page d'histoire sur laquelle il a inscrit son nom.

"Deux cent mille hommes libres se sont présentés pour affirmer leur liberté, et pour proclamer la nouvelle constitution, au bruit des décharges de l'artillerie. Que les espions de Versailles, qui rôdent autour de nos murs, aillent rapporter à leurs maîtres ce que font entendre les voix d'une population tout entière ; comment ces voix remplissent la ville et retentissent au delà de ses murs. Que ces espions, qui se sont glissés dans nos rangs, leur donnent une fidèle image de ce spectable admirable d'un peuple qui reprend sa souveraineté, en criant de toutes ses forces et d'une manière sublime : 'Nous mourrons pour la Patrie !'

"Citoyens,

"Nous remettons entre vos mains l'œuvre que vous nous aviez confiée. Aux derniers instants de notre pouvoir éphémère, avant de quitter définitivement nos places dans le comité de la garde nationale, d'où les évènements nous rappellent, nous désirons vous exprimer nos remerciements.

"Aidés par votre admirable patriotisme et votre sagesse, nous avons, sans violence, mais aussi sans faiblesse, rempli les conditions de notre tâche. Enchaînés dans notre marche par la loyauté qui nous défendait de nous ériger en gouvernement, nous avons néanmoins été à même, en nous appuyant sur vous, de préparer une révolution radicale dans le court espace de huit jours. Vous savez ce que nous avons fait, et c'est avec l'orgueil d'avoir rempli notre devoir, que nous soumettons nos actions à votre jugement. Mais, avant de passer par l'épreuve de votre opinion, nous sommes heureux de vous dire que tout ce qui a été fait, a été fait par vous.

"Nous voulons de plus proclamer hautement que, en votre qualité de maîtres absolus et légitimes, c'est principalement par votre générosité que vous avez établi votre puissance. Si vous avez fait valoir des droits et fait des demandes, vous n'avez jamais usé de représailles.

"La France, coupable de vingt années de faiblesse, comprend la nécessité de se régénérer, de se racheter de la tyrannie et de l'indolence du passé, au moyen d'une liberté calme et du travail. Vos libertés seront énergiquement défendues par vos élus d'aujourd'hui. Ils s'y consacreront pour toujours. L'œuvre dépend de vous et porte avec elle sa propre récompense.

"Ralliez-vous donc avec confiance autour de votre Commune ; facilitez ses travaux, en vous dévouant aux réformes nécessaires. Frères, laissez-vous guider par des frères. Marchez fermement et bravement sur le chemin de l'avenir; soyez un exemple pour les autres, en leur montrant la valeur de la liberté, et vous arriverez certainement au but désiré : LA RÉPUBLIQUE UNIVERSELLE.

"Suivent les signatures des membres du Comité Central de la garde nationale :

"Avoine fils, Antoine Arnaud, G. Arnold, Assi, Andignoux, Bouit, Jules Bergeret, Babick, Baroud, Billoray, Blanchet, L. Boursier, Castioni, Chouteau, C. Dupont, Fabre, Ferrat, Henri Fortuné, Fleury, Fougeret, C. Gaudier, Gouhier, H. Geresme, Grélier, Grollard, Jourde, Josselin, Lavalette, Lisbonne, Maljournal, Edmond Moreau, Mortier, Prudhomme, Rosseau, Ranvier, Varlin."

Le peuple a suivi les conseils que lui a donné le Comité Central ; comme toujours, bon et généreux, il a mis toute sa confiance dans ses nouveaux élus.

Il les a choisis en immense majorité dans son sein, parmi les travailleurs-prolétaires ; s'il en a pris quelques-uns dans la bourgeoisie, ce sont ceux qui ont depuis longtemps donné des gages de dévouement à sa cause, et qu'il a jugé pour cela dignes de le représenter.

Il les a élevés sur le pavois et ne leur a pas marchandé le pouvoir. Toute la force, toutes les ressources, toute la bonne-volonté, tout le courage dont il dispose, il les a mis à leur service.

Il a placé dans leurs mains, il leur a confié toutes

les immenses ressources de la capitale : les administrations, les ministères, les municipalités, les arsenaux, les ateliers, les magasins, les approvisionnements, les finances, toute la force armée de la capitale, 300 mille gardes nationaux, 1,800 canons, toutes les armes, toutes les munitions accumulées pendant le siége, des machines puissantes, tous les trésors, toutes les propriétés publiques, tous les domaines de la ville et de l'Etat, des casernes, des forts, une enceinte fortifiée, d'immenses moyens d'attaque et de défense, de destruction et de production; toutes les ressources d'une ville de deux millions et demi d'habitants, de la population la plus instruite, la plus civilisée, la plus cultivée et une des plus riches du monde entier.

Mais ce n'est pas tout ; le peuple de Paris a remis à ses élus, pour le service de la grande cause humanitaire qu'il leur a confiée, non-seulement toutes les ressources sociales, toutes les forces collectives de Paris, mais encore toutes celles individuelles, toutes les propriétés privées, la vie, les biens de chaque citoyen et ceux de leurs familles. Il leur a confié en outre tout ce qu'un peuple a de plus inviolable, de plus précieux, de plus sacré, ce qu'il ne devrait jamais aliéner: ses libertés, sa souveraineté, son honneur !

Les membres du Conseil Communal avaient donc dans leurs mains toutes les ressources, toutes les forces, toute la puissance dont disposait le peuple de Paris.

Il dépendait donc d'eux de rendre d'immenses services à la cause sublime qu'ils devaient faire triompher.

S'ils étaient dévoués, capables, intelligents, honnêtes, travailleurs et courageux, à la hauteur de leur mission et des circonstances, ils pouvaient accomplir une œuvre immense : sauver Paris et la France de la guerre civile, les délivrer de l'occupation étrangère, relever leur pays de l'abîme de misère, de ruine, de honte et de corruption, où la royauté et l'Empire, la bourgeoisie et le catholicisme les avaient plongés ; ils pouvaient les mettre sur la bonne voie, les soustraire à l'influence délétère du despotisme oligarchique d'une assemblée rétrograde et d'une majorité digne du moyen-âge et des temps féodaux, qui rêvent la restauration du trône et de l'autel, de la papauté et de la légitimité dans toute leur monstrueuse laideur et leur hideuse réalité. Ils auraient pu rendre à jamais impossible la restauration du despotisme en France, affranchir pour toujours le peuple du triple joug de l'église, de la royauté et des capitalistes ; c'est-à-dire détruire la tyrannie religieuse, politique et économique, et assurer pour l'avenir dans le monde entier le triomphe de la révolution philosophique, politique et sociale.

Voilà quelle était la tâche immense que les

électeurs parisiens du 26 mars et les travailleurs-prolétaires du monde entier attendaient de la Commune.

Cette dernière avait certainement conscience de sa mission importante, mais il n'en était pas toujours ainsi de ceux qui se croyaient autorisés à parler en son nom. Voici un article publié dans le *Journal Officiel*, et qui prouve suffisamment que son auteur n'avait pas une idée bien juste de l'esprit de la Révolution du 18 mars et des conséquences de cette dernière :

"Tout mouvement politique," dit-il, "qui ne porte pas en soi une idée nouvelle, créatrice, féconde, ou qui, portant cette idée, ne fait pas surgir aussitôt des hommes capables de la dégager et de la défendre, est condamné, même après un éclatant triomphe de la force, à avorter misérablement."

Ceci est très-vrai, mais citons la suite de cet article et voyons si les idées qu'il renferme sont aussi justes que celles que nous venons de reproduire :

"Ces hommes de réflexion profonde et d'action rapide se trouvèrent prêts aux premières journées de 1789. Aux mouvements instinctifs, tumultueux de la foule, ils donnèrent l'âme, l'intelligence, la vie enfin ; ils en firent des mouvements humains, philosophiques pour ainsi dire, et en quelques mois la foule instinctive était devenue un grand peuple, conscient de lui-même, le peuple de la Révolution.

"Les Socrates accoucheurs d'idées n'ont pas manqué non plus à la Révolution du 18 mars.

"Après l'avoir faite, ils l'ont acclamée, défendue, démontrée. Hier elle parlait ; dès aujourd'hui elle agit, et ainsi elle se démontre encore.

"Les combattants du 10 août ne se bornèrent pas à proclamer la liberté, l'égalité, la fraternité : ils définirent le sens de ces grandes paroles qui, réunies dans cette triade immortelle, avaient encore, pour leurs contemporains, quelque chose d'étrange, de vague et d'indéterminé ; ils en indiquèrent la portée et les conséquences, ils en montrèrent les applications à la vie civile et politique.

"Si les révoltés du 18 mars n'avaient su au lendemain de leur victoire que bégayer le mot de Commune, sans déterminer dès l'abord les principes élémentaires, primordiaux de l'organisation communale, il ne resterait peut-être aujourd'hui, de leur vaillance et de leur force, que le souvenir d'une défaite.

"Pendant vingt ans peut-être, ils auraient subi les outrages et les calomnies de l'histoire mensongère, comme les insurgés de juin 1848, auxquels il ne manqua pour triompher que de concevoir, même imparfaitement, la question impérieuse et redoutable qu'ils avaient sentie et posée.

"Avouons-le, la tâche était moins dure aux hommes du 18 mars. Le déplorable malentendu qui, aux journées de juin, arma l'une contre l'autre deux classes, toutes deux intéressées, non également, il est vrai, aux grandes réformes économiques, cette funeste méprise qui rendit la répression de juin si sanglante ne pouvait se renouveler.

" Cette fois l'antagonisme n'existait pas de classe à classe, il n'y avait pas d'autre sujet de lutte que la vieille guerre, toujours recommencée, bientôt finie sans doute, de la liberté contre l'autorité, du droit municipal et civique contre l'absorption et l'arbitraire gouvernemental.

" Paris, en un mot, était prêt à se lever tout entier pour conquérir son indépendance, son autonomie; il voulait, en attendant que la nation le voulût avec lui, le *self-government*, c'est-à-dire la République.

" Oh, non ! ils ne calomniaient pas l'exécutif, ceux qui l'accusaient de conspirer pour la monarchie. Indigné, l'exécutif protestait de sa sincérité et de ses bonnes intentions.

" Eh ! que pouvait faire au peuple de Paris les intentions de l'exécutif ? Il y a quelque chose qui domine les intentions des hommes, c'est la force des choses, la logique des principes.

" Centralisateur à outrance, au point de priver Paris pendant des mois, et sans fixer de terme à sa déchéance, de cette municipalité subordonnée, restreinte que la tutelle gouvernementale concède aux plus modestes villages, au point de lui maintenir le stigmate avilissant que l'Empire lui avait imprimé, ce caractère honteux de ville-caravansérail, qui chaque jour effaçait davantage son originalité et son génie ; centralisateur par goût et par système, l'exécutif nous précipitait de nouveau, qu'il en eût ou non conscience, vers la forme la plus parfaite, la plus matérielle de la centralisation administrative et politique, vers la royauté.

"Que les partisans de la république centraliste, bourgeoise, fondée sur l'antagonisme du citoyen et de l'Etat, du travail et du capital, de la classe moyenne et de la plèbe, que les formalistes y réfléchissent ; leur utopie a toujours servi de pont à la monarchie ; c'est elle qui pendant longtemps a tué, en France, l'idée même de la République.

"Aujourd'hui cette idée abattue se redresse plus fière et plus triomphante, arborant audacieusement son premier drapeau, ajoutant à son nom nouveau son vieux titre patronymique. Fidèle à sa tradition, consciente d'elle-même, la République est aussi la Commune.

"C'est la revanche de la science et du travail, de la liberté et de l'ordre, dont la routine gouvernementale avait pendant près d'un siècle retardé l'avènement. S'élevant au dessus des brouillards qui l'enveloppaient, débarrassée des obstacles qui lui barraient le passage, sûre de sa force, la Révolution va de nouveau, par son exemple et sa propagande, répandre sur le monde la liberté, l'égalité, la justice."

Cet article remarquable, à certains points de vue, renferme des appréciations éronnées et prouve, comme nous l'avons dit, que son auteur n'avait pas bien compris la Révolution de 18 mars et ses conséquences économiques.

Comme nous l'avons fait observer, il avait bien raison d'écrire que toute Révolution " qui ne porte pas en soi une idée nouvelle, créatrice, féconde, ou qui ne fait pas surgir aussitôt des hommes capables de la dégager et de la défeudre, est condamnée, même après un éclatant triomphe de la force, à avorter misérablement." Ces admirables paroles seront éternellement vraies. Mais leur auteur ne prévoyait pas alors que le dénouement tragique dont il parlait se réaliserait bientôt, et malheureusement il se faisait d'étranges illusions sur la situation, sur les hommes et sur les choses quand il ajoutait : "Les Socrates accoucheurs d'idées n'ont pas manqué à la Révolution du 18 mars." Nous voudrions pour tout au monde, nous donnerions notre vie, nous verserions tout notre sang, jusqu'à la dernière goutte, pour que l'auteur de cette affirmation ne se fut pas trompé ; mais hélas ! les évènements nous ont prouvé que les hommes capables de dégager et de défendre l'idée nouvelle, créatrice et féconde de la Révolution du 18 mars ont fait défaut, et qu'ils ne se sont pas trouvés dans les élus du 26, "puisqu'après un éclatant triomphe de la force" cette révolution a "avorté," et que dès aujourd'hui ses auteurs " subissent les outrages et les calomnies de l'histoire mensongère, comme les insurgés de juin 1848 ;" auxquels,—suivant notre auteur,—"il ne manqua pour triompher que de concevoir, même imparfaitement, la question impérieuse et redoutable qu'ils avaient sentie et posée."

Nous ne partageons pas les idées de l'auteur de cette appréciation sur les insurgés de juin 1848. Ces derniers, quoi qu'on en dise, et malgré les vingt ans de calomnie de l'histoire, possédaient, non pas imparfaitement seulement, mais très-clairement et très-complètement, l'idée de l'émancipation sociale pour laquelle ils s'étaient soulevés aux cris : " Vivre en travaillant ou mourir en combattant ! " Les insurgés de juin 1848, comme leurs frères de mars 1871, se battaient pour l'affranchissement du prolétariat, pour l'abolition de l'exploitation de l'homme par l'homme, et ils en avaient conscience. S'ils ont succombé ainsi que les défenseurs de la Commune, ce n'est pas *l'idée* qui leur a fait défaut, pas plus qu'aux révolutionnaires socialistes de 1871. Non ! c'est parce que dans la lutte sanglante, dans le duel à mort qu'ils avaient engagé contre la vieille société, leurs ennemis organisés d'ancienne date, ayant une machine de guerre toute montée, étaient mieux armés, mieux disciplinés, et possédaient des éléments matériels de succès supérieurs aux leurs. En 1848 comme en 1871, la force a battu le droit momentanément ; mais elle ne l'a pas, elle ne peut pas l'avoir vaincu définitivement.

L'écrivain du *Journal Officiel* avance encore une chose bien hasardée, bien peu sérieuse quand il dit :

" Avouons-le, la tâche était moins lourde aux hommes du 18 mars. Le déplorable malentendu qui, aux journées de juin, arma l'une contre l'autre deux classes, toutes deux intéressées, non également, il est vrai, aux grandes réformes économiques, cette funeste méprise, disons-nous, qui rendit la répression de juin si sanglante, ne pouvait se renouveler."

C'est là une profonde erreur que les évènements se sont chargés de démentir d'une manière bien malheureuse et bien cruelle.

Le rédacteur anonyme de l'*Officiel* fait preuve en outre d'une ignorance bien regrettable de la situation en 1871, et qui prouve qu'il se faisait une idée bien fausse de la cause de la Révolution du 18 mars, quand il ajoute :

" Cette fois (en 1871) l'antagonisme n'existait pas de classe à classe ; il n'y avait pas d'autre sujet de lutte que la vieille guerre, toujours recommencée, bientôt finie sans doute, de la liberté contre l'autorité, du droit municipal et civique contre l'absorption et l'arbitraire gouvernemental."

Les terribles évènements qui se sont malheureusement accomplis depuis le 22 mai, les massacres des défenseurs de la Commune, leurs arrestations en masse et le projet de transportation de plus de 50 mille d'entre eux ont donné le démenti le plus formel à ce paragraphe, et ont prouvé qu'en 1871, l'antagonisme des classes était bien plus grand encore qu'en 1848, qu'il s'était accru et envenimé par vingt-trois ans de compression politique et d'exploitation économique à outrance.

Bien aveugles étaient ceux qui ne l'avaient pas reconnu et qui, comme le journaliste que nous citons, n'avaient vu dans la Révolution du 18 mars, "que la vieille lutte de la liberté contre l'autorité, du *droit municipal et civique* contre l'absorption et l'arbitraire gouvernemental."

Vouloir réduire la grande revendication sociale des ouvriers parisiens de mars 1871 à un mouvement municipal, c'est faire à ces derniers la plus grossière injure. C'est supposer que les prolétaires de Paris se soulevaient pour conquérir simplement quelques franchises municipales, pour avoir le plaisir et le droit de nommer leurs échevins, pour remplacer Messieurs Haussmann et Ferry par un préfet de la Seine ou des maires de leur choix, pour voter et discuter le budget de la ville, pour surveiller la voirie, l'éclairage public, etc.

Ce n'était certes pas de cela qu'il s'agissait principalement le 18 et le 26 mars, mais bien de l'éternelle revendication sociale des déshérités, qui se poursuit à travers les siècles depuis les Gracques, Spartacus, les Wægres, les Hussites, les paysans compagnons de Hutten, les maillotins, les Jacques, les trades'-unions anglaises, les Hébertistes, les Babouvistes, jusqu'aux insurgés de juin 1848, aux internationaux de 1865, aux révolutionnaires, et à la Commune de mars 1871. Voilà quelle était la véritable filiation et la portée de la Révolution qui a engendré la Commune.

Les bourgeois réactionnaires ne s'étaient pas trompé sur ses tendances et sa portée ; ils l'avaient reconnue et jugée de suite, c'est pourquoi ils lui ont fait une guerre mortelle et d'extermination à outrance, pourquoi ils l'ont noyée dans le sang de ses auteurs.

Dans un autre article les interprètes semi-officiels de la pensée communale avouaient cependant que la révolution qui venait de triompher ne pouvait pas être bornée aux attributions municipales seulement, quelle avait une autre mission à remplir. Ils le reconnaissaient volontiers, mais ils ajournaient à son triomphe définitif, la réalisation de son but politique et économique.

Voici un article comminatoire publié par l'*Officiel* sur ce sujet :

" Certains journaux croient voir dans les premiers actes de la Commune de Paris l'intention de sortir des attributions municipales. Il n'est pas douteux qu'en rendant pour Paris des décrets portant la remise des loyers, l'abolition de la conscription, etc., etc., la Commune est sortie du cercle étroit où la législation antérieure enfermait la liberté municipale. Mais ce serait une illusion étrange et même puérile de penser que la Révolution du 18 mars avait pour but unique d'assurer à Paris une représentation communale élue, mais soumise à la tutelle despotique d'un pouvoir national fortement centralisé. Jamais en France la loi n'a satisfait, ni pour Paris, ni pour les villes, ni pour les villages, les besoins d'indépendance, de libre administration qui sont une condition absolue de vie régulière, de stabilité et de progrès dans un Etat républicain.

"C'est, comme on l'a dit dès le premier jour, pour conquérir et assurer dans l'avenir cette indépendance à toutes les communes de France, et aussi à tous les groupes supérieurs, cantons, départements ou provinces, reliés entre eux, pour leurs intérêts généraux, par un pacte alors vraiment national; c'est pour garantir en même temps et perpétuer la République assise enfin sur sa base fondamentale, que les hommes du 18 mars ont lutté et vaincu.

"Quel esprit éclairé et de bonne foi oserait soutenir que Paris a affronté, après les souffrances et les dangers du siége, les conséquences douloureuses, quoique momentanées d'une violente rupture, pour se soumettre de bonne grâce à une loi qu'il n'aurait même pas discutée, à une loi qui ne lui laisserait ni l'administration de sa police, ni la disposition souveraine de ses finances, ni la direction de sa garde nationale ; à une loi qui serait, non pas le gage de sa liberté, mais le sceau même de sa servitude.

" En se constituant en Commune, si Paris a renoncé à son omnipotence apparente, identique en fait à sa déchéance, il n'a pas renoncé à son rôle initiateur, il n'a pas abdiqué ce pouvoir moral, cette influence intellectuelle qui a tant de fois, en France et en Europe, donné la victoire à sa propagande. Paris affranchi, Paris autonome n'en doit pas moins rester le centre du mouvement économique et industriel, le siége de la Banque, des chemins de fer, des grandes institutions nationales, d'où la vie se répandra plus largement à travers les veines du corps social, qui, de leur côté, la lui reporteront plus active et plus intense.

" En attendant que le triomphe définitif de sa cause ait rendu à Paris affranchi le rôle influent, mais non dominateur, que la nature, l'évolution économique et le mouvement des idées lui assurent, la Commune se bornera à défendre dans leur intégrité ses intérêts et ses droits. Qu'il s'agisse d'organisation municipale, de loyers ou d'échéances, elle légiférera pour lui souverainement, parce que ce sont là ses affaires, ses intérêts propres lesquels ne peuvent être légitimement satisfaits que par ceux qui les représentent, et non pas par ceux qui les écrasent ou qui les nient.

"La Commune aurait le droit d'agir ainsi en face du pouvoir central qui, réduit à sa fonction, ne serait plus que le gardien et le défenseur des intérêts généraux. A plus forte raison en a-t-elle le devoir en face d'un pouvoir usurpateur, qui ne sait qu'obéir à la raison d'Etat, ne fait appel qu'à la haine sociale, aux lâches terreurs, et, à ceux qui réclamaient un contrat, des garanties, ne parla jamais que de répression et de vengeance."

Après avoir reconnu que la Commune ne pouvait enfermer son action dans les étroites limites d'une municipalité, l'article que nous venons de citer ajoute "que les hommes du 18 mars ont lutté et vaincu pour conquérir et assurer dans l'avenir l'indépendance à toutes les communes de France, et aussi à tous les groupes supérieurs, cantons, départements, ou provinces, reliés entre eux en vue de leurs intérêts généraux par un pacte vraiment national."

Il résulte de ce qui précède que le pouvoir issu du mouvement révolutionnaire du 18 mars conserverait l'ancienne organisation topographique communale, cantonale, d'arrondissement, départementale et provinciale de la France. Il ne s'agirait donc pas d'organiser la Commune sur de nouvelles bases, de former de nouvelles communes en harmonie avec leur rôle, leurs besoins et leur but, mais simplement d'émanciper, d'affranchir, de rendre indépendantes les trente-six mille communes de France, les cantons, les arrondissements et les départements ou les provinces. Voilà selon l'auteur anonyme dont nous avons cité l'article quel était le but de la Révolution du 18 mars.

Nous nous contentons de prendre ici acte de cette déclaration, en nous réservant d'en faire la critique un peu plus loin ; mais avant nous demandons à nos lecteurs la permission de citer encore un autre article publié par l'*Officiel* sur le programme de la Commune.

Voici ce troisième document :

" A l'heure où nous écrivons, le Comité Central aura de droit, sinon de fait, cédé la place à la Commune. Ayant rempli le mandat extraordinaire dont la nécessité l'avait investi, il se réduira de lui-même à la fonction spéciale qui fut sa raison d'être, et qui, contestée violemment par le pouvoir, l'obligeait à lutter, à vaincre, ou à mourir avec la cité dont il était la représentation armée.

"Expression de la liberté municipale légitimement, juridiquement insurgée contre l'arbitraire gouvernemental, le comité n'avait d'autre mission que d'empêcher à tout prix qu'on arrachât à Paris le droit primordial qu'il avait triomphalement conquis. Au lendemain du vote, on peut dire que le comité a fait son devoir.

"Quant à la Commune élue, son rôle sera tout autre et ses moyens pourront être différents. Avant tout, il faudra définir son mandat, délimiter ses attributions. Ce pouvoir constituant qu'on accorde si large, si indéfini, si confus pour la France à une Assemblée nationale, elle devra l'exercer pour elle-même, c'est-à-dire pour la cité, dont elle n'est que l'expression.

"Aussi l'œuvre première de nos élus devra être la discussion et la rédaction de leur charte, de cet acte que nos aïeux du moyen-âge appelaient leur Commune. Ceci fait, il leur faudra aviser au moyen de faire reconnaître et garantir par le pouvoir central, quel qu'il puisse être, ce statut de l'autonomie municipale. Cette partie de leur tâche ne sera pas la moins ardue si le mouvement, localisé à Paris et dans une ou deux grandes villes, permet à l'Assemblée nationale actuelle d'éterniser un mandat que le bon sens et la force des choses limitaient à la conclusion de la paix, et qui déjà se trouve depuis quelque temps accompli.

"A une usurpation de pouvoir, la Commune de Paris n'aura pas à répondre en usurpant elle-même. Fédérée avec les communes de France déjà affranchies, elle devra, en son nom et au nom de Lyon, de Marseille et bientôt peut-être de dix grandes villes, étudier les clauses du contrat qui devra les relier à la nation, poser l'ultimatum du traité qu'elles entendent signer.

"Quel sera cet ultimatum? D'abord il est bien entendu qu'il devra contenir la garantie de l'autonomie, de là souveraineté municipale reconquise. En second lieu, il devra assurer le libre jeu des rapports de la Commune avec les représentants de l'unité nationale.

"Enfin, il devra imposer à l'Assemblée, si elle accepte de traiter, la promulgation d'une loi électorale telle que la représentation des villes ne soit plus à l'avenir absorbée et comme noyée dans la représentation des campagnes. Tant qu'une loi électorale conçue dans cet esprit n'aura pas été appliquée, l'unité nationale brisée, l'équilibre social rompu ne pourraient pas se rétablir.

"A ces conditions, et à ces conditions seulement, la ville insurgée redeviendra la ville capitale. Circulant plus libre à travers la France, son esprit sera bientôt l'esprit même de la nation, esprit d'ordre, de progrès, de justice, c'est-à-dire de révolution."

Cet article réclamait donc :

"1. Le pouvoir constituant pour la Commune de Paris et les autres communes de France.

"2. Une charte communale contenant les droits de Paris.

" 3. Un contrat fédératif à intervenir entre toutes les communes de France, libres et fédérées.

" 4. Une loi électorale garantissant la libre représentation des villes, afin que les mandataires de ces dernières ne soient plus absorbés par ceux des campagnes.

" 5. La fonction de capitale conservée à Paris.

" 6. L'acceptation par le pouvoir central des propositions contenues dans les cinq paragraphes qui précèdent."

Voilà en résumé, selon le dernier article du *Journal Officiel,* que nous avons cité, quels doit être le programme de la Commune.

Selon nous, réserve faite de la question économique et sociale, il manque une chose à cette déclaration, la principale : l'organisation topographique de la Commune, dont il n'est fait mention dans aucun des articles publiés à l'*Officiel*.

Que doit être une commune bien organisée, quelle doit être sa superficie, qu'elles doivent être sa population, ses ressources, etc. ? Voilà la question qu'il aurait fallu poser et résoudre.

La Commune, selon nous, doit être une association de citoyens ayant entre eux des rapports et des intérêts communs, habitant dans un milieu assez peu étendu pour que ces rapports soient fréquents, pour que ces intérêts soient en harmonie, et d'un autre côté il faut que le territoire qu'ils habitent soit cependant assez grand pour qu'il leur offre les ressources nécessaires pour le libre développement de toutes leurs facultés, la satisfaction de tous leurs besoins et la garantie de tous leurs droits.

Hors de ces conditions la Commune ne peut renfermer les éléments nécessaires pour la réalisation du but qu'on attend d'elle.

La division communale actuelle est on ne peut plus défectueuse. Sur les 36 mille communes dont la France se compose il en est de très-grandes, tandis qu'au contraire un grand nombre d'autres sont très-petites ; on chercherait inutilement chez les dernières les éléments nécessaires à la bonne organisation d'une association communale. L'immense majorité d'entre elles comptent à peine quelques centaines d'habitants et n'offrent aucune des ressources nécessaires à l'agriculture, à l'industrie, au commerce, aux arts, aux sciences, etc. Elles n'ont ni vie politique, ni vie sociale, et ne participent presque pas au grand mouvement civilisateur et progressif de notre époque. Elles vivent de la vie végétative, plutôt que de celle du monde moderne. Elles sont restées en dehors des progrès du dix-neuvième siècle.

La division et l'organisation communales actuelles sont les causes principales de la décadence de la France, elles doivent donc être abandonnées. Vouloir conserver, affranchir, et livrer à elles-même les communes actuelles serait dans les circonstances où nous sommes la plus grande des absurdités ; ce serait les abandonner à l'influence prépondérante des prêtres, des nobles et des grands propriétaires ; ce serait livrer leur avenir, celui de la Révolution, de l'affranchissement des prolétaires à leurs plus mortels ennemis ; et certes, ce n'était pas là ce que désirait la Commune de Paris. Elle voulait fonder en France un certain nombre de grandes communes à son image, fortes, puissantes, actives, progressives, pleines de vie et de mouvement, ayant, comme nous l'avons déjà dit, dans leurs territoires, leurs populations, leurs richesses, leurs produits, leur agriculture, leurs mines, leurs industries, leurs sciences, leurs arts, leur commerce, etc., toutes les ressources nécessaires à leur libre développement. Voilà la Commune telle que voulaient la créer les hommes du 18, du 26 mars et du 16 avril.

Toutes les communes ainsi constituées se seraient reliées entre elles, comme nous l'avons vu dans les articles de l'*Officiel*, par un pacte fédératif, librement discuté et accepté. L'administration centrale ou fédérale, siégeant à Paris tant que cela serait jugé utile, aurait eu pour mission de veiller à la stricte exécution du contrat synallagmatique consenti par toutes les communes fédérées ; de faire respecter les principes généraux de justice supérieure qui sont les bases des droits de l'homme et du citoyen ; de veiller à la bonne administration des grands services publics qui sont d'un intérêt général pour toute la confédération communale, tels que les grands réseaux des chemins de fer centraux, les postes, les télégraphes et l'administration des affaires extérieures.

Tel est le mode d'organisation communale sur lequel il eut été utile, selon nous, que les interprêtes semi-officiels de la Commune se fussent expliqués.

Voyons maintenant cette dernière à l'œuvre, étudions ses actes, ses moyens et son but, et rendons lui, en historien sérieux, la justice qui lui est due.

Dès le 28 mars, jour de son inauguration, elle tint sa première séance à 9 heures du soir, dans la salle des délibérations du conseil municipal à l'Hôtel-de-Ville, sous la présidence du citoyen Beslay, doyen d'âge.

Cinquante-cinq membres environ assistaient à cette séance, dans laquelle ils se sont occupés d'une manière générale de plusieurs propositions relatives au rôle de la Commune, à ses attributions, à ses pouvoirs, mais sans prendre de décision sur ces divers sujets. La discussion n'en a pas moins été intéressante et très-animée.

Une commission a été chargée de faire un rapport sur les élections.

La constitution du bureau et la délimitation des pouvoirs de ce dernier ont aussi été agités.

La séance s'est prolongée jusqu'à minuit et demie, et il a été décidé que la réunion suivante aurait lieu le lendemain à une heure après-midi.

Ce jour-là, 29 mars, la séance de la Commune a été ouverte aux cris de " Vive la République ! "

Le citoyen Beslay, doyen d'âge, occupait, comme la veille, le fauteuil de la présidence.

Il invita l'assemblée à élire son président. Le citoyen Lefrançais fut nommé.

Les citoyens Rigault et Ferré sont élus secrétaires à l'unanimité ; Bergeret et Duval, assesseurs.

Le président invite l'assemblée à régler la composition du bureau. Il est décidé que deux assesseurs seront nommés ainsi que deux secrétaires.

Les nominations seront hebdomadaires.

Les séances ne seront pas publiques.

Sur la proposition des citoyens Assi, Billoray, Rigault et Henri Fortuné, des secrétaires étrangers pourront être admis. Le citoyen Assi remet au nom du Comité Central les pouvoirs dont ses membres s'étaient trouvés investis par la force des choses et par la volonté de la garde nationale. Il remercie les chefs de la garde nationale du concours dévoué qu'ils ont prêté au Comité. Il remercie également tous les gardes nationaux, les maires et les députés qui ont, par leur attitude, évité l'effusion du sang.

Le citoyen Eudes demande la parole pour prier ses collègues de vouloir bien donner au nouveau conseil municipal le nom de Commune de Paris.

Le citoyen Ranc appuie la proposition. Il faut rompre avec le passé ; le nom de Commune de Paris peut seul indiquer que la grande ville veut ses franchises municipales pleines et entières, en un mot le *self-government*.

Le nom de Commune est accepté par acclamation.

Le président lit une demande tendant à ce que le conseil de la Commune déclare que les membres du Comité ont agi en bons citoyens et bien mérité de la Commune.

Le citoyen Delescluze appuie la proposition. "Les membres du Comité," dit-il, "ont bien mérité non-seulement de Paris, mais de la France et de la République universelle." Le citoyen Cournet appuie la proposition, en déclarant que "sans l'attitude énergique et calme du Comité, la France serait en proie à la terreur et à la réaction."

Des remerciments sont votés à l'unanimité moins quelques membres du Comité, qui, par convenance, se sont abstenus de voter.

Le président charge les citoyens membres du Comité de transmettre aux membres absents ou non élus les remerciments de la Commune de Paris.

L'assemblée, sur la proposition des citoyens Cournet, Assi, Delescluze, Eudes et Bergeret, décide, pour faciliter l'expédition des affaires et l'examen des projets de décret, de se former en dix commissions.

Chaque commission comprendra les attributions des anciens ministères, moins les cultes, dont le budget est supprimé et qui ressortiront de la Commission de sûreté générale.

Quelques commissions particulières sont en outre instituées pour faire face à de pressants besoins.

Les dix commissions sont:

"1. *La Commission exécutive.*—Cette commission est chargée de faire exécuter les décrets de la Commune et tous les arrêtés des autres commissions. Elle ne doit rien faire sans en avoir référé à la Commune. Cette commission sera établie à l'Hôtel-de-Ville, qui est le siége de la Commune.

" 2. *La Commission militaire* qui remplace le Comité de la garde nationale.—Cette commission est chargée de la discipline, de l'armement, de l'habillement et de l'équipement de la garde nationale. Elle est chargée aussi d'élaborer les projets de décrets relatifs à la garde nationale.

" L'état-major de la place Vendôme ne relève que d'elle. Elle doit assurer, de concert avec la Commission de sûreté générale, la sécurité de la Commune, et surveiller les agissements de Versailles. Cette commission remplace le ministère de la guerre.

" Les canonnières de la Seine sont sous ses ordres.

"3. *La Commission des subsistances.*—Elle doit veiller à l'approvisionnement de Paris, dresser un état très-détaillé et très-complet de tous les vivres actuellement en magasin.

" Elle est chargée d'assurer, par tous les moyens possibles, l'arrivée à Paris des denrées indispensables pour une durée de trois mois au moins.

"Elle aura la direction et l'administration des vivres de réserve. Elle sera aussi chargée, si le besoin s'en fait sentir, de délivrer les farines nécessaires à la subsistance des nécessiteux. En attendant une nouvelle loi sur les octrois, cette commission sera chargée de percevoir cet impôt. Elle fera dresser un état des ressources de l'entrepôt des vins.

"4. *La Commission des finances.*—Cette commission est chargée d'établir sur de nouvelles bases le budget de la ville de Paris. Les questions de finances, loyers, échéances, etc., sont de son ressort, ainsi que la Banque de France. Elle est chargée des recouvrements de l'impôt et de l'examen rigoureux de la position financière de la ville de Paris.

" Elle est également chargée d'examiner les moyens les plus sûrs et les moins couteux d'assurer la réussite d'un emprunt, si la nécessité s'en fait sentir.

" La commission doit s'occuper également des moyens de dégrever la ville de Paris par une mesure lésant le moins d'intérêts possibles. C'est à la commission des finances que les autres commissions doivent adresser leurs demandes de fonds, qui devront être approuvées et visées par la Commune.

" La commission doit assurer, par tous les moyens possibles, la perception prompte et économique de l'impôt. Elle ne doit pas s'arrêter devant la suppression d'emplois ; étant une attribution du ministère des finances, les monts-de-piété dépendent de son service.

"5. *La Commission de la justice.*—Pour l'instant, cette commission est chargée de mettre la justice actuelle à la hauteur des institutions démocratiques et sociales.

"Elle doit assurer le cours de la justice jusqu'à ce qu'un décrêt ait réglementé cette dernière d'une manière définitive.

"6. *La Commission de sûreté générale,* ayant les attributions de la préfecture de police.—Cette commission est chargée de la sécurité et de l'ordre publics. Elle doit veiller, tout en respectant, autant que possible, la liberté individuelle, à ce que la morale soit respectée dans les rues. En un mot, elle est chargée de la police générale. Elle doit veiller à la sûreté de la République, et surveiller les citoyens suspects de toute nature.

"7. *La Commission du travail, de l'industrie et de l'échange,* ayant dans ses attributions une partie des travaux publics et du commerce.—Elle est chargée de la propagation des doctrines socialistes. Elle doit chercher les moyens d'égaliser le travail et le salaire. Elle doit aussi s'occuper de favoriser les industries nationales et parisiennes. Cette commission doit s'occuper également du moyen de développer le commerce international d'échange, tout en attirant à Paris les industries étrangères, de façon à faire de Paris un grand centre de production.

"8. *La Commission des services publics.*—Cette commission est chargée de la surveillance des grands services, postes, télégraphes, voirie. Elle doit veiller à ce que tous ces services fonctionnent régulièrement et économiquement, surveiller les compagnies de chemin de fer. C'est elle qui devra organiser les relations avec les services de province.

"Elle devra aussi étudier les moyens de mettre les chemins de fer aux mains des communes de France, sans léser les intérêts des compagnies.

" 9. *La Commission des relations extérieures.*—La commission sera chargée d'entretenir avec les communes de France les relations amicales qui doivent amener la fédération. Elle devra contribuer par sa propagande à l'affranchissement du pays.

"Elle devra aussi, dès que l'occasion s'en présentera, accréditer des représentants auprès des divers Etats de l'Europe, surtout auprès de la Prusse, quand on connaîtra l'attitude de cette puissance vis-à-vis de la Commune.

" 10. *La Commission de l'enseignement,* ayant dans ses attributions l'instruction publique.—La Commission de l'enseignement s'occupera de réformer l'instruction. Elle préparera un projet de décret sur l'instruction gratuite, obligatoire et exclusivement laïque. Le nombre des bourses dans les lycées sera augmenté."

Il est ensuite procédé aux élections des divers membres de ces commissions. Voici quels ont été les élus :

" 1. *Au Comité exécutif.*—Les citoyens Eudes,

Tridon, Vaillant, Lefrançais, Duval, F. Pyat et Bergeret.

"2. *A la Commission des finances.*—Les citoyens Clément (Victor), Varlin, Jourde, Beslay et Régère.

"3. *A la Commission militaire.*—Les citoyens Pindy, Eudes, Bergeret, Duval, Chardon, Flourens et Ranvier.

"4. *A celle de la justice.*—Les citoyens Ranc, Protot, Léo Meillet, Vermorel, Ledroit et Babick.

"5. *A la sûreté générale.*—Les citoyens Raoul Rigault, Ferré, Assi, Oudet, Chalain, Gérardin et Cournet.

"6. *Aux subsistances.*—Les citoyens Dereure, Champy, Ostyn, Jean-Baptiste Clément, Parisel, Emile Clément et H. Fortuné.

"7. *Au travail et à l'échange.*—Les citoyens Malon, Frankel, Theisz, Dupont, Avrial, Loiseau-Pinson, Eug. Gérardin et Puget.

"8. *Aux relations extérieures.*—Les citoyens Paschal Grousset, Ch. Gérardin, Antoine Arnaud, Ranc, Arthur Arnould, Delescluze et Parent.

"9. *A l'instruction.*—Les citoyens Goupil, Ernest Lefèvre, Jules Vallès, Demay, Miot, Blanchet, Robinet, Verdure et Albert Leroy.

"10. *Aux services publics.*—Les citoyens Ostyn, Billoray, J.-B. Clément, Martelet, Mortier et Rastoul."

Le citoyen Varlin, délégué aux finances, réclame ensuite l'urgence pour un " décret suspendant la vente des objects du Mont-de-Piété, en attendant qu'un décret spécial vienne régir cette institution de la façon la plus avantageuse possible pour les prolétaires."

Ce décret est voté à l'unanimité.

Sur la proposition des citoyens Assi et Varlin, un projet de décret sur les loyers est voté d'urgence. Sur la proposition du citoyen Billoray, un article est ajouté pour les locataires en garni.

Voici ce décret contenant l'amendement du citoyen Billoray :

"La Commune de Paris, considérant que le travail, l'industrie et le commerce ont supporté toutes les charges de la guerre, qu'il est juste que la propriété fasse au pays sa part de sacrifices, décrète :

"Art. 1. Remise générale est faite aux locataires des termes d'octobre 1870, janvier et avril 1871.

"Art. 2. Toutes les sommes payées par les locataires pendant ces neuf mois seront imputables sur les termes à venir.

"Art. 3. Il est fait également remise des sommes dues pour les locations en garni.

"Art. 4. Tous les baux sont résiliables, à la volonté des locataires, pendant une durée de six mois, à partir du présent décret.

"Art. 5. Tous congés donnés seront, sur la demande des locataires, prorogés de trois mois.

"LA COMMUNE DE PARIS.

"Hôtel-de-Ville, 29 mars 1871."

Par le décret suivant la Commune a organisé l'administration municipale des vingt arrondissements de Paris :

" La Commune de Paris décrète :

" Art. 1. Les membres de la Commune ont la direction administrative de leur arrondissement.

" Art. 2. Ils sont invités à s'adjoindre, à leur choix et sous leur responsabilité, une commission pour l'expédition des affaires.

" Art. 3. Les membres de la Commune ont seuls qualité pour procéder aux actes de l'état civil.

" LA COMMUNE DE PARIS."

Sur la proposition du citoyen Beslay, la question du paiement des intérêts hypothécaires est mise à l'ordre du jour.

Après avoir entendu le citoyen Beslay, la Commune, sur la proposition du citoyen Varlin, repousse l'urgence et maintient la question à l'ordre du jour.

Sur la proposition de la Commission militaire et de celle des finances, la conscription est abolie et la garde nationale est déclarée seul force armée régulière, par le décret suivant :

" La Commune de Paris décrète :

" 1. La conscription est abolie ;

" 2. Aucune force militaire, autre que la garde nationale, ne pourra être créée ou introduite dans Paris ;

" 3. Tous les citoyens valides font partie de la garde nationale.

"LA COMMUNE DE PARIS.

" Hôtel-de-Ville, 29 mars 1871."

Sur la proposition de 23 de ses membres, l'assemblée déclare la Commune de Paris seul pouvoir régulier ; elle rend ensuite un décret par lequel elle met en accusation les membres du gouvernement et place sous séquestre leurs propriétés situées dans Paris.

Elle décrète ensuite que tous les fonctionnaires qui reconnaîtront le pouvoir de Versailles seront coupables, révoqués de leurs fonctions et pourront être poursuivis.

Par un autre décret elle prononce la suppression du budget des cultes et la reprise des biens de mainmorte.

Le citoyen présidant est chargé de la signature de tous les décrets.

Sur la proposition du président, trois membres sont nommés pour rédiger une adresse au peuple de Paris ; ce sont les citoyens Assi, Eudes et Bergeret. Voici cette adresse :

" *Commune de Paris.*

" Citoyens,

" Votre Commune est constituée.

" Le vote du 26 mars a sanctionné la révolution victorieuse.

"Un pouvoir lâchement agresseur vous avait pris à la gorge; vous avez, dans votre légitime défense, repoussé de vos murs ce gouvernement qui voulait vous déshonorer en vous imposant un roi.

"Aujourd'hui, les criminels, que vous n'avez même pas voulu poursuivre, abusent de votre magnanimité pour organiser aux portes même de la cité un foyer de conspiration monarchique. Ils invoquent la guerre civile; ils mettent en œuvre toutes les corruptions; ils acceptent toutes les complicités; ils ont osé mendier jusqu'à l'appui de l'étranger.

"Nous en appelons, de ces menées exécrables, au jugement de la France et du monde.

"Citoyens,

"Vous venez de vous donner des institutions qui défient toutes les tentatives.

"Vous êtes maîtres de vos destinées. Forte de votre appui, la représentation que vous venez d'établir va réparer les désastres causés par le pouvoir déchu: l'industrie compromise, le travail suspendu, les transactions commerciales paralysées vont recevoir une impulsion vigoureuse.

"Dès aujourd'hui, la décision attendue sur les loyers;

"Demain, celle des échéances;

"Tous les services publics rétablis et simplifiés;

P

" La garde nationale, désormais seule force armée de la cité, réorganisée sans délai.

" Tels seront nos premiers actes.

" Les élus du peuple ne lui demandent, pour assurer le triomphe de la République, que de les soutenir de leur confiance.

" Quant à eux, ils feront leur devoir.

" La Commune de Paris.

" Hôtel-de-Ville, 29 mars 1871."

La lecture de cette proclamation a été accueillie par de nombreux applaudissements.

L'assemblée régla ensuite l'ordre du jour du lendemain 30 de la manière suivante : Projet de décret sur les échéances ; question hypothécaire ; approvisionnement de Paris ; projet de décret sur la garde nationale et les prêtres.

L'assemblée se réunira le lendemain dans ses commissions.

Séance à trois heures.

La séance dont nous rendons compte est certes la plus remarquable de toutes celles qui ont été tenues.

La Commune de Paris, en se constituant en dix sections, ainsi que l'explique le compte-rendu de son importante séance du 29 mars, a fait preuve d'un grand esprit pratique, le choix et les attributions de ses dix commissions sont des meilleurs. Au moyen de ces dernières elle comprend dans ses attributions tout le rouage gouvernemental et administratif de la ville de Paris.

Les adversaires de la Commune auraient voulu borner son rôle et circonscrire son action dans le cercle étroit des attributions dérisoires d'un conseil municipal en tutelle ; aussi considéraient-ils les actes accomplis dans sa première séance comme une monstrueuse usurpation de pouvoirs, et protestaient-ils de toutes leurs forces contre la ferme volonté manifestée par la Commune de gouverner et d'administrer Paris, de faire de cette cité une ville libre, indépendante, autonome, tout en lui conservant son influence et ses attributions comme capitale.

Le décret sur les loyers était pour tous les défenseurs de l'ordre une attaque coupable contre la propriété. Ils ne pouvaient trouver de termes assez forts, d'expressions assez énergiques pour manifester leur indignation.

L'assemblée de Versailles, prise d'une sainte colère contre les *communistes*, qui osaient porter une main coupable sur les droits sacro-saints des propriétaires, mit à l'étude un projet de loi sur les loyers, qui non-seulement ordonnait le paiement intégral de ces derniers, mais encore garantissait aussi les propriétaires contre tous les risques et les dangers des pertes que les éventualités du siége, le bombardement et la suspension des affaires avaient fait courir à leurs prétendus droits.

Le projet de loi dont nous parlons rendait les communes responsables du paiement intégral des loyers dans le cas où les locataires seraient dans l'impossibilité de les acquitter.

Cette petite loi d'amour grevait ainsi la ville de Paris de plusieurs centaines de millions. C'était une ruine de plus pour ses finances, déjà en si mauvais état depuis l'administration de MM. Haussmann et Ferry, et depuis les désastres causés par la siége. Mais peu importait à messieurs les burgraves Versaillais, que Paris soit ruiné, mis en faillite et fasse banqueroute, pourvu que le principe, les droits et tous les priviléges inviolables et sacrés de la propriété soient sauvés.

Entre cette législation propriétaire draconienne et le décret de la Commune il y avait un abîme.

L'ajournement du paiement des intérêts hypothécaires était une autre atteinte non moins grave portée à la propriété, qui faisait frémir d'indignation messieurs du gouvernement de Versailles.

L'abolition de la conscription, dont la conséquence la plus directe était la suppression des armées permanentes dans peu de temps, souleva aussi un long cri d'indignation dans les rangs des modérés de toute nuance.

La suppression prochaine de l'armée permanente, produit de la conscription, était un autre sujet de profonde douleur pour tous les privilégiés et tous les exploiteurs. Comment sans armée comprimer le peuple, comment le maintenir sous le joug, perpétuer le despotisme, le prolétariat, la misère et le paupérisme qui font la joie, la félicité et la prospérité des exploiteurs ?

L'armée permanente est la clef de voûte de l'édifice construit en France par la bourgeoisie moderne. Si on aboli la conscription, si on dissous l'armée permanente, il n'y a plus de force capable de maintenir les ouvriers sous le joug, et tous les priviléges bourgeois sont en péril.

La mise en accusation des membres du gouvernement de Versailles, et la mise sous séquestre de leurs propriétés dans Paris, étaient aussi bien faits pour inspirer non-seulement la colère et la réprobation, mais encore la terreur aux membres de l'assemblée de Versailles. La Commune pour eux était l'antéChrist, l'ennemie jurée de tous leurs droits et de tous leurs priviléges, c'était "l'infâme" qu'il fallait écraser à tout prix. Séquestrer les biens des Thiers, des Jules Favre, des Jules Simon, des Picard, des Ferry, si rapidement et si peu honorablement conquis, depuis le Quatre-septembre, par les moyens *honnêtes et modérés*, que chacun connaît, c'était un crime épouvantable.

Mais ce qui dépassait toute abomination, ce qui soulevait surtout contre la Commune les vénérables et catholiques ruraux de la majorité de Versailles, c'était le décret supprimant le budget des cultes et faisant rentrer les biens de mainmorte dans le domaine communal. Aux yeux des pieux fils des Croisés, ce décret était plus qu'un crime contre la propriété, c'était un abominable, un épouvantable sacrilége.

On le voit, dès le début de la Commune, l'abîme qui la séparait de l'assemblée de Versailles avait été creusé plus profond encore, et il fallait renoncer à le combler jamais. Versailles et Paris étaient deux pôles contraires s'excluant réciproquement, deux mondes opposés ; l'un, Versailles ou la majorité de l'Assemblée, représentait la féodalité, le moyen-âge, la vieille société royale et catholique avec tous ses préjugés, tous ses priviléges surannés, anti-révolutionnaires, pour laquelle 1789, 1792, 1830, 1848, 1870, 1871, et tout le dix-neuvième siècle n'avaient pas existé ; l'autre, Paris ou la Commune, personnifiait les aspirations et les espérances des travailleurs-prolétaires vers un monde nouveau, vers une transformation complète de la société ; c'était la négation, la destruction, le renversement absolu des institutions actuelles, l'abolition radicale de toute exploitation. Voilà comment la question était posée depuis la première séance de la Commune.

En disant cela, nous ne voulons pas affirmer que tous ses membres fussent des communistes-révolutionnaires ; non, beaucoup, la plupart, l'immense majorité, n'étaient pas des Communistes. Le plus grand nombre, presque tous, étaient des socialistes-individualistes; mais les circonstances, le milieu, les besoins, les nécessités absolues du moment étaient tels que tous les membres de la Commune étaient poussés dans la voie des réformes les plus radicales, dont chacune était une attaque violente contre ce que la réaction est convenu d'appeler les grands principes de l'ordre.

La conclusion bien naturelle à tirer de ces études, de ces faits et des phénomènes que nous venons de constater, c'est que toute transaction, toute conciliation, toute synthèse entre les résistances du passé et les besoins du présent sont impossibles, et qu'en France, l'ordre social actuel en est arrivé à un tel degré d'incompatibilité avec les besoins de la situation présente ou ceux de notre époque, qu'il ne peut plus être maintenu que par la force, et que du jour où celle-ci l'abandonne, comme au 18 mars, toutes les institutions religieuses, politiques et économiques sont menacées et vigoureusement attaquées; elles ne tarderaient pas a être détruites par la force même des choses, quand même la plupart de ceux qui sont chargés de renverser ce vieil ordre social agiraient inconsciemment.

Il était possible cependant, et les faits l'ont prouvé, que par suite de circonstances indépendantes de la volonté de ceux à qui le hasard des évènements avait confié la mission de conduire la révolution actuelle, celle-ci échoua ; mais ce ne pourra être là qu'un accident de peu de durée ; son triomphe ne sera qu'ajourné ; chaque temps d'arrêt ne fera que la rendre plus nécessaire et plus indispensable.

Mais abandonnons les prévisions d'un avenir inévitable et revenons aux réalités d'un passé de quelques semaines seulement et au présent.

La Commune, dès sa première séance, avait chargé une commission de faire un rapport sur les élections.

Voici ce dernier :

" *Rapport de la Commission des Elections.*

" La commission qui a été chargée de la vérification des élections a dû examiner les questions suivantes :

" 'Existe-t-il une incompatibilité entre le mandat de député à l'assemblée de Versailles, et celui de membre de la Commune ?'

" Considérant que l'assemblée de Versailles, en refusant de reconnaître la Commune élue par le peuple de Paris, mérite par cela même de ne pas être reconnue par cette Commune ;

" Que le cumul doit être interdit ;

" Qu'il y a du reste impossibilité matérielle à suivre les travaux des deux assemblées ;

" La commission pense que les fonctions sont incompatibles.

" 'Les étrangers peuvent-ils être admis à la Commune?'

"Considérant que le drapeau de la Commune est celui de la République universelle ;

"Considérant que toute cité a le droit de donner le titre de citoyen aux étrangers qui la servent ;

"Que cet usage existe depuis longtemps chez des nations voisines ;

"Considérant que le titre de membre de la Commune étant une marquè de confiance plus grande encore que le titre de citoyen, comporte implicitement cette dernière qualité ;

"La commission est d'avis que les étrangers peuvent être admis, et vous propose l'admission du citoyen Franckel.

" 'Les élections doivent-elles être validées d'après la loi de 1849, exigeant pour les élus le huitième des électeurs inscrits ?'

"Considérant qu'il a été établi que les élections seraient faites d'après la loi de 1848, la commission est d'avis que le huitième des voix est légalement nécessaire.

"Mais, considérant que l'examen des listes électorales de 1871 a fait reconnaître des irrégularités qui sont d'une importance telle qu'elles ne présentent plus aucune certitude sur le véritable chiffre des électeurs inscrits ; les causes qui ont influé sur l'inexactitude des listes sont de différente nature:

c'est le plébiscite impérial, pour lequel une augmentation insolite s'est produite ; le plébiscite du 3 novembre, les décès pendant le siège, le chiffre élevé des habitants qui ont abandonné Paris après la capitulation, et d'un autre côté le chiffre considérable pendant le siége des réfugiés à Paris, etc. ;

" Considérant qu'il a été matériellement impossible de rectifier à temps toutes les erreurs, et qu'on ne peut s'en rapporter à une base légale aussi évidemment faussée ;

" En conséquence, la commission propose de déclarer validées, aussi bien que toutes les élections qui ont obtenu le huitième des voix, les six élections qui resteraient en suspens, en s'en rapportant à la majorité relative des citoyens qui ont rempli leur devoir étroit en allant au scrutin.

"Pour la commission :

"Le rapporteur,

"Parisel."

Les conclusions du rapport de la commission de vérification des élections ont été adoptées par l'assemblée communale avec beaucoup de raison.

L'incompatibilité du mandat de représentant à l'assemblée de Versailles avec celui de membre de la Commune est incontestable. D'autre part la Commune, travaillant pour le triomphe de la République universelle, doit, lorsqu'ils ont été élus, admettre dans son sein les citoyens de toutes les nationalités afin qu'ils puissent combattre avec elle dans ses rangs et pour le même but.

Les raisons données par le rapport au sujet de l'inobservation de la clause qui exige le huitième des votes des électeurs inscrits pour la validation d'une élection sont des plus sérieuses et des plus valables. La Commune a donc agi sagement en validant les élections dont nous venons de parler.

Les citoyens Delescluze, Cournet, Gambon, etc., élus à la fois membres de la Commune et de l'assemblée de Versailles, n'avaient pas attendu la promulgation du décret de la Commune pour donner leur démission de représentants du peuple à l'assemblée de Versailles. Voici la lettre du citoyen Delescluze qualifiant comme il le mérite l'esprit politique qui anime cette assemblée.

" *Au citoyen président l'Assemblée réunie à Versailles,*

" Citoyen,

" Ayant cessé depuis huit jours de prendre part aux délibérations de l'assemblée que vous présidez, où je n'étais resté que pour suivre l'accusation portée contre les dictateurs du Quatre-septembre ; ne voulant d'ailleurs m'associer *ni à ses insanités, ni à ses passions*, j'ai l'honneur de vous prévenir que je donne ma démission de représentant du peuple pour le département de la Seine.

"J'ajoute qu'honoré des suffrages de deux arrondissements de Paris pour la Commune de Paris, j'opte pour cette délégation.

"Salut et fraternité.

"Signé : Delescluze."

Les lettres des citoyens Cournet et Gambon sont tout aussi sévères pour l'Assemblée que celle de leur collègue Delescluze.

Les citoyens Floquet et Lockroy, membres de l'assemblée de Versailles, ont aussi donné leur démission par la lettre suivante :

"Monsieur le Président,

"Nous avons la conscience d'avoir fait tout ce que nous pouvions pour conjurer la guerre civile, en face des Prussiens encore armés sur notre sol.

"Nous jurons devant la nation que nous n'avons aucune responsabilité dans le sang qui coule en ce moment ; mais puisque malgré nos efforts passés, malgré ceux que nous tentions encore pour arriver à une conciliation, la bataille est engagée, et une attaque dirigée sur Paris, nous, représentants de Paris, croyons que notre place n'est plus à Versailles.

"Elle est au milieu de nos concitoyens, avec

lesquels nous voulons partager, comme pendant le siége prussien, les souffrances et les périls qui leur sont réservés. Nous n'avons plus d'autre devoir que de défendre, comme citoyens, et selon les inspirations de notre conscience, la République menacée. Nous remettons entre les mains de nos électeurs le mandat qu'ils nous avaient confié, et dont nous sommes prêts à leur rendre compte.

"Les représentants du peuple présents à Paris,
"Ch. Floquet,
"Edouard Lockroy."

Cette lettre pleine de dignité et de convenance fait le plus grand honneur à ses auteurs.

Le citoyen Millière, également député à l'assemblée de Versailles, n'a pas non plus voulu siéger plus longtemps dans le sein de cette dernière. Voici en quels termes, pleins d'indignation et de dégoût, il a exprimé à ses électeurs le mépris qu'elle lui inspirait:

"Citoyens,

"Malgré le profond dégoût que m'inspirent les passions haineuses et violentes de la majorité, j'ai cru de mon devoir de rester dans l'Assemblée nationale tant qu'il m'a semblé possible d'y remplir le mandat que le peuple de Paris m'a conféré, c'est-à-dire tant que je pourrais lutter pour la cause de la justice, et combattre les partis du désordre, coalisés contre la République.

"Sans me permettre de juger, et moins encore de blâmer les citoyens qui, par un sentiment consciencieux et désintéressé, comprennent leur devoir d'une autre façon, je pense qu'une démission pure et simple n'est pas le meilleur moyen d'accomplir la tâche imposée à un représentant du peuple.

" J'ai été confirmé dans cette opinion par les conseils d'un grand nombre de membres des comités électoraux qui ont proposé ma candidature, et j'ai pu en apprécier la justesse lorsque j'ai vu avec quelle satisfaction nos ennemis ont accueilli la démission de plusieurs des élus du parti républicain.

" Mais l'abominable attentat commis par le pouvoir exécutif, le crime que le gouvernement de Versailles consomme en ce moment contre le droit, contre l'humanité, offrent aux représentants de Paris la plus grave occasion de faire un dernier et suprême usage de leur mandat, en réprouvant solennellement une politique dont le but évident est de noyer la République dans le sang du peuple, qui ne connaît d'autres moyens de pacification que la guerre civile, et dont le résultat, s'il était réalisé, serait la perte définitive de la patrie.

" C'est dans ces dispositions d'esprit que je voulais me présenter à la séance d'aujourd'hui.

" Je me proposais d'interpeller le gouvernement sur l'attaque à main armée qu'il dirige contre Paris, et de démontrer au pays, trompé par les mensonges de M. Thiers, quelle est la véritable situation de la capitale.

"Il est bon que la France entière sache que Paris est, non pas en état d'insurrection, mais bien en état de légitime défense; qu'il n'a jamais fait qu'user pacifiquement de son droit, du droit qui lui appartient au même titre qu'à toutes les autres communes de France; qu'après l'avoir livré à l'ennemi par la plus infâme des trahisons dont l'histoire ait conservé le souvenir, les misérables qui ont ainsi sacrifié la patrie à leur ambition veulent encore étouffer dans Paris l'esprit de liberté politique et l'indépendance municipale, qui ne leur permettraient pas de jouir impunément du fruit de leurs forfaits; et que, malgré les outrages, les défis et les provocations, la population parisienne, calme, paisible, unanime, n'avait tenté aucune agression, commis aucune violence, causé aucun désordre, lorsque le gouvernement l'a fait attaquer par les anciens policiers de l'Empire, organisés en troupes prétoriennes sous le commandement d'ex-sénateurs.

"Voilà comment je comprends le devoir d'un représentant du peuple. C'est ainsi que j'aurais accompli mon mandat, si j'avais pu me transporter à Versailles. Du haut de la tribune, j'aurais, à la face du monde, déclaré la majorité réactionnaire et son pouvoir exécutif responsables des nouvelles calamités qu'ils déchaînent sur notre malheureuse patrie, et j'aurais quitté l'Assemblée en secouant la poussière de mes souliers. "Millière."

Jamais assemblée, que nous sachions, depuis le Parlement Croupion du temps de Cromwell jusqu'à la Chambre des Introuvables de 1816, n'avait été traitée avec un pareil mépris et n'avait inspiré une semblable aversion à quelques-uns de ses membres.

Si un certain nombre de députés de Versailles se retiraient de l'Assemblée par dégoût, plusieurs membres réactionnaires de la Commune donnaient aussi leurs démissions, inspirés par un sentiment beaucoup moins honorable. Ces derniers s'étaient laissé porter candidats à la Commune afin d'empêcher les nominations de quelques républicains dévoués; mais ils s'empressaient de se retirer dès les premières séances, les ayant trouvées sans doute beaucoup trop révolutionnaires pour eux.

Voici les noms de la plus grande partie de ces démissionnaires : MM. Desmarest, E. Ferry, Nast, Chéron, Rochart, Tirard, Leroy, Brelay, Adam, Méline, Barré, Robinet, Frimeau, Loiseau, Marmottan, De Bouteiller, Ranc, etc.

Ces messieurs pour la plupart trouvaient que la Commune, en s'occupant d'autre chose que d'administration municipale, commettait une usurpation de pouvoir. Ils oubliaient volontairement que la Commune de Paris n'était pas un conseil municipal, et confondaient astucieusement ces deux institutions pourtant parfaitement distinctes.

Leur retraite donna plus d'homogénéité à la Commune et augmenta ses forces. Elle ne fut donc pas un malheur pour cette dernière.

CHAPITRE II.

LA BATAILLE.

Depuis le 19 mars, deux armées campées l'une à Versailles, l'autre à Paris, étaient en présence.

La première des deux, celle du gouvernement réactionnaire de Versailles, comptait dans ses rangs tout ce que la France a de soldats hostiles à la Révolution et ennemis du peuple. Elle était composée du ban et de l'arrière ban de tous les éléments militaires les plus réactionnaires : des anciens gardes municipaux de la monarchie, transformés par l'Empire en gardiens de Paris, et par le gouvernement de la défense nationale en gardes républicains ; de plusieurs régiments de gendarmes de province, complices des auteurs du guet-apens du Deux-décembre 1851 ; de tous les ex-sergents de ville de l'Empire, bravi corses, assommeurs et égorgeurs du peuple depuis vingt ans, transformés en gardiens de la paix par le gouvernement du Quatre-septembre; des chouans, des Vendéens et des zouaves pontificaux de Charette ; des volontaires royalistes et catholiques, des gardes mobiles des départements ; des marins et des soldats de marine, Bretons grossiers et fanatiques; des turcos à demi sauvages; de quelques régiments de ligne forcés de marcher au milieu de ces hordes réactionnaires, et d'un corps de cavalerie sous les ordres du marquis de Galifet, ancien familier des Tuileries, officier féroce et sanguinaire; plein de courage lorsqu'il s'agit d'égorger des femmes, des enfants, des prisonniers désarmés et enchaînés, mais lâche devant l'ennemi étranger, envahisseur de la patrie. Ce condottière de salons, soldat d'antichambre, coureur d'alcoves, était nouvellement arrivé d'Allemagne, où les Prussiens l'avaient conduit prisonnier après les honteuses défaites de Sedan et de Metz. Tout ce ramassis d'anciens soldats de l'Empire corrompus et abrutis, de gendarmes grossiers, de policiers assassins, de bravi féroces, de mercenaires dégradés, de Bretons royalistes, de Vendéens catholiques, de chouans fanatiques, était commandé par des généraux traîtres, félons du Deux-decembre; parmi lesquels se distinguaient les Vinoy, les Ducrot, les Galifet, les l'Admirault; des officiers royalistes comme Cissey, Daurelle, Besson, etc.; des chefs de bandes comme Charette. Tous étaient placés sous le commandement en chef d'un maréchal d'Empire, MacMahon, qui s'était montré aussi incapable que couard à Sedan; auteur principal, après l'homme sinistre de décembre, de tous nos maux, de nos défaites, de l'invasion, de nos ruines, de nos misères, de notre abaissement et de notre honte. Voilà quelle était, au grand complet, l'armée de Versailles.

Les dépêches de cette ville du premier avril disaient :

"Toutes les mesures sont prises pour mettre Versailles à l'abri d'un coup de main. Des troupes fraîches arrivent tous les jours. On est sur le point de former de nouveaux camps près de Porchefontaine et de Villeneuve-l'Etang. Trois bataillons de la légion étrangère sont arrivés ici, venant de Besançon. Les troupes qui sont en ce moment à Versailles se composent de huit divisions d'infanterie et de trois de cavalerie.

"Le gouvernement a eu soin de renvoyer dans les provinces tous les soldats dont il n'était pas sûr. Hier matin, plusieurs émissaires venus de Paris, dans le but de gagner des adhérents à la cause du Comité Central parmi les soldats, ont été arrêtés.

"Beaucoup de soldats ex-prisonniers en Allemagne viennent continuellement grossir les rangs de l'armée de Versailles."

L'armée de Paris formait un contraste complet et frappant avec celle que nous venons de décrire : elle se composait de toute cette héroïque garde nationale de Paris, qui avait défendu la capitale pendant six mois de siége, lutté avec tant de persévérance, de courage et d'intrépidité contre la formidable armée prussienne.

Elle comptait dans ses rangs toute cette admirable population parisienne ; comprenant ce que la France a de plus intelligent, de plus énergique, de plus courageux, de plus dévoué et de plus héroïque.

Elle avait à la tête de ses bataillons les chefs républicains les plus dévoués et les plus populaires, choisis et nommés par elle ; et elle était commandée par de jeunes généraux-citoyens, qui avaient gagné leurs grades en quelques mois en marchant à sa tête contre l'ennemi, et dont la plupart avaient été les principaux auteurs de la Révolution du 18 mars. Les plus connus d'entre eux étaient les généraux Flourens, Duval, Bergeret et Eudes.

La première de ces deux armées était au service de la réaction monarchique et cléricale la plus arriérée, la plus rétrograde, que l'on ait encore vue en France, ne rêvant que la restauration du trône, de l'autel et des institutions monarchiques d'avant quatre-vingt-neuf ; voulant non-seulement rétablir la royauté de droit divin, la prépondérance du catholicisme comme religion d'Etat, mais encore détruire tout ce qui restait dans le domaine économique des conquêtes de la révolution française. Le peu de liberté, de franchises et de droits dont jouissait la classe ouvrière étaient menacés par elle. La petite bourgeoisie et les prolétaires parisiens savaient parfaitement que, si le gouvernement de Versailles, qui avait fui de Paris le 18 mars, rentrait en vainqueur dans la capitale, ce serait pour les replacer, plus durement que jamais, sous le triple joug de la royauté, du clergé, de l'exploitation et du monopole propriétaire et capitaliste.

La seconde de ces armées, c'est-à-dire la garde nationale de la capitale, était fermement résolue à résister à outrance contre cette restauration d'un passé dont elle ne voulait à aucun prix, et à combattre jusqu'à la dernière extrémité, jusqu'à la mort, jusqu'à son massacre, jusqu'à son anéantissement s'il le fallait, pour la défense et la conservation de la République menacée par la majorité réactionnaire de l'assemblée de Versailles.

Elle voulait l'indépendance, la liberté, l'autonomie de Paris et de toutes les autres communes de France. *Paris libre dans la France libre.* Elle voulait assurer le triomphe de tous les droits de l'homme et du citoyen. Et avant tout, elle réclamait, elle exigeait pour ce dernier, le premier, le plus juste, le plus utile, le plus indispensable, le plus primordial et le plus contesté de tous ses droits ; celui qu'il n'a encore jamais possédé jusqu'à ce jour : le droit intégral, absolu, complet, à tout le produit de son travail, sans qu'il lui en soit distrait la plus faible partie, la moindre parcelle.

Le peuple de Paris en armes allait donc combattre avant tout et surtout pour l'abolition de l'exploitation de l'homme par l'homme, pour la destruction de tous les priviléges, de tous les monopoles, de tous les despotismes et de toutes les tyrannies économiques, politiques et religieuses ; pour la suppression du prolétariat, de la misère et du paupérisme ; en un mot pour l'émancipation complète, radicale, absolue de tous les travailleurs.

Voilà quels étaient les deux buts diamétralement opposés pour lesquels allaient se battre les deux armées de Versailles et de Paris, qui étaient maintenant en présence et que le moindre conflit ou le plus léger incident pouvait mettre aux prises.

Versailles était le pôle de l'iniquité et Paris celui de la justice.

Nous verrons un peu plus loin comment se dégagea de ces deux éléments contraires l'effroyable tempête que nous allons décrire.

Mais expliquons avant, quelle était la situation de ces deux armées à la fin de mars.

Les troupes *communalistes* et les troupes de Versailles sont là face à face, et peuvent se braver des avant-postes. Pendant qu'à Paris chaque barricade s'effondre au souffle des pacifications, au dehors des bastions l'on vit sur le pied de guerre. Les forts de la rive gauche, ainsi que la redoute des Hautes-Bruyères, sont occupés chacun par trois bataillons de milice civique, dont le service hors Paris est en moyenne de six fois vingt-quatre heures. Les forts sont munis de pièces d'artillerie, accompagnées de tout ce qu'exige ce service : personnel et munitions, y compris les obusiers. Depuis la barrière Fontainebleau jusqu'au Bas-Meudon, les différentes portes sont protégées par quatre canons, dont la gueule est tournée vers l'extérieur de Paris.

Des sorties et des reconnaissances se renouvellent tous les jours et toutes les nuits, et plusieurs bataillons, organisés en compagnies de marche, sont journellement et nuitamment dirigés vers des explorations multiples.

Les grand'gardes de la Commune s'étendent de Vincennes au Mont-Valérien. Un cordon de grand'-gardes y correspond de l'autre côté de la Seine. A travers les bois qui reverdissent, sur les déclivités à l'entrée du parc, l'œil ne rencontre que municipaux et sergents de ville.

Les marins et les fantassins sont restés à Versailles. La cavalerie est à la fois à Versailles et à Saint-Germain. Les chasseurs d'Afrique et les zouaves sont encore auprès de l'Assemblée, ainsi que les mobiles et les volontaires, fort décidés à ne pas épargner Paris.

Le 2 avril, à huit heures du matin, des troupes de Versailles se sont dirigées vers les avant-postes des gardes nationaux. A cent mètres environ du rond point de Courbevoie l'avant-garde, composée de troupes de ligne, s'est arrêtée. L'officier qui était à sa tête s'est avancé vers le commandant du 118e bataillon de la garde nationale, dont les hommes ne voulant pas tirer sur leurs frères de l'armée, tenaient la crosse en l'air. Le commandant de la ligne a invité les défenseurs de Paris à rendre leurs armes ; sur le refus de ceux-ci, les soldats versaillais se sont repliés, ne voulant pas commencer le feu et tirer les premiers sur leurs compatriotes. Plusieurs compagnies de gendarmes capables de tout ont alors marché sur les gardes nationaux, jusqu'au point occupé précédemment par la ligne. L'officier de gendarmerie piqua alors son cheval et s'avança sur les bataillons parisiens, un factionnaire de ces derniers croisa la baïonnette en criant : " Qui vive, halte là ! " Le gendarme saisit son revolver et ajusta le factionnaire, mais avant que ce forcené ait eu le temps de tirer, la sentinelle qui le tenait en joue fit feu et le commandant de gendarmerie tomba mortellement blessé ; son cheval a été pris et ramené à Paris, et le combat s'engagea aussitôt entre les gendarmes et la garde nationale.

A ce moment les troupes de Versailles démasquèrent des mitrailleuses, qui firent feu et jetèrent la confusion dans les rangs des fédérés. Ces derniers, auxquels s'étaient joints les 500 gardes nationaux de Courbevoie, qui occupaient la caserne, ayant épuisé leurs munitions, battirent en retraite vers le pont, poursuivis par les gendarmes.

Pendant ce temps, des pièces d'artillerie étaient

établies sur le rond point de Courbevoie par les Versaillais, et lorsque les gardes nationaux eurent gagné l'avenue de Neuilly, leurs agresseurs leur envoyèrent des obus qui achevèrent de porter le désordre dans leurs rangs.

De son côté, le Mont Valérien lança quelques projectiles ; trente coups de canon à peu près furent tirés. De onze heures à midi, deux obus tombèrent dans l'avenue de la Grande Armée. La maison portant le n° 79, et la cinquième en deçà des fortifications, furent atteintes.

Vers une heure, le drapeau blanc a été arboré par l'armée de Versailles à la lanterne construite sur le piédestal d'où la statue de Napoléon 1er a été renversée.

Les morts et les blessés ont été ramassés, et ceux des gardes nationaux rapportés à Paris, sur des brancards, par les habitants de Courbevoie.

A deux heures, le pont-levis de la porte Maillot a été baissé pour livrer passage aux voitures d'ambulance et aux chirurgiens.

Des bataillons arrivèrent successivement à la porte de Neuilly et furent envoyés vers divers bastions.

Les portes de la rive droite et de la rive gauche ont été fermées, depuis Montrouge jusqu'aux Ternes, où une file de voitures de déménagement attendirent bien inutilement qu'on baissa les ponts.

Le rappel a été battu dans plusieurs quartiers.

Le 208ᵉ, qui occupait la gare Saint-Lazare, a reçu l'ordre de partir.

On a armé les ramparts de canons, des embrasures ont été pratiquées ; on a travaillé activement sur toute la ligne de l'Ouest.

Le commandant Flourens arrive à la tête de son bataillon et sort par la porte des Ternes. Les bataillons se succèdent. L'avenue de la Grande Armée est remplie de gardes nationaux et de curieux.

Quelques soldats de la ligne, appartenant aux troupes de Versailles, rentrent dans Paris.

Les zouaves de Charette se battent sous le drapeau blanc ; ils portent tous sur la poitrine un cœur de Jésus, en drap blanc, ayant pour inscription : "Arrêtez, le cœur de Jésus est la vérité." On dit aussi qu'ils crient : "Vive le Roi !"

"Les gendarmes," dit le *Vengeur*, "ayant fait prisonniers quelques gardes nationaux du 93ᵉ bataillon, au rond point des Bergères, les ont attachés à la queue de leurs chevaux, les ont traînés ainsi jusqu'au pied du Mont Valérien et les ont fusillés. Les cadavres défigurés de ces malheureux ont été retrouvés et rapportés à la mairie de Neuilly, où la foule se presse pour les voir. L'un de ces corps a été mutilé avec une barbarie sauvage." Ce sont là les premiers actes de cruauté féroce commis par les troupes de Versailles, qui devaient être suivis de tant d'autres, qui ont mis les défenseurs de Paris au désespoir et qui les ont poussés à commettre les plus terribles représailles.

A quatre heures plusieurs batteries descendent l'avenue. Les gardes nationaux aident les chevaux à monter les canons sur les ramparts; on place ces derniers dans les embrasures. Les munitions sont déchargées et remisées dans les poudrières.

A quatre heures et demie, une voiture fermée arrive, escortée par plusieurs officiers. Cette voiture est occupée par le général Bergeret et des officiers de son état-major.

A ce moment, on entend des coups de canon tirés dans le lointain; sans nul doute, cette canonnade provient de l'armée de Versailles. Quoi qu'il en soit, les gardes nationaux, sortis en nombre avec de l'artillerie et des mitrailleuses, font pressentir un engagement sérieux pour cette nuit ou pour demain matin.

A six heures, des bataillons défilent sur les boulevards et par la rue de Rivoli, se dirigeant du côté de Neuilly. Huit pièces de 7 passent rue Richelieu, se rendant dans la même direction.

A huit heures on bat le rappel dans le quartier du Palais-National.

On vient de voir, que le 2 avril, comme le 22 janvier et le 18 mars, ce sont les troupes du gouvernement de Versailles qui ont attaqué et qui ont inauguré les premières cette longue série de crimes atroces qui ont eu des conséquences si terribles.

Que la responsabilité de la guerre et celle de tout le sang qui va couler, de tous les malheurs, de tous les désastres, de toutes les exécutions, de tous les massacres qui vont suivre et qui ont été la conséquence forcée de l'attaque du 2 avril et de l'exécution barbare des prisonniers, retombe sur les agresseurs coupables et cruels, auteurs de nos premiers désastres, de nos défaites, de l'invasion étrangère et de la réddition de Paris. Lesquels, dans un intérêt d'ambition personnelle et de réaction royaliste, cléricale et bourgeoise, n'ont pas craint, après avoir provoqué la guerre étrangère, d'allumer la guerre civile, de faire couler à flots le sang français, de bombarder Paris après les Prussiens, de l'incendier de nouveau, de le couvrir de ruines, de désastres, et de le plonger dans un abîme de maux, de misères et de désolations sans nom et sans exemple dans l'histoire; et tout cela, en face de l'ennemi étranger amené par eux et qui occupe encore notre territoire.

Voici en quels termes éloquents le citoyen Paul Meurice stigmatise dans le *Rappel* le crime de lèse-humanité commis par le gouvernement de Versailles :

"Eh bien ! nous ne le croyions pas; non, nous ne voulions pas, nous ne pouvions pas croire que le gouvernement de Versailles oserait attaquer le peuple de Paris. Nous avions enregistré ses provocations et ses menaces, mais on nous eût demandé si nous pensions qu'il les mettrait à exécution, nous aurions répondu : ' Nous ne le pensons pas.'

"Nous nous disions : ' M. Thiers essaye de faire la grosse voix, il tâche d'intimider Paris par l'étalage de ses sabres et le dénombrement de ses forces, il passe des revues, il tient des conseils, il écrit des circulaires ; ce sont là ruses diplomatiques et finesses parlementaires pour s'assurer des conditions meilleures dans une transaction possible. Mais il est trop habile politique et peut-être au fond trop bon français pour risquer sa renommée, et aussi pour précipiter sa patrie dans cette horrible aventure de la guerre civile.'

"Eh bien ! nous nous trompions ; voilà que la bravade se change en attentat, et que la rouerie se transforme en crime. Cette phrase vantarde de la circulaire du 1er avril, qui nous avait fait sourire : 'A Versailles, s'achève de s'organiser *une des plus belles armées que la France ait possédées,*' devient une des plus abominables paroles qui aient été prononcées, quand réellement cette 'belle armée' se jette sur ce grand Paris !

"Ils ont attaqué !

"Qu'ils n'essayent pas de dire non ! Le fait est avéré et prouvé, les journaux les plus modérés en conviennent eux-mêmes, le signal a été donné par deux coups de canon partis de Versailles ; d'ailleurs, les gardes nationaux n'occupaient pas d'hier matin le rond point de Courbevoie, où ils ont été surpris ; ils n'y étaient ni fortifiés, ni en nombre ; ils se trouvaient avoir à peine quelques cartouches contre les canons et les mitrailleuses. . . . . Il n'y a pas de doute et pas d'équivoque : ceux de Versailles ont attaqué !

"Nous ne voulons pas, pour l'instant, voir autre chose ; nous laissons là toute question politique, toute appréciation de principe ; nous ne cherchons pas de quel côté est la raison, de quel côté pourra être le succès ; nous nous bornons à constater ce fait acquis : le gouvernement dont M. Thiers est le chef, qu'il ait ou non pour lui la légalité ou même le droit, qu'il doive ou non remporter la victoire, est et demeurera toujours atteint et convaincu d'avoir tiré le premier coup de feu de la guerre civile, l'ennemi, le Prussien, présent et menaçant encore ; la garde nationale et l'armée française encore toutes deux blessées, toutes deux saignantes ; ce gouvernement a le premier lancé celle-ci sur celle-là. Quoi qu'il arrive, et quand il gagnerait la bataille, ce gouvernement est perdu. Perdu pour ses partisans eux-mêmes, perdu dans le présent, perdu dans l'avenir. Jamais, jamais ! il ne se relèvera de ce crime devant l'histoire et devant la patrie.

"La patrie, en effet, comme ferait une mère entre deux fils qui en viendraient aux mains, ne sait pas, ne veut pas savoir, qui des deux a tort ou raison, ou qui est le fort et le faible ; mais, pour juger et décider dans son cœur lequel est coupable, lequel elle doit condamner et maudire, elle demande : ' Quel est celui qui a commencé ? ' "

A la nouvelle de l'attaque des troupes de la Commune par celles de Versailles et des atrocités commises par ces dernières, la Commission exécutive fit afficher la proclamation suivante :

"*A la garde nationale de Paris.*

"Les conspirateurs royalistes ont *attaqué.*

"Malgré la modération de notre attitude, ils ont *attaqué.*

"Ne pouvant plus compter sur l'armée française, ils ont attaqué avec les zouaves pontificaux et la police impériale.

"Non content de couper les correspondances avec les provinces, et de faire de vains efforts pour nous viancre par la famine, ces furieux ont voulu imiter jusqu'au bout les Prussiens et bombarder la capitale.

"Ce matin les chouans de Charette, les Vendéens de Cathelineau, les Bretons de Trochu, flanqués des gendarmes de Valentin, ont couvert de mitraille et d'obus le village inoffensif de Neuilly et engagé la guerre civile avec nos gardes nationaux.

"Il y a eu des morts et des blessés.

"Elus par la population de Paris, notre devoir est

de défendre la grande cité contre les coupables agresseurs. Avec votre aide nous la défendrons.

"La Commission exécutive,

"Bergeret, Eudes, Duval, Lefrançais, Félix Pyat, Tridon et Vaillant.

"Paris, le 2 avril 1871."

De son côté le gouvernement de Versailles rend compte des mêmes faits en dissimulant tout l'odieux de l'attaque criminelle dont il s'est rendu coupable contre Paris.

Voici l'adresse qu'il a envoyée en province :

"Versailles, 2 avril 1871, 6 heures du soir.

"Depuis deux jours des mouvements s'étant produits du côté de Reuil, Nanterre, Courbevoie, Puteaux, et le pont de Neuilly ayant été barricadé par les insurgés, le gouvernement n'a pas voulu laisser ces tentatives impunies et il a ordonné de les réprimer sur-le-champ.

"Le général Vinoy, après s'être assuré qu'une démonstration qui était faite par les insurgés du côté de Châtillon n'avait rien de sérieux, est parti à six heures du matin avec la brigade d'Audel, de la division Faron ; la brigade Bernard, de la division Bruat, éclairé à gauche par la division de chasseurs du général de Galifet, à droite par deux escadrons de la garde républicaine.

" Les troupes se sont avancées sur deux colonnes, l'une par Rueil et Nanterre, l'autre par Vaucresson et Montretout.

" Elles ont opéré leur jonction au rond point des Bergeries ; quatre bataillons des insurgés occupaient les positions de Courbevoie, telles que la caserne et le grand rond point de la statue.

"Les troupes ont enlevé ces positions barricadées avec un élan remarquable ; la caserne a été prise par les troupes de marine, la grande barricade de Courbevoie par le 113ᵉ de ligne. Les troupes se sont ensuite jetées sur la descente qui aboutit au pont de Neuilly et ont enlevé la barricade qui fermait le pont.

" Les insurgés se sont enfuis précipitamment, laissant un certain nombre de morts, de blessés, et de prisonniers. L'entrain des troupes hâtant le résultat, nos pertes sont presque nulles.

" L'exaspération des soldats était extrême et s'est surtout manifestée contre les déserteurs qui ont été reconnus. A quatre heures les troupes rentraient dans leurs cantonnements, après avoir rendu à la cause de l'ordre un service dont la France leur tiendra grand compte. Le général Vinoy n'a pas un instant quitté le commandement.

" Les misérables que la France est réduite à combattre ont commis un nouveau crime. Le chirurgien en chef de l'armée, M. Pasquier, s'étant avancé seul et sans armes trop près des positions ennemies, a été tué."

On voit par ce rapport que les autorités de Versailles, tout en dissimulant leurs crimes et en exagérant leurs succès, déclarent elles-mêmes que ce sont leurs troupes qui ont attaqué celles de la Commune, et elles avouent en outre "que l'exaspération de leurs soldats était extrême." Il ne faut donc pas s'étonner si les gendarmes, les gardes municipaux et les sergents de ville de l'armée de M. Thiers se sont rendus coupables des crimes atroces qu'on leur reproche, et s'ils ont supplicié, d'une manière aussi cruelle que barbare, les défenseurs de la Commune faits prisonniers par eux.

Mais ni cette brusque attaque, ni les cruautés accomplies par leurs ennemis, ni l'ardeur furieuse des gendarmes de Versailles, ni la férocité fanatique des zouaves pontificaux de Charette, ni l'élan grossier des marins bretons, ni la supériorité de l'armement, ni la précision du tir des soldats de Versailles n'avaient découragé les défenseurs de la Commune.

Toute la nuit avait été employée à convoquer et à réunir les bataillons de la garde nationale.

Le lendemain, 3 avril, dès le point du jour tous ceux qui étaient prêts, et ils étaient nombreux, s'ébranlèrent et se mirent en route dans la direction de Versailles.

Les troupes de la Commune qui devaient agir ce jour-là étaient divisées en trois corps d'armée.

La première colonne, formant l'aile droite, était

commandée par le général Bergeret ; elle avait reçu l'ordre de s'avancer par l'avenue de la Grande Armée, de franchir l'enceinte des fortifications par la porte Maillot, de marcher par l'avenue de Neuilly, de traverser la Seine, d'aller jusqu'au rond point de Courbevoie, de tourner ensuite le Mont Valérien et de marcher sur Versailles par Reuil et Bougival. Le général Flourens, avec les bataillons de Belleville et ses volontaires, faisait partie de cette colonne.

Le centre, sous le commandement du général Duval, soutenu par les canons du fort d'Issy, devait s'avancer sur les hauteurs de Meudon et de Sèvres, s'en emparer et de là marcher sur Versailles.

Enfin la gauche, commandée par le général Eudes, devait marcher sur Versailles par Vitry, Villejuif, Bourg-la-reine, Sceaux, Plessy, Viroflay, etc., sous la protection des feux des forts d'Ivry, de Bicêtre et de Montrouge.

Ces trois colonnes formaient un effectif d'environ 120 mille hommes ayant avec eux à peu près 200 canons et mitrailleuses.

La colonne du général Bergeret se mit en mouvement à cinq heures du matin entre Neuilly et Courbevoie. Elle ne rencontra d'abord aucune résistance, et une partie marcha sur Versailles par la route qui défile tout auprès du Mont Valérien.

Ce dernier était silencieux et semblait ne pas être

gardé ; on n'apercevait ni une sentinelle, ni un seul soldat. Les officiers et un commandant de mobiles qui était à la tête de la colonne s'avançant directement sous le feu du Mont Valérien, assuraient à leurs hommes que cette citadelle était occupée par des troupes amies et que le commandant du fort avait promis de ne pas tirer sur les gardes nationaux. C'était donc en toute confiance et sur la foi des promesses qui leur étaient faites que les troupes de la Commune continuaient leur route ; le 118me bataillon de la garde nationale marchait à leur tête. Mais lorsque ce dernier fut engagé dans la route qui contourne les glacis, la forteresse, jusque là silencieuse et inanimée, s'éclaira d'une ceinture de feu, un roulement épouvantable, un tonnerre de coups de canons retentit tout à coup, les bouches à feu de la citadelle vomirent les boulets, les obus, les bombes et la mitraille sur les imprudents et trop confiants gardes nationaux que leurs chefs avaient conduits aussi inconsidérément sous la gueule des canons.

Plusieurs gardes nationaux tombèrent morts, un plus grand nombre d'autres furent blessés. Heureusement pour eux, le commandant du fort les avait laissé avancer trop près et, comme ils étaient dans un chemin creux, la plupart des projectiles passèrent par dessus leurs têtes.

Mais cet accueil redoutable, auquel les garde nationaux étaient loin de s'attendre, à cause des promesses fallacieuses qui leur avaient été faites, jeta le plus grand trouble et une véritable panique dans les rangs. Beaucoup de gardes nationaux s'enfuirent en criant à la trahison, jetèrent le trouble parmi les autres troupes et jusqu'au milieu de celles campées aux remparts; quelques fuyards qui parvinrent à franchir les portes de l'enceinte fortifiée et à rentrer en ville répandirent les bruits les plus alarmants sur les débuts de l'expédition.

Disons avant de continuer ce récit que les chefs des fédérés qui avaient conduit si imprudemment ces derniers sous le feu du Mont Valérien étaient de bonne foi quand ils disaient que cette forteresse ne ferait pas feu. C'était un bruit répandu depuis quelques jours, et ils s'en étaient fait l'écho imprudent; mais faisons observer aussi qu'ils se sont rendus coupables d'une faute impardonnable en agissant comme ils l'ont fait. Et quelques-uns ont encore considérablement aggravé leur culpabilité en assurant que le fort était occupé par des gardes nationaux amis qui, non-seulement ne tireraient pas, mais livreraient certainement la forteresse aux fédérés.

Ces promesses mensongères eurent de bien funestes conséquences, jetèrent une grande perturbation dans les rangs de la garde nationale, et exercèrent une influence des plus fâcheuse sur les débuts de la campagne.

Pendant que cet accident se produisait le gros

de la colonne, composée d'une quinzaine de mille hommes environ, ayant le général Bergeret à sa tête, avait réussi à dépasser le Mont Valérien et à se diriger sur Nanterre.

Quelques chefs des fédérés prétendaient que la marche directe du 118me bataillon sur le Mont Valérien avait eu pour but de détourner l'attention des défenseurs de cette forteresse, et d'occuper leur artillerie pendant que les colonnes principales contournaient le fort et effectuaient leur passage de l'autre côté.

A Nanterre, à Reuil, à Bougival, à Courbevoie s'engage une lutte acharnée ; assaillis par des forces supérieures, sans munitions, sans vivres, les gardes nationaux défendent pied à pied le terrain ; un membre de la Commune est à leur tête ; les troupes rurales de Versailles sont à chaque instant renforcées ; les bataillons de la Commune se voient enfin obligés de se replier du côté de la Seine, non sans avoir laissé sur le terrain un certain nombre de morts, de blessés, et de prisonniers.

Les soldats de la ligne pris dans les rangs de la garde nationale ont été immédiatement fusillés sans pitié par les farouches bandes armées de Versailles, composées en majorité de gendarmes et de sergents de ville.

D'honnêtes soldats du 58me de ligne, comprenant tout l'odieux de la criminelle besogne que le gouvernement de M. Thiers voulait leur faire accomplir, refusèrent de tirer sur leurs concitoyens se battant pour la défense de leurs droits, qui sont aussi ceux des prolétaires de toute l'armée.

Les brigands qui leur avaient mis les armes à la main pour accomplir l'œuvre sanglante et liberticide que la réaction impitoyable attendait d'eux, firent saisir, désarmer et immédiatement fusiller par les sergents de ville sur le front du régiment les malheureux qui avaient refusé de se souiller du plus affreux de tous les crimes : celui d'égorger les défenseurs du droit et de la justice.

Voici l'horrible proclamation adressée par un des chefs des hordes versaillaises à ses soldats :

" La guerre a été déclarée par les bandes de Paris.

" Hier, avant-hier, aujourd'hui, elles ont assassiné mes soldats.

" C'est une guerre sans trêve ni pitié que je déclare à ces assassins. J'ai dû faire un exemple ce matin : qu'il soit salutaire ; je désire ne pas en être réduit de nouveau à une pareille extrémité.

" N'oubliez pas que le pays, que la loi, que le droit, par conséquent, sont à Versailles et à l'Assemblée nationale, et non pas à la grotesque assemblée de Paris, qui s'intitule Commune.

" Le général commandant la brigade,
" GALIFET.

" Le 3 avril 1871."

Le citoyen Flourens commandait aussi une colonne de l'aile droite, composée des bataillons de Belleville, de Montmartre, des Batignolles et de la Villette. A la pointe du jour ses troupes avaient franchi la Seine sur un pont établi sur l'île faisant face à Puteaux, à l'abri des projectiles du Mont Valérien. Mais au rond point de la Bergerie, sur les hauteurs de Puteaux, plusieurs bordées d'obus de la forteresse atteignirent les bataillons de Flourens ; les terribles projectiles en éclatant jetèrent le plus grand désordre dans les rangs, il y eut des morts et des blessés, la colonne fut coupée, et trois ou quatre bataillons se replièrent en arrière et repassèrent la Seine.

Le commandant Flourens néanmoins continua à s'avancer au pas de course sur Reuil avec une partie de sa troupe.

Ses hommes au nombre de 12 ou 15 cents environ occupèrent cette commune ; les uns se logèrent dans la caserne, d'autres chez les habitants.

Flourens avait aussitôt fait construire des barricades sur la large avenue qui conduit à la route de Saint-Germain, et il fit placer un cordon de tirailleurs le long de la Seine, afin de se défendre contre les Versaillais et de se préserver d'une surprise.

Il s'établit ensuite à la gare avec quelques officiers d'état-major.

Une escouade de gendarmes, chargée d'opérer une reconnaissance, franchit la Seine en bateau, malgré la surveillance, fort mal faite, qui était exercée par les tirailleurs, et se présenta inopinément devant la gare, où Flourens, escorté de plusieurs officiers, se rendait après une inspection. Se voyant en présence de l'ennemi, Flourens tira son revolver et blessa assez grièvement l'un des gendarmes ; il fut aussitôt entouré avec ses aides de camp ; une mêlée à l'arme blanche s'engagea et le malheureux général de la Commune tomba frappé mortellement de deux coups de sabre sur la nuque. C'est l'officier commandant la petite escouade qui le tua.

Ses deux aides de camp ont été désarmés et faits prisonniers : l'un d'entre eux était d'ailleurs sérieusement blessé. Le cadavre de Flourens a été transporté dans la maison d'un cultivateur de l'avenue, puis chargé sur un tombereau rempli de paille et dirigé sur Versailles, où il fut publiquement exposé, afin sans doute de satisfaire la curiosité féroce de la foule abjecte et vile de la royale cité du Parc-aux-cerfs, du grand et du petit Trianon. Cette populace se faisait remarquer par la rage qu'elle déployait contre les malheureux prisonniers faits à l'armée de la Commune.

Refaire la race humaine, nos tristes peuples modernes, sur le modèle des grands Hellènes, par la vie libre et la libre pensée, fut l'idée fixe de la vie de l'infortuné Flourens. *La Science de l'Homme*, tel est le titre de son grand ouvrage, que sa mort prématurée lui empêcha d'achever. La science instituant l'art de la vie. Le philosophe s'établit, comme au temps des législateurs grecs, en informateur des peuples. C'est cette conviction qui l'a conduit sous le sabre des gendarmes et qui lui a coûté la vie. Son moyen d'action fut la Révolution. Il s'y précipita avec ardeur, sans aucune réserve, joua sa vie et perdit son enjeu. De complot en conspiration, d'insurrection en révolution, il est arrivé jusqu'au jour où la Commune de Paris livrait sa première grande bataille, et il a été son premier martyr ; il a sacré de son sang la grande cause du prolétariat, qui peut succomber aujourd'hui, demain peut-être encore, mais qui sera certainement bientôt victorieuse.

Le jour n'est pas loin en effet où toutes les doctrines sociales dont l'application doit assurer l'émancipation des travailleurs seront complètement élucidées, où elles auront persuadé les esprits et conquis les majorités. Et alors elles règneront. Car on n'étouffe pas le droit, on n'étouffe pas la science, on n'étouffe pas toujours les revendications de la misère qui veut vivre, de l'ignorance qui veut s'instruire, de l'abjection qui veut se relever ; non, on ne les étouffe pas par la fusillade, les coups de canons, la mitraille, les exécutions sommaires et les massacres en masse.

Jamais une cause n'est si près de son triomphe que lorsque ses apôtres tombent sous les coups de ses ennemis. Rien ne fait mieux germer et fructifier les idées justes que le sang des martyrs qui coule pour elles.

Le frère du général Henry a aussi été tué en combattant. Les défenseurs de Paris lui firent de grandes funérailles, dignes d'eux et de cet héroïque jeune homme ; 50 mille gardes nationaux y assistèrent.

Pendant que l'aile droite accomplissait l'attaque imprudente et héroïque que nous venons de raconter, le général Duval, commandant le centre de l'armée de la Commune, exécutait à la tête de vingt bataillons un mouvement dans la direction d'Arcueil, Bagneux, Châtillon, Clamart et Meudon.

Les premiers coups de fusil sont partis du Bas-Meudon, à sept heures. L'action s'est étendue ensuite, dans la direction des bois, sur le territoire des Moulineaux et du Val-Fleury, où elle a pris les proportions d'un véritable combat.

Les gardiens de la paix et la gendarmerie occupaient les hauteurs de Meudon, la terrasse du château, où deux batteries avaient été établies à la hâte.

Sur tous les points, la fusillade est vive.

Les mitrailleuses font entendre leur crépitation sinistre. L'artillerie du fort d'Issy tonne contre les batteries établies sur les terrasses du château de Meudon. Les pièces de campagne des fédérés vomissent la mitraille. C'est un tonnerre de détonations simultanées dont on n'a pas eu d'exemple, même au plus fort du bombardement prussien.

Les postes avancés des Versaillais sont attaqués avec vigueur. Partout ces derniers sont délogés de leurs positions par les gardes nationaux. La verrerie de Sèvres est évacuée précipitamment par les gendarmes, qui se sauvent à toutes jambes.

Pour s'opposer au passage des fédérés, et peut-être aussi, pour se soustraire au feu incessant du fort d'Issy, les artilleurs du château de Meudon ont transporté leurs batteries sur Montalets; mais deux pièces de 7 vont se porter sur le Val-Fleury et forcer les artilleurs à quitter cette position. Leurs pièces attelées sont dirigées non plus sur la terrasse, mais sur les hauteurs de Meudon, au dessus du château.

Voici, heure par heure, les progrès de l'attaque faite par le centre des fédérés contre les Versaillais :

A neuf heures, l'attaque s'étend sur toute la ligne. Pris à revers par les fédérés, dont la fusillade et les mitrailleuses se font entendre dans les bois de Meudon, de Viroflay, de Jouy, du hameau de Vélizy et de la Grâce-de-Dieu, les artilleurs, à peine établis, attellent leurs canons et gagnent les hauteurs de Meudon.

La verrerie de Meudon, servant de poste à des gendarmes, est attaquée. Devant des forces considérables, toute résistance devenant impossible, le poste est abandonné et les gendarmes descendent à toutes jambes pour se soustraire aux coups de fusil.

A dix heures, des gardes nationaux gravissent par des chemins de traverse, et au milieu des champs, les hauteurs de Clamart et de Châtillon ; d'autres passent dans le village de Clamart, se dirigeant sur la redoute de Châtillon. Quinze pièces de canon, solidement attelées, défilent dans les rues. Un détachement, venant du fort d'Issy, campe à l'entrée du village.

A onze heures, le combat devient acharné sur la ligne du bois de Meudon et dans les rues du Val-Fleury.

La fusillade s'accentue. Les coups crépitent drus et serrés. Aux Moulineaux, des gardes nationaux embusqués derrière les maisons tirent sur les gendarmes établis sur la rive droite. En cinq minutes, une trentaine de ces derniers sont mis hors de combat. Il y a huit morts à la station de Bellevue.

L'artillerie des forts, des batteries et des pièces de campagne des fédérés tonne avec une violence à laquelle se mêle la crépitation des mitrailleuses. Les détonations se succèdent, les projectiles sifflent et se croisent dans l'air.

On n'avait pas entendu un feu plus terrible pendant le bombardement prussien.

Les obus pleuvent aux environs du Moulin-de-Pierre et de la gare de Clamart ; beaucoup éclatent sur la partie haute du village, quelques-uns dans les rues du centre. La frayeur de la population est à son comble. Les boutiques se ferment dans toutes les rues.

A midi, le canon gronde encore avec plus de violence, la fusillade se rapproche.

Les hauteurs de Châtillon et le bois de Clamart sont en la possession des fédérés, ainsi que le Bas-Meudon, où il existe encore cependant une batterie d'artillerie au pouvoir des troupes rurales.

A deux heures, le fort d'Issy tire sur les deux batteries du château de Meudon, qui répondent vigoureusement.

Dans les bois de Clamart, des feux de tirailleurs très-nourris ne cessent de se faire entendre. De temps en temps, les roulements que produisent les décharges de mitrailleuses dominent le bruit de la fusillade.

Plusieurs officiers blessés arrivent de Fleury dans des voitures d'ambulance ; de nombreux morts sont chargés sur des charrettes mises en réquisition dans le village de Clamart.

Pendant toute cette journée du 3 avril, les gardes nationaux ont déployé le plus grand courage et se sont battus comme de vieilles troupes ; ils ont attaqué leurs ennemis avec ardeur et les ont vigoureusement abordés ; plusieurs fois ces derniers ont été délogés de leurs positions et obligés de battre en retraite. En un mot, ces soldats-citoyens ont été admirables d'héroïsme et de sangfroid ; s'ils eussent eu un peu plus d'expérience et été mieux commandés il n'est pas douteux qu'ils auraient été victorieux.

Leur attaque de Meudon a été faite non-seulement avec beaucoup de courage, mais encore avec une grande habilité. Ils s'avancèrent d'abord en tirailleurs à deux reprises différentes, rencontrèrent la plus vive résistance et ne purent déloger leurs adversaires. Comprenant que cette tactique ne leur réussissait pas, ils se formèrent alors en colonnes, et par une évolution qui ne manquait pas d'habileté, ils tournèrent le viaduc du Val-Fleury et attaquèrent leurs ennemis de flanc pendant que l'artillerie du fort d'Issy protégeait leurs mouvements. Mais la précision du tir des artilleurs du gouvernement de Versailles, dont les canons étaient rangés sur la terrasse de Meudon, leur causait de grandes pertes, les obus pleuvaient sur leurs bataillons et faisaient un horrible carnage dans leurs rangs. Cependant, malgré cela ils maintenaient toujours leurs positions et continuaient d'avancer sur leurs ennemis, qui sont forcés de reculer et de transporter leurs canons sur les hauteurs.

Le succès des fédérés eut été complet sur ce point sans un accident bien malheureux qui leur arriva. Leur batterie de la redoute des Moulineaux, manœuvrée par des artilleurs inexpérimentés, fut si maladroitement servie et surtout si mal pointée que la plupart des obus qui auraient dû être envoyés sur les troupes de Versailles tombèrent dans les rangs des gardes nationaux, aux milieu desquels ils jetèrent la confusion et le désordre, tuant et blessant un grand nombre d'hommes ; ils causèrent des pertes d'autant plus regrettables qu'elles provenaient de troupes amies, et firent manquer l'attaque du château et du haut Meudon. Il y a eu un carnage horrible parmi les insurgés, attaqués ainsi par leurs amis et leurs ennemis. A quatre heures les trompettes sonnèrent la retraite, mais le feu de l'artillerie ne cessa pas avant six heures. Un grand nombre de gardes nationaux, quand on donna le signal de la retraite, voulaient continuer de combattre, et se retirèrent furieux derrière leurs retranchements à Issy.

Pendant que ces évènements s'accomplissaient un combat acharné avait lieu dans les bois de Clamart occupés par les fédérés, qui ont disputé pied à pied le terrain pendant quatre heures, en offrant leurs poitrines aux balles des royalistes. Ce n'est que pour éviter les effets d'un mouvement tournant des troupes de Versailles qui voulaient les couper que les gardes nationaux se sont retirés avec calme, malgré le feu des batteries de Meudon cachées dans le bois et qui faisaient pleuvoir des obus sur la colonne du général Duval. Prise en écharpe dans un chemin creux elle eut beaucoup à souffrir.

Vers quatre heures les munitions manquèrent ; les soldats de la Commune, debout depuis trente heures, étaient harassés de fatigue ; ils effectuèrent leur retraite en bon ordre dans les villages d'Issy et de Vanves, et s'établirent dans les maisons, où ils s'embusquèrent.

Le 61ᵉ et le 79ᵉ ont beaucoup souffert ; un grand nombre d'officiers sont tombés sous la mitraille.

Une autre colonne abordait le plateau de Châtillon, dont elle prit possession ; la redoute fut occupée par un détachement, pendant que les 41ᵉ, 81ᵉ et 125ᵉ bataillons s'avançaient jusqu'auprès de la ferme de Chavillé. Mais la nuit étant venue, les cartouches et les vivres devenant rares, il fallut aussi rétrograder. Ce mouvement en arrière fut le signal d'une attaque furieuse des gendarmes, des sergents de ville et des mobiles bretons. Les mitrailleuses et les pièces de campagne lançaient des projectiles pleins et des obus sur les bataillons des gardes nationaux, qui durent hâter leur mouvement rétrograde et se réfugier dans la redoute, autour de laquelle les troupes de Versailles ne tardèrent pas à les suivre.

Dans les divers combats de la journée les morts et les blessés ont été nombreux.

A la nuit la retraite des fédérés était opérée à peu près sur toute la ligne. Le feu se ralentit de plus en plus. Le canon se fait cependant encore entendre par intervalle, mais l'action paraît à peu près terminée.

Les voitures d'ambulance ramènent les blessés.

L'hôpital Necker en a reçu un grand nombre appartenant aux 67e, 127e, 129e et 194e bataillons de la garde nationale ; les blessures sont généralement graves, beaucoup d'amputations ont été nécessaires. L'inspection des plaies a fait reconnaître qu'elles avaient été faites presqu'à bout portant.

Tous ces hommes avaient été frappés le matin au combat de Meudon ; heureusement quelques médecins d'Issy, des Moulineaux et de Meudon se sont mis, avec le plus louable empressement, à la disposition des chirurgiens de la garde nationale et ont aidé à faire les premiers pansements.

Dans la journée, plusieurs ambulances, fermées depuis quelque temps, se sont reconstituées sur la rive gauche.

Le 67e bataillon a terriblement souffert pendant le combat des Moulineaux dans la matinée. Ce bataillon s'étant engagé dans une ruelle de Meudon, a été accueilli par un feu des plus meurtriers. Les soldats, retranchés dans les maisons, tiraient par les fenêtres.

Le 101e bataillon, du 13e arrondissement (Gobelins), a pris d'assaut une mitrailleuse près de Châtillon. Pendant la nuit, les gardes nationaux ont occupé la tranchée entre les redoutes du Moulin-de-Pierre et de Châtillon. Les canons du fort d'Issy ont incendié plusieurs maisons situées aux environs du Moulin-de-Pierre.

A Belleville, à Montmartre et à la Villette il ne reste plus d'hommes valides ; tous sont à la bataille.

Aujourd'hui, à deux heures après-midi, un grand nombre de gardes nationaux sont arrivés jusqu'à Villemombes, à huit kilomètres de Versailles. Ils ont été repoussés par les troupes du gouvernement, avec une perte de 250 hommes.

L'aile gauche, sous le commandement du général Eudes, fut celle qui se battit le moins dans la journée du 3, et par conséquent elle ne souffrit pas beaucoup. Elle s'était portée au sud de Paris, sur la route de Choisy-le-roi, de Sceau et de Bagneux, prenant à revers les hauteurs. Mais, derrière les bois de Meudon, à Villacoublay, la tête de colonne est accueillie par une vive fusillade, à laquelle les fédérés répondent et forcent les assaillants, peu nombreux, à se replier devant une masse qui opère de manière à les cerner.

Comme on vient de le voir, c'était une grande bataille que la Commune venait de livrer aux troupes aguerries de Versailles, commandées par un maréchal d'Empire, de vieux généraux expérimentés et des officiers capables.

Elle avait dû leur opposer de jeunes généraux improvisés qui ne pouvaient encore avoir une expérience suffisante de la guerre, et dont l'audace, le courage ou le génie devait suppléer à l'étude, à l'art, et à la pratique.

L'armée de la Commune était composée, comme nous l'avons dit, de gardes nationaux pères de famille pour la plupart, ayant des enfants et une femme, dont-ils étaient les uniques soutiens ; elle manquait nécessairement de la pratique de la guerre, de l'habitude du feu et de la discipline des armées régulières. Ses officiers n'avaient ni les connaissances militaires que donnent les études, ni l'habitude du commandement, ni l'expérience qui ne s'acquièrent qu'à la longue et par la pratique.

La cavalerie lui manquait complètement ; il en était presque de même du génie, et son artillerie était bien inférieure à celle de ses ennemis, surtout par son personnel et son attelage. Les canonniers étaient pour la plupart des gardes nationaux qui avaient appris d'une manière bien insuffisante le maniement de leurs pièces, et qui n'avaient pas l'habitude des combats. Les conducteurs des attelages ne savaient pas manœuvrer, et les chevaux, en nombre très-insuffisants, n'avaient pour la plupart jamais vu le feu.

C'étaient là de grandes causes d'infériorité pour l'armée de la Commune. Eh bien, malgré cela cette dernière n'avait pas hésité à livrer une grande bataille en dehors des fortifications de la ville, à affronter le feu du Mont Valérien, et à marcher sur Versailles. C'était peut-être une témérité.

Et cependant jusqu'à trois heures de l'après-midi,

dans la journée du 3, les chances de la guerre n'avaient pas été trop défavorables à ce coup d'audace téméraire ; si l'arrière-garde des colonnes de Bergeret et de Flourens avaient battu en retraite sous le feu du Mont Valérien, le gros de ces deux corps avait réussi à doubler cette forteresse et à s'avancer sur les routes de Versailles.

Si le centre, commandé par Duval, avait été bien approvisionné de munitions et surtout de vivres, s'il eut été soutenu par l'aile droite et par l'aile gauche, et s'il eut été renforcé par la réserve et des troupes fraîches, il est certain qu'il eut réussi à atteindre son but. Jusqu'à deux ou trois heures de l'après-midi il avait remporté de véritables succès sur l'armée de Versailles, qu'il avait forcée à la retraite sur plusieurs points et dont il avait réduit plusieurs des batteries au silence.

Le mauvais service des munitions et des vivres a aussi beaucoup contribué à l'insuccès final de la journée. La plus grande partie des gardes nationaux n'ont eu pendant trois jours d'autre nourriture que trois mauvais biscuits. Les vivres manquaient complètement ; sur le plateau de Châtillon il n'y avait pas d'eau ; les gardes nationaux souffraient beaucoup de la soif et de la faim. L'intendance, déjà très-mal organisée pendant le siége, après le 4 septembre, était encore beaucoup plus défectueuse depuis le 18 mars.

Le manque de munition a obligé souvent les gardes nationaux à abandonner leurs positions et à battre en retraite. La direction et l'administration, l'état-major et l'intendance ont été très-inférieurs.

Les gardes nationaux ont fait preuve malgré cela de courage, de beaucoup d'entrain, d'élan, de bravoure et surtout d'une grande solidité. Ils sont restés impassibles comme de vieilles troupes sous des grêles de balles, d'obus et de mitraille.

Leurs ennemis eux-mêmes l'ont reconnu en déclarant qu'ils étaient étonnés que le gouvernement de la défense nationale n'ait pas su utiliser contre les Prussiens de pareils éléments de résistance et de lutte.

Les deux journées de combat des 2 et 3 avril ont prouvé qu'il ne manquait à l'armée de la Commune qu'un chef capable, un Hoche ou un Marceau, pour gagner la bataille, vaincre les troupes de l'Assemblée et prendre Versailles.

Peut-être la Commune aurait-elle trouvé un peu plus tard ce général dans Duval, si la mort prématurée qui a frappé le lendemain ce dernier lui avait laissé le temps de développer et de mettre en pratique ses facultés natives.

Les jeunes généraux, commandant en chef l'armée qui marchait contre Versailles, étant en même temps membres de la Commission exécutive, la Commune, afin de leur laisser plus de liberté d'action, les remplaça dans cette commission gouvernementale par trois autres de leurs collègues, les citoyens Delescluze, Vermorel et Cournet; elle nomma en outre le général Cluseret délégué au ministère de la guerre.

Voici le décret, sous forme de lettre, qui statue sur ces différentes nominations :

" *Aux citoyens Bergeret, Duval et Eudes.*

" Citoyens,

" Nous avons l'honneur de vous prévenir que, afin de vous laisser toute liberté pour la conduite des opérations militaires qui vous sont confiées, la Commune vient d'attribuer au général Cluseret la direction de l'administration de la guerre.

" L'assemblée a estimé que, dans les graves circonstances où nous sommes, il importait d'établir l'unité dans les services administratifs de la guerre.

" La Commune a également jugé indispensable de vous remplacer provisoirement à la Commission exécutive, dont votre situation militaire ne vous permet plus de partager les travaux.

" Nous n'avons pas besoin d'ajouter que, en prenant cette double décision, la Commune est aussi éloignée de vous désobliger, que d'affaiblir l'importance de votre situation comme chefs de corps. Vous n'y verrez que les conséquences des nécessités du moment.

"Salut et fraternité.

"Les membres de la Commission exécutive,

"Ch. Delescluze,
"Félix Pyat.

"Paris, 3 avril 1871."

Le gouvernement de Versailles adressait de son côté la dépêche suivante aux préfets :

"Versailles, 3 avril, soir.

"Les insurgés sont revenus en grande force de Courbevoie à Nanterre, Rueil et Bougival. Des colonnes du nord de Paris ont simultanément marché sur Besons et Château-Croissy. Le Mont Valérien a ouvert, dès le point du jour, son feu sur les insurgés, qui furent forcés de chercher des abris à Nanterre, à Rueil et à Bougival, et ont ensuite attaqué nos positions.

"Les brigades Garnier, Dandel et Dumont ont ouvert une canonnade et repoussé l'ennemi. Le général Vinoy, avec la brigade de cavalerie de Dubreuil, menaçant de les prendre en flanc, les insurgés ont pris la fuite dans le plus grand désordre, laissant derrière eux beaucoup de tués et de blessés. Une déroute complète s'en est suivie.

"Pendant ce temps-là, de fortes colonnes d'insurgés attaquaient Sèvres, Meudon et le Petit-Bicêtre.

La brigade Lamariouse et la gendarmerie entrèrent dans Meudon, et on tira sur eux des fenêtres des maisons. Cependant la brigade délogea les insurgés, qui ont laissé un grand nombre de tués et de blessés derrière eux.

"Sur la droite, les brigades Bruet et Derocrat ont bombardé le Petit-Bicêtre, sous le commandement de l'amiral Pothuau. La journée s'est terminée par la fuite désorganisée des insurgés vers la redoute de Châtillon.

"Cette journée a causé de grandes pertes à ceux qui se sont aveuglément laissés conduire par des malfaiteurs, et a donné un coup décisif à l'insurrection, qui, se voyant impuissante, se trouvera forcée d'abandonner Paris. "THIERS."

Nous avons vu que les troupes de la Commune, après les succès qu'elles avaient tout d'abord remportés dans la journée du 3 avril, avaient été obligées de battre en retraite le soir; d'abandonner quelques-unes des positions occupées, et qu'une grande partie de ces troupes s'étaient réfugiées sous la protection des canons des forts d'Issy et de Vanves. Mais les gardes nationaux n'avaient cependant pas abandonné toutes les positions qu'ils occupaient sur le plateau de Châtillon, quelques-unes restaient encore en leur pouvoir ainsi que la redoute; ils avaient pris possession des tranchées entre les redoutes du Moulin-de-Pierre et de Châtillon, occupées précédemment par les Prussiens.

Pendant la nuit, les fédérés avaient été massés au nombre de 15,000 environ à Bel-Air, entre les forts de Vanves et d'Issy. En avant des forts ils avaient établi des batteries, mais mal défendues par de faibles tranchées. Leur ligne de bataille s'étendait depuis le chemin de fer de Versailles (rive gauche) jusqu'à l'endroit dit la Croix-d'Arcueil, à gauche du fort de Montrouge.

A minuit ou une heure du matin la lutte recommença avec une nouvelle ardeur.

Malgré leur résistance opiniatre les gardes nationaux durent céder devant les chasseurs à pied et les soldats de la ligne, en force supérieure.

Les troupes de Versailles marchèrent sur Châtillon et gagnèrent du terrain.

Au point du jour elles se retranchèrent solidement sur le plateau dans les positions construites par les Prussiens. La ligne de bataille s'étendit depuis Bagneux jusqu'à Meudon.

Dès le lever de l'aurore, les unes et les autres poussent des reconnaissances.

A cinq heures et demie, les batteries de Châtillon donnent le signal d'une nouvelle attaque, et un feu d'artillerie assez nourri accable simultanément tous les retranchements des fédérés, dans les rangs desquels il sème le désordre.

Ce n'est pas sans peine que les commandants parviennent tant bien que mal, à rassembler leurs bataillons. Le clairon sonne, le tambour bat, et les forts de Montrouge, de Vanves et d'Issy ripostent vigoureusement.

Le commandant Ranvier dirige une partie des opérations militaires. Il envoie des ordonnances dans un grand nombre de directions.

Pour se reconstituer les fédérés durent chercher un abri contre la fusillade dans les plis que forme le terrain ondulant entre Châtillon et Vanves.

Les troupes de l'assemblée de Versailles ne leur laissent pas le temps de reformer leurs lignes, les chargent avec vigueur et les obligent encore à rétrograder sous la protection des deux forts dont les feux, ainsi que ceux des batteries établies sur quelques crêtes du voisinage, convergent sur le plateau opposé occupé par l'armée régulière de Versailles. Les batteries Versaillaises, placées dans les retranchements construits par les Prussiens pendant le siége, ripostent avec fureur. C'est un véritable duel d'artillerie.

Des bataillons de gardes nationaux ont beaucoup souffert, le 219e surtout, qui a la moitié de son effectif mis hors de combat.

La redoute de Châtillon, qui avait été construite au commencement du siége pour défendre Paris contre les Prussiens, et quelques autres positions qui l'environnent, étaient encore au pouvoir de la Commune. Les Versaillais, qui occupaient déjà une partie du plateau de Châtillon, cherchèrent à s'emparer de cette petite forteresse et de ses dépendances, et envoyèrent contre elles la division de Pelle et la brigade Derojo, accompagnées de deux batteries de douze, pour attaquer.

Le bataillon chargé de défendre ces positions ne comptait que 500 hommes; il opposa la plus vigoureuse résistance aux forces bien supérieures envoyées contre lui, qui l'attaquèrent, le couvrirent d'obus et de mitraille. Il repoussa plusieurs assauts de l'ennemi malgré la canonnade furieuse et la plus vive fusillade.

Les assiégeants, désespérant de vaincre les héroïques défenseurs de Châtillon et de s'emparer de la redoute par la force, résolurent d'employer la ruse.

Voici comment le *Daily Telegraph*, journal hostile à la Commune et sympathique aux Versaillais, raconte cet incident de la matinée du 4 avril:

"Les soldats du gouvernement se sont avancés, la crosse en l'air, en criant 'Vive la garde nationale!' Cette dernière répondit 'Vive la ligne!' et leva à son tour la crosse en l'air. Les communalistes, qui s'attendaient à une défection de la part de la ligne, ont cru voir là une confirmation de leurs espérances. Ils ont laissé sans crainte approcher les troupes du gouvernement de Versailles ; ils sont même allés à leur rencontre. Ils ont été cruellement désillusionnés.

"Voyant qu'elles pouvaient impunément s'approcher, les troupes du gouvernement ont profité de ce qu'elles étaient très-près des insurgés et, tout à coup épaulant leurs fusils, elles envoient une volée de balles dans les rangs des Communistes.

"Il va sans dire que le feu a produit de très-grands ravages ; les gardes nationaux stupéfaits se sont retirés précipitamment, suivis de près par les troupes de Versailles qui, après un engagement très-vif, réussirent à s'emparer de la redoute."

Voilà dans toute sa vérité le récit que le correspondant du *Daily Telegraph* fait de cette odieuse trahison, sans même trouver un seul mot pour la blâmer.

Mais, ce que cet honnête journaliste a oublié de dire, c'est que les traîtres en pantalons rouges qui se sont rendus coupables de cette infamie n'étaient pas des soldats de la ligne, mais d'abjects sergents de ville costumés en fantassins.

Près de 200 des trop confiants gardes nationaux, défenseurs de la redoute, furent tués ou blessés ; 300 hommes du 219e bataillon, parmi lesquels le commandant Henry et les commandants des 105e et 127e bataillons, qui s'étaient ainsi laissé approcher, ont été forcés de mettre bas les armes et faits prisonniers.

Un tambour, sommé de rendre ses baguettes, s'y est refusé et a été éventré par un sergent de ville. Un lieutenant du 219e bataillon a brulé la cervelle à ce misérable et, par un bonheur inespéré, a pu se faire jour avec son sabre et s'échapper.

L'acte de félonie épouvantable accompli par les troupes des défenseurs de l'ordre, non-seulement a amené la perte de la redoute de Châtillon, mais il a jeté encore un grand désarroi, et produit le plus mauvais effet dans les rangs de la garde nationale, dont plusieurs bataillons, campés aux environs du plateau, se sont repliés en tiraillant du côté des forts d'Issy et de Vanves.

Voilà à quelle odieuse trahison les soldats des honnêtes Versaillais ont eu recours pour surprendre et vaincre les défenseurs de la Commune.

D'aussi infâmes guet-apens, qui se sont produits plusieurs fois, déshonorent les gouvernements et les partis politiques qui s'en rendent coupables, et méritent d'être flétris, et signalés à tous les gens de cœur et d'honneur.

Voici en quels termes *La Commune* les a stigmatisés :

"Citoyens, les monarchistes qui siégent à Versailles ne vous font pas une guerre d'hommes civilisés, ils vous font une guerre de sauvages. Les Vendéens de Charette et les agents de Piétri fusillent leurs prisonniers, assassinent les blessés et tirent sur les ambulances ; vingt fois les misérables qui déshonorent l'uniforme de la ligne ont levé les crosses de leurs fusils, et ont ensuite traîtreusement tiré sur les braves qui se sont, avec trop de confiance, approchés d'eux.

" Citoyens, ces trahisons, ces atrocités ne donneront pas la victoire aux ennemis éternels de vos droits. Nous en avons un gage dans l'énergie, le courage et le dévouement de la garde nationale envers la République. Son héroïsme et sa constance ont été admirables. Les artilleurs ont dirigé leur feu avec une justesse et une précision remarquables ; aussi leur feu a-t-il plusieurs fois fait cesser celui de l'ennemi, qui a laissé une mitrailleuse entre nos mains.

" Gardes nationaux, la Commune vous félicite et déclare que vous avez bien mérité de la patrie."

Après ce grave échec un grand nombre de blessés rentrèrent en ville par la porte d'Issy.

A la nouvelle de toutes ces atrocités, de ces trahisons et de ces massacres, M. Thiers s'écriait à l'assemblée de Versailles, aux applaudissements de la droite : " La France a recouvré son armée ! "

La veille il avait déjà dit :

" L'insurrection s'est montrée en force à Meudon ; les gendarmes à pied ont été héroïques. Des divisions nouvelles sont arrivées, mais vers la fin du jour. Les insurgés se sont alors repliés, et un certain nombre d'entre eux est resté dans la redoute de

Châtillon. Il était alors trop tard pour les y attaquer.

" Tout le gros de l'insurrection a été repoussé jusqu'aux murs de Paris.

"Demain, il suffira de quelques coups de canon pour déloger ces derniers insurgés ; et nous ne doutons pas que ces malheureux, égarés par des malfaiteurs, ne soient bientôt trop heureux d'implorer la clémence du gouvernement, qui ne leur fera pas défaut. (Applaudissements à gauche.)

" *Voix à droite.*—Oui, la clémence des gendarmes.

" *M. Thiers.*—Remarquez que, dans ma pensée, il ne saurait être question d'indulgence pour le crime ; il ne peut y en avoir que pour l'égarement. (A gauche : Très-bien ! très-bien !) "

Voici, heure par heure, le récit des combats qui eurent lieu dans la suite de cette journée :

Jusqu'à dix heures et demie, les fédérés n'ont pas pu sortir de leurs retranchements. A cette heure, les forts ralentissent leur feu, Châtillon, Meudon et Clamart s'éteignent presque complètement, et les fédérés en profitent pour établir des batteries parallèles au chemin de fer. Leur but est de prendre en écharpe les colonnes qui viendraient de Châtillon.

A onze heures, une troupe de gardes nationaux sort du fort et se dirige au pas de course vers la redoute d'Issy. Une batterie est établie dans cette redoute, occupée par les troupes de la Commune.

A une heure Vanves et Issy, qui ont reçu des munitions, ouvrent un feu terrible contre Meudon et protègent un mouvement en avant des fédérés.

Tout à coup des wagons blindés arrivent de Meudon sur la ligne du chemin de fer et vomissent la mitraille sur toute la colonne qui s'est avancée. Les fédérés sont forcés de revenir s'abriter de nouveau sous les forts d'Issy et de Vanves.

Le combat d'artillerie recommence de plus belle.

Des renforts arrivent aux fédérés : à l'aile droite par Billancourt et par Montrouge, à l'aile gauche qui, jusqu'à présent, a été la moins engagée.

A deux heures et demie des batteries descendent de Meudon et opèrent un mouvement tournant, en se soutenant d'une pluie de mitraille ; les fédérés se déploient à droite d'Issy et ouvrent sur les colonnes avancées de Versailles un feu terrible d'artillerie et une vive fusillade.

Mais ils sont obligés d'abandonner leur position, accablés par Meudon, Clamart et Châtillon ; ils se retirent pour la troisième fois à l'abri des forts.

Meudon ralentit cependant son tir, Issy en profite pour lancer ses projectiles sur une colonne de l'armée de Versailles, qui continue malgré cela son mouvement de flanc et finit par rejoindre les troupes occupant le plateau de Châtillon.

A trois heures, grâce à cette manœuvre, l'armée de Versailles est parvenue à avancer sa ligne de bataille; les canons de Meudon, de Clamart et de Châtillon protègent l'établissement de nouvelles batteries plus en avant dans la vallée.

Les fédérés ont essuyé des pertes considérables; il n'y a pas assez de voitures d'ambulance pour transporter les blessés, beaucoup gisent sur le terrain sans pouvoir être pansés. Il manque des chirurgiens.

Les troupes de Versailles ne sont pas sans avoir éprouvé des pertes très-sensibles :

Parmi les officiers de l'armée de Versailles blessés dans les combats du 3 et du 4, on cite M. de Dumast, atteint de deux éclats d'obus à la hanche. Lesur, capitaine d'artillerie, frappé de deux balles dans la poitrine, a succombé à ses blessures.

Dix officiers supérieurs ont été blessés plus ou moins grièvement.

L'hôpital militaire de Versailles a reçu 120 blessés. Dans ce nombre se trouvent 40 gardes nationaux. Les gardes nationaux prisonniers à Versailles sont fort maltraités.

Pendant que les combats meurtriers que nous venons de raconter avaient lieu, le citoyen Duval, commandant du centre de l'armée de la Commune, à la tête d'un faible détachement de quinze cents à deux mille hommes, se battait à outrance contre les Versaillais, sans abandonner un pouce de terrain, marchant même en avant, au lieu de reculer, afin de reconquérir le plateau de Châtillon et de reprendre la redoute. Mais il fut bientôt isolé au milieu de la retraite générale de son corps d'armée, entouré par plusieurs milliers de Versaillais et fait prisonnier avec sa troupe.

Le général Vinoy, un des colonels complices du guet-apens du Deux-decembre 1851, qui avait gagné ses épaulettes de général en faisant massacrer les défenseurs de la Constitution et de la République, commandait en chef les troupes qui s'étaient emparées du général Duval et de ses soldats.

L'ancien sicaire impérial, aujourd'hui au service de la République, qu'il avait aidé à détruire en 1851, accourut à cheval au devant des prisonniers faits à l'armée de la Commune.

"Il y a parmi vous," dit-il, "un monsieur qui se fait appeler le général Duval, où est-il ?"

"Me voici," dit Duval, qui sortit des rangs en même temps que deux chefs de bataillons, qui avaient aussi été interpellés.

"Si vous m'aviez fait prisonnier," dit le général impérialiste, "m'auriez-vous fait fusiller ?"

"Sans hésiter!" répondit énergiquement le courageux Duval.

"Conduisez ces prisonniers dans ce champ et passez-les immédiatement par les armes," répliqua le féroce Vinoy, en désignant un terrain voisin.

L'intrépide Duval et ses deux héroïques compagnons s'avancèrent résolument sans sourciller dans le lieu désigné pour leur exécution, leur calme et leur sangfroid ne les abandonnèrent pas un seul instant. Ils ôtèrent eux-mêmes leurs tuniques, regardèrent fièrement leurs bourreaux, profondément émotionnés de tant de fermeté et de courage. Les trois héros stoïques, après avoir découvert leurs poitrines, donnèrent eux-mêmes le signal de leur exécution en criant d'une voix ferme, "Vive la Commune!" "Vive la République!"

Quatre-vingts malheureux gardes nationaux prisonniers furent encore massacrés avec eux par les troupes au service de la réaction royaliste et cléricale de Versailles.

La réponse si simple et si courageuse que Duval fit à Vinoy, lorsque ce dernier lui demanda s'il l'aurait fait fusiller, est admirable. Ces deux mots : " sans hésiter!" si simples, si laconiques et si énergiques sont le sublime de l'expression, de la pensée, du courage, de l'audace et de l'héroïsme.

Cette réplique lacédémonienne est digne de Léonidas et vaut le "qu'il mourût!" du vieil Horace.

Vinoy, le soldat stupide, abruti depuis 1851 par les massacres dont il s'est rendu coupable, n'eut pas même conscience de la nouvelle infamie qu'il avait commise en ordonnant de fusiller ses prisonniers. Il ne vit pas même, ce grand coupable, aveuglé par le crime, qu'en assassinant Duval il tuait un héros.

CHAPITRE III.

LA POLITIQUE DE LA COMMUNE.

La guerre terrible que la Commune de Paris soutenait contre l'armée de Versailles ne lui empêchait pas de continuer son œuvre de réformes philosophiques, politiques et sociales. Comme la Convention nationale elle était à la fois le soldat et le législateur de la Révolution. Elle défendait cette dernière à coups de canons et à coups de décrets.

Plusieurs de ses membres ayant donné leur démission, la Commune a rendu le décret suivant :

"Les électeurs des 1er, 2e, 6e, 8e, 9e, 12e, 16e, 17e, 18e et 19e arrondissement, sont convoqués pour le mercredi prochain, 3 avril, à l'effet d'élire le nombre de membres dont suit le détail."

La Commune, considérant que les pouvoirs militaires considérables donnés à un seul homme ont toujours été un grand danger pour les libertés publiques, a rendu le décret suivant :

" 1. Le titre et les fonctions de général en chef sont supprimés ;

" 2. Le citoyen Brunet est mis en disponibilité ;

" 3. Le citoyen Eudes est délégué à la guerre, Bergeret à l'état-major de la garde nationale, Duval au commandement militaire de l'ex-préfecture de police.

"La commission exécutive.
(*Suivent les signatures.*)

" Paris, le 1 avril 1871."

Voulant aussi mettre un terme aux abus et aux charges occasionnés par les gros traitements, la Commune a rendu un autre décret tout aussi sage que le précédent. Le voici :

" La Commune de Paris,

" Considérant que, jusqu'à ce jour, les emplois supérieurs des services publics, par les appointements élevés qui leur ont été attribués, ont été recherchés et accordés comme places de faveur ;

" Considérant que dans une république réellement démocratique, il ne peut y avoir ni sinécure ni exagération de traitement ;

" Décrète :

" *Article unique.*—Le maximum de traitement des employés aux divers services communaux est fixé à six mille francs par an.

"La Commune de Paris.

" Hôtel-de-Ville, 2 avril 1871."

Afin d'améliorer autant qu'il était possible la situation du travail et de l'industrie, la Commission de travail et d'échange a pris l'arrêté suivant :

" *Article unique.*—Une sous-commission composée des citoyens Bertin, Lévy Lazare, Minet et Rouveyrolles est nommée à l'effet de présenter, dans le plus bref délai, un état détaillé des travaux de construction et de réparation inachevés, et de présenter, s'il y a lieu, un projet relatif à l'achèvement de ces travaux par la Commune de Paris."

(*Suivent les signatures.*)
" Hôtel-de-Ville, 1 avril 1871."

Pour assurer le recouvrement des contributions provisoirement nécessaires à l'entretien et à la solde de la garde nationale, les délégués aux finances ont pris l'arrêté dont la teneur suit :

"Les citoyens Simon, Langlois, Delamarche, Champeval et Lefranc sont nommés membres d'une commission de réorganisation et de direction du service de l'octroi. Ils agiront de concert avec le citoyen Volpénile, directeur général, nommé par nous, et prendront ensemble telles mesures qu'ils jugeront nécessaires dans l'intérêt financier de la Commune de Paris.

" Les membres de la Commune de Paris,
délégués aux finances,
" VARLIN, D.-TH. RÉGÈRE."

La Commune se consacra tout d'abord, comme on l'a vu, aux besoins de l'administration : les finances, le travail, l'industrie, l'échange, les impôts, les secours publics, les échéances des effets de commerce, les loyers, les moyens de défense, l'organisation et l'armement de la garde nationale, etc., absorbèrent toutes ses premières séances.

Malheureusement les violences, les cruautés, les férocités, les atrocités commises par les troupes et par le gouvernement de Versailles forcèrent la Commune de sortir de cette voie sage et modérée pour entrer, bien malgré elle et pour sa sécurité personnelle, dans celle des représailles.

Nous l'avons déjà dit, les hordes policières au service de Versailles, ses bandes grossières, corrompues et fanatiques, se rendaient journellement coupables des plus grandes cruautés envers les malheureux gardes nationaux qu'elles faisaient prisonniers ; elles les massacraient sans pitié au mépris de toutes les lois de la guerre ou les outrageaient de la manière la plus inhumaine et la plus barbare.

A leur arrivée à Versailles les malheureux gardes nationaux étaient maltraités de la manière la plus abominable. Le correspondant de l'*Indépendance Belge*, qui en a été témoin et qui ne peut être suspecté de bienveillance pour les prisonniers communaux, a été tellement indigné des scènes repoussantes et inhumaines dont il a été témoin qu'il n'a pu dissimuler sa réprobation :

"Je suis revenu à temps à Versailles," dit-il, "pour voir les entrées des prisonniers. J'ai pu constater avec regret l'attitude exaltée de la foule. Non-seulement elle voulait qu'on mît à mort tous les prisonniers, mais encore elle leur lançait elle-même des pierres. Quant aux spectateurs plus calmes, ils devaient retenir avec soin toute l'expression de la pitié, ne faire aucun appel au respect de la loi et de l'humanité, sous peine de devenir victimes eux-mêmes des fureurs populaires. Des spectateurs ont été maltraités et arrêtés pour avoir eu l'imprudence de manifester un sentiment de pitié.

"Les femmes surtout étaient ignobles, odieuses ; c'était à faire lever le cœur de dégoût."

Voici une autre correspondance sur le même sujet, et qui exprime la même horreur pour la conduite des Versaillais :

"*Aux Membres de la Commune de Paris.*

"Paris, le 5 avril 1871.

"J'arrive de Versailles encore tout ému et profondément indigné des faits horribles que j'ai vus de mes propres yeux.

"Les prisonniers sont reçus à Versailles d'une manière atroce. Ils sont frappés sans pitié. J'en ai vu sanglants, les oreilles arrachées, le visage et le cou déchirés comme par des griffes de bêtes féroces. J'ai vu le colonel Henry en cet état, et je dois ajouter à son honneur et à sa gloire que, méprisant cette bande de barbares, il est passé fier et calme, marchant stoïquement à la mort.

"Une cour prévotale fonctionne sous les regards du gouvernement. C'est dire que la mort fauche nos concitoyens faits prisonniers.

"Les caves où on les jette sont d'affreux bouges, confiés aux bons soins des gendarmes.

"J'ai cru de mon devoir de bon citoyen de vous faire part de ces cruautés, dont le souvenir seul provoquera encore longtemps mon indignation.

"BARRÈRE."

Le citoyen Barrère est le parent du Girondin de ce nom. Le citoyen Leroux, commandant du 84e bataillon de la garde nationale, a certifié la lettre qui précède conforme à la vérité.

Eh bien, qui le croirait, ces atrocités épouvantables faites pour apitoyer les plus insensibles n'ont inspiré à M. Picard que les odieuses et cruelles paroles suivantes.

"Jamais," dit-il, en parlant des malheureux prisonniers qu'insultait la foule, "la basse démagogie n'avait offert aux regards affligés des honnêtes gens des figures plus ignobles."

Eh bien, ces hommes à figures ignobles étaient les électeurs dont M. Picard avait mendié les voix.

Un autre témoin de faits à peu près semblables raconte dans l'*Indépendance Belge :*

"Les soldats couvraient les prisonniers d'injures et de malédictions. L'un d'eux arrêté en uniforme de soldat de la ligne fut frappé à coups de crosses de fusils.

"Trois furent fusillés sommairement par les soldats.

"Même les plus gravement blessés n'obtinrent aucune espèce d'indulgence, mais furent raillés sans pitié. L'animosité n'aurait pu être plus vive.

"La gendarmerie se montra la moins accessible à la pitié. J'entendis l'un de ses hommes dire qu'il n'était pas besoin de chercher des cordes pour lier les prisonniers, car à la moindre tentative de fuite on les fusillerait.

"Un autre assurait que les officiers supérieurs seraient fusillés en tout cas."

Voici une abominable exécution racontée par le *Mot d'Ordre :*

"Vers neuf heures du matin dix-huit gardes nationaux, montés sur deux bateaux, traversent la Seine de Reuil à Chatou, et vont déjeûner chez le marchand de vin. A dix heures, quinze d'entre eux remontent dans les deux bateaux et retournent à Reuil. Le capitaine, un sergent et un garde de la 4me compagnie restent seuls à achever leur déjeûner.

"Le marquis de Galifet, à la tête de cinq ou six cents cavaliers, parmi lesquels il y avait beaucoup de gendarmes, est informé par un misérable dénonciateur de la présence des trois gardes nationaux, qui sont restés chez le marchand de vin. Il s'y rend aussitôt, s'empare des trois imprudents et les fait immédiatement fusiller route de Saint-Germain."

C'étaient trois pères de familles qui sont morts en songeants à leurs malheureuses femmes et à leurs pauvres petits enfants, qui restaient sans appui, sans soutien et sans pain, plongés dans la misère.

Leur bourreau, le marquis de Galifet, songeait, lui, aux débauches qu'il pourrait bientôt faire dans la capitale où il espérait rentrer; et en attendant il savourait les voluptés des sanglantes orgies auxquelles il se livrait.

Les soldats du gouvernement de Versailles ne respectaient rien, pas même les ambulances, ni le corps médical chargé du soin des blessés sur le champ de bataille. Ils faisaient aux défenseurs de la Commune une guerre de sauvages.

Voici une lettre, adressée au journal *La Commune*, qui le prouve d'une manière irréfutable :

"Citoyen rédacteur,

"Nous tenons à porter à la connaissance des honnêtes gens un fait inouï, accompli par les artilleurs du Mont Valérien, dans la journée du 3 avril.

Une vingtaine de médecins portant le brassard réglementaire, accompagnés de sept voitures de la société internationale, pourvues du drapeau blanc à la croix rouge de la Convention de Genève, ont été pris pour point de mire, et sans un pli de terrain, où ils ont pu s'abriter, médecins et blessés auraient été atteints par les obus, etc. . . . .

" Le médecin en chef de l'Hôtel-de-Ville :

" Dr. Herzfeld.

" Le médecin adjoint :

" Dr. Claude."

Ce que les Prussiens n'avaient pas fait pendant le siége de Paris, les soldats français au service de la réaction royaliste et cléricale s'en sont rendus coupables. Ils ont bombardé les voitures des ambulances.

Cela ne s'était jamais vu. Mais aucune infamie ne doit étonner de la part de gens qui ont violé, ainsi que nous le prouverons plus loin, d'honnêtes et malheureuses ambulancières, de respectables femmes qui se dévouaient et s'exposaient à la mort pour soigner les blessés.

Pendant que ces scènes horribles, dignes des hordes sauvages, s'accomplissent, le gouvernement de Versailles, qui trouve que les cours martiales ne frappent pas encore avec assez de rapidité et que le sang français ne coule pas assez vite, ni assez abondamment, a présenté un projet de loi à l'Assemblée destiné à accélérer la marche de la procédure devant les tribunaux militaires appelés à juger les gardes nationaux prisonniers. L'urgence a été votée ; quoi en effet de plus urgent pour les Versaillais que de fusiller leurs concitoyens ?

Mais ce n'est pas assez pour les bêtes féroces de Versailles de massacrer et de fusiller les prisonniers ; pour elles les vertus sont des crimes ; l'éxercice de l'hospitalité, respecté même chez les peuplades barbares, est puni comme le plus grand des forfaits par ces foux furieux, qui ont la sanglante monomanie du carnage.

M. Baratte, paisible habitant de Courbevoie, demeurant route de Saint-Germain, avait recueilli chez lui deux gardes nationaux blessés. Cinq sergents de ville s'en étant aperçu, ont non-seulement fusillé les malheureux malades, mais encore impitoyablement massacré non-seulement M. Baratte, mais encore sa femme et ses deux demoiselles, après avoir fait subir à ces deux dernières les plus honteux outrages sous les yeux de leur père et de leur mère garottés, qui se tordaient dans les angoisses du désespoir.

Voilà de quels crimes sans nom et sans exemple se sont souillés les défenseurs de l'ordre, du trône et de l'autel ; les soutiens de la famille, de la religion, de la propriété et de la société toute entière.

Nous pourrions citer des milliers d'autres cruautés

infâmes, raconter le viol et l'assassinat des ambulancières et des cantinières, le massacre de centaines de prisonniers de la façon la plus atroce ; des horreurs si épouvantables que seuls les soldats de Versailles, les reîtres de l'Empire échappés des prisons de l'Allemagne et les chouans fanatiques de Charette en étaient capables ; mais nous ne voulons pas affliger trop douloureusement nos lecteurs par le récit de ces carnages repoussants. Les exemples que nous avons cités suffisent pour donner une idée exacte de la férocité et de la luxure des sauveurs de l'ordre.

Toutes ces exécutions sommaires faites au mépris non-seulement des lois de la guerre, mais encore en violation outrageante de tout sentiment d'humanité ; toutes ces atrocités bien faites pour soulever la conscience et pour inspirer non-seulement la plus vive réprobation et la plus grande horreur, mais encore le désir de justes représailles, forcèrent la Commune à chercher un moyen de préserver ses défenseurs, les gardes nationaux de Paris, des massacres, des fusillades et des assassinats auxquels ils étaient exposés lorsqu'ils étaient faits prisonniers.

La Commune hésita longtemps, avant d'entrer dans cette voie de représailles malheureusement trop justifiées, car elle répugnait par instinct, et par un sentiment élevé du respect de la vie humaine, à employer les seuls moyens qui étaient en son pouvoir pour mettre un terme, si c'était possible, aux sanglantes et odieuses exécutions des sicaires versaillais, qui versaient le sang de leurs compatriotes, les gardes nationaux de Paris, comme de l'eau.

Il y avait déjà près d'une semaine que les gendarmes de Versailles avaient traîné à la queue de leurs chevaux et massacré les malheureux fédérés qu'ils avaient fait prisonniers; il y avait déjà plusieurs jours que les horreurs que nous avons racontées avaient eu lieu, que Flourens, Duval et tous leurs courageux compagnons avaient été lâchement assassinés, quand la Commune se décida à voter la loi des otages qui lui a tant été reprochée; et qui cependant est bien douce et bien équitable à côté de celle sur les cours martiales que M. Dufaure, ministre de la sanglante justice de Versailles, trouvait trop douce et surtout trop peu expéditive.

La loi sur les otages est en effet bien modérée et bien équitable à côté des pratiques barbares des lyncheurs de Versailles, qui mettaient journellement à mort leurs prisonniers, sans même leur accorder la garantie du jugement sommaire que le terrible justicier américain Lynch ne refusait pas aux plus grands criminels.

Vinoy et Galifet, ces bourreaux sinistres, plus chargés de crimes qu'ils n'ont de cheveux, ne faisaient pas même interroger leurs victimes. Ils les faisaient mettre à mort sans les connaître, parce qu'elles avaient eu le malheur d'attirer leurs regards, de fixer leur attention ou de leur déplaire. Ils faisaient un signe à leurs bravi et ces misérables se précipitaient sur les malheureux innocents désignés à leurs coups, ils les poussaient contre un mur et les fusillaient sans pitié ; les femmes elles-mêmes ne trouvaient pas grâce devant ces féroces janissaires, qui les violaient d'abord et les massacraient ensuite.

Voici la loi sur les otages ; qu'on la lise avec soin et l'on conviendra qu'elle est bien humaine comparée aux crimes dont elle a pour but d'empêcher la continuation.

" La Commune de Paris,

" Considérant que le gouvernement de Versailles foule ouvertement aux pieds les droits de l'humanité comme ceux de la guerre ; qu'il s'est rendu coupable d'horreurs dont ne se sont même pas souillés les envahisseurs du sol français ;

" Considérant que les représentants de la Commune de Paris ont le devoir impérieux de défendre l'honneur et la vie des deux millions d'habitants qui ont remis entre leurs mains le soin de leurs destinées; qu'il importe de prendre sur l'heure toutes les mesures nécessitées par la situation ;

" Considérant que des hommes politiques et des magistrats de la cité doivent concilier le salut commun avec le respect des libertés publiques ;

" Décrète :

" Art. 1. Toute personne prévenue de complicité avec le gouvernement de Versailles sera immédiatement décrétée d'accusation et incarcérée.

" Art. 2. Un jury d'accusation sera institué dans les vingt-quatre heures pour connaître des crimes qui lui seront déférés.

" Art. 3. Le jury statuera dans les quarante-huit heures.

" Art. 4. Tous les accusés retenus par le verdict du jury d'accusation seront les otages du peuple de Paris.

" Art. 5. Toute exécution d'un prisonnier de guerre ou d'un partisan du gouvernement régulier de la Commune de Paris sera sur-le-champ suivie de l'exécution d'un nombre triple des otages retenus en vertu de l'article 4, et qui seront désignés par le sort.

" Art. 6. Tout prisonnier de guerre sera traduit devant le jury d'accusation, qui décidera s'il sera immédiatement remis en liberté ou retenu comme otage."

Si on examine froidement l'esprit de cette loi, on voit tout d'abord qu'elle s'applique à des complices du gouvernement de Versailles, c'est-à-dire à des espions, à des traîtres, et non pas à des prisonniers de guerre. Jamais il n'est entré dans l'esprit des membres de la Commune d'appliquer cette loi à des soldats faits prisonniers. L'article 1 dit que tous les prévenus de complicité avec Versailles seront traduits devant le jury d'accusation, qui décidera s'ils seront immédiatement remis en liberté ou retenu comme otages. Or, il est certain que les soldats proprement dits, ceux qui n'ont trempé dans aucune trahison et dans aucun massacre, seront mis en liberté. On sait avec quelle bonté et quels égards la Commune traitait les prisonniers de guerre appartenant à l'armée régulière. Si des gendarmes, des sergents de ville faits prisonniers ont été déclarés otages, ce n'est pas en leur qualité de prisonniers militaires, mais à cause de leurs fonctions policières, de leurs actes comme membres de la police au service de l'ennemi. Le gouvernement de Versailles, en enrôlant dans son armée tout le personnel de la police, l'a exposé à de justes représailles, cent fois justifiées par la conduite infâme de tous les corps policiers, non-seulement depuis le Dix-huit mars, mais depuis le Deux-décembre 1851.

L'article 2 du décret sur les otages institue un jury d'accusation devant lequel seront traduits les accusés de complicité avec Versailles ; et par une autre loi il a été statué que ce jury d'accusation serait tiré au sort parmi les délégués de la garde nationale.

Ordinairement en temps de guerre on ne fait pas

juger les complices de l'ennemi par un jury, mais on les défère à une cour martiale ou on les traite comme espions. C'est donc une grande garantie pour eux que d'être traduits devant un jury composé d'honorables citoyens élus par le suffrage universel. Les gardes nationaux, prisonniers de guerre à Versailles, s'estimeraient très-heureux si on leur offrait de pareilles garanties juridiques. Mais malheureusement le gouvernement réactionnaire de Versailles les traduit par fournées devant ses conseils de guerre, soumis à l'obéissance passive, qui les condamnent sans pitié à mort ou aux travaux forcés, conformément aux consignes qui leur sont données.

D'après la loi sur les otages, lorsqu'un prévenu de complicité avec l'ennemi était reconnu coupable par le jury d'accusation, il n'était condamné ni à mort, ni aux travaux forcés, ni même à l'emprisonnement, ni à aucune peine. Il était seulement retenu en prison jusqu'à la paix, comme prisonnier de guerre, et il n'était soumis aux dangers de la loi des otages que dans le cas où ses alliés, ses partisans, les défenseurs du gouvernement de Versailles, commettaient contre les prisonniers de la Commune de nouvelles cruautés contraires aux lois de la guerre.

Il dépendait donc du gouvernement de Versailles et des chefs militaires que les rigueurs de cette loi ne soient jamais appliquées. Il suffisait pour cela de ne pas assassiner les prisonniers qu'ils feraient à la garde nationale et de les traiter conformément aux lois de la guerre. Etait-ce donc trop exiger ?

Cette loi des otages était donc juste au fond, puisqu'elle ne s'appliquait qu'à des complices du gouvernement de Versailles, reconnus et déclarés coupables par un jury offrant toutes les garanties d'honorabilité, d'impartialité et d'indépendance. Toutes les garanties, toutes les facilités et toutes les libertés de défense étaient accordées.

Cette loi était même très-humaine, car elle assurait la vie sauve à tous les complices de l'ennemi, aux traîtres et aux espions. Ils ne pouvaient être au plus soumis qu'à un emprisonnement temporaire qui ne pourrait être bien long, car il ne se serait certainement pas prolongé au delà de la guerre.

Cette mesure exceptionnelle, nécessitée par les circonstances, et que les cruautés des soldats du gouvernement de Versailles avaient rendue indispensable, avait été inspirée par le désir ardent qu'avaient les membres de la Commune de faire cesser les massacres impitoyables auxquels se livraient ses ennemis.

Il dépendait donc des prétendus défenseurs de l'ordre de faire qu'à l'avenir pas une goutte de sang d'un prisonnier de guerre et même d'un espion ne soit versée. Il lui suffisait pour cela de respecter les lois de la guerre, et de traiter les prisonniers de la Commune avec autant d'humanité que cette dernière en avait pour ceux qu'elle lui avait faits.

Quel est l'homme sérieux, consciencieux et véritablement honnête qui, tenant compte des circonstances terribles dans lesquelles se trouvait la Commune par la faute et les crimes du gouvernement de Versailles, oserait blâmer la mesure prise par les défenseurs de Paris.

Nous savons bien qu'au point de vue des principes de droit absolu, représentés par la Commune, que la vie humaine devait être sacrée pour elle. Mais nous faisons observer à la décharge du gouvernement de l'Hôtel-de-Ville qu'il était en guerre, forcé de se défendre, de lutter à armes égales; qu'il avait le devoir absolu d'employer tous les moyens compatibles avec le droit des gens pour sauvegarder la vie des gardes nationaux, honnêtes citoyens et pères de famille, et qu'il ne pouvait sous aucun prétexte les laisser massacrer impunément lorsqu'ils étaient prisonniers. Si l'inviolabilité de la vie humaine est un principe philosophique admis par quelques-uns et contesté par d'autres, il n'est personne au monde qui puisse nier le droit absolu d'égalité et de réciprocité qui doit toujours exister entre deux combattants. Or, ce principe de justice absolu reconnu, on ne peut admettre que l'un des adversaires ait le droit de fusiller les prisonniers qu'il fait et que l'autre doit respecter les siens.

La seule raison ayant une valeur réelle, que l'on puisse invoquer contre la loi des otages, est la suivante : On peut dire que nul n'est responsable que de ses actes, que les délits et les crimes sont personnels. Il est donc injuste de faire expier à des otages des crimes auxquels ils sont étrangers, et auxquels ils n'ont pu contribuer en rien parce qu'ils étaient prisonniers lorsqu'ils ont été commis.

C'est là une raison sérieuse ; nous sommes trop équitable pour ne pas la mentionner ici et la reconnaître.

Aussi, nous n'aurions pas voté la loi des otages, si nous avions été membre de la Commune quand elle a été faite, sans proposer un amendement, dans lequel il aurait été dit : Que cette loi n'aurait pas d'effet rétroactif pour les otages qui étaient en prison quand les crimes à punir ont été commis.

Ceux qui auraient été arrêtés après la perpétration des crimes à punir, auraient été admis à prouver devant le jury qu'ils y étaient complètement étrangers, qu'ils n'y avaient participé en rien, et dans ce cas ils auraient été mis en liberté et simplement consignés dans Paris jusqu'à la paix.

Nous croyons que sous aucun prétexte on ne doit jamais se départir dans la pratique de la justice des grands principes du droit immuable, qui doit être la base des actes de tout honnête homme aussi bien que de tout ordre social. Et nous sommes heureux, quoiqu'en puissent penser et dire nos ennemis, de n'avoir jamais violé ces principes, qui ont toujours servi de règle à notre conduite.

Voici la proclamation de la Commune qui a précédé la promulgation de son décret sur les otages :

" Chaque jour les bandits de Versailles massacrent ou fusillent nos prisonniers, et à chaque instant nous apprenons qu'un acte d'assassinat a été commis. Vous connaissez ceux qui se rendent coupables de ces crimes : ce sont les gendarmes de l'Empire, les royalistes de Charette et de Cathelineau, qui marchent sur Paris, au cri de 'Vive le roi !' et le drapeau blanc à leur tête. Le gouvernement de Versailles agit contre les droits de la guerre et de l'humanité, et nous serons forcés de faire des représailles si on continue de méconnaître les usages ordinaires de la guerre entre peuples civilisés. Si nos ennemis assassinent un seul de nos soldats, nous y répondrons en faisant exécuter un nombre égal ou double de prisonniers. Le peuple, même dans sa colère, déteste l'effusion du sang comme il déteste la guerre civile ; mais il est de son devoir de se protéger contre les sauvages attentats de ses ennemis, et quoi qu'il en puisse coûter, ce sera œil pour œil, dent pour dent.

"Signé : LA COMMUNE DE PARIS."

Les assassinats de Flourens, de Duval, de plusieurs

commandants de la garde nationale, et d'un grand nombre de simples gardes, ceux des cantinières et des ambulancières soumises avant aux derniers outrages par les bandits de Versailles, et toutes les autres horreurs commises par ces derniers, devaient logiquement provoquer des représailles et pousser la Commune dans la voie des mesures rigoureuses.

Le 5 avril, l'archevêque de Paris et M. Daguerry, curé de la Madeleine, ont été arrêtés sous l'inculpation de complot contre la République, de complicité avec Versailles.

M. Isard, supérieur du séminaire de Saint-Sulpice ; M. Bertans, curé de Saint-Sulpice ; le curé de Saint-Séverin ; l'aumonier-général des prisons ; le recteur de Notre-Dame de Lorette ; M. Blondeau, curé de Notre-Dame de Plaisance ; M. Croses, aumonier de la prison de la Roquette ; M. Ducoudray, recteur de l'Ecole Sainte-Geneviève ; M. Bertaux, curé de Saint-Pierre de Montmartre ; le père Bosquet, supérieur, et onze autres pères et un frère de la Congrégation de Picpus ; M. Bagle, vicaire-général ; Miguel, premier vicaire de Saint-Philippe du Roule ; le frère Calixte, de la Doctrine Chrétienne ; Lurtèque, curé de Saint-Leu ; Millaud, curé de Saint-Roch ; Geslain, curé de Saint-Médard ; Sire, professeur à Saint-Sulpice, le vicaire de Saint-Bernard la Chapelle, etc., etc., ont aussi été incarcérés pour le même motif.

La Commune, en opérant ces arrestations d'ecclésiastiques, avait surtout l'intention d'arrêter le massacre des prisonniers parisiens par l'armée de Versailles. Elle espérait que M. Thiers ne voudrait pas exposer l'archevêque de Paris et les principaux ecclésiastiques de la capitale à de terribles représailles, et que ces arrestations suffiraient pour mettre un terme aux cruautés et aux barbaries du gouvernement de Versailles. Et les preuves que c'était bien là son intention, ce sont les deux lettres écrites à M. Thiers par l'archevêque de Paris et par le Curé de la Madeleine, afin de prier le chef du pouvoir exécutif de faire cesser le massacre des prisonniers et tous les mauvais traitements qui étaient exercés sur eux. Ce fut M. Bertaux, curé de Saint-Pierre de Montmartre, qui se chargea de porter ces deux lettres, en s'engageant par écrit à revenir apporter la réponse et se constituer prisonnier, sous trois jours. Ce qu'il fit en effet, en rapportant une réponse écrite de M. Thiers, dans laquelle le chef des bourreaux de Duval, de Flourens et de tant d'autres malheureux prisonniers massacrés d'une façon si barbare, niait effrontément tous les crimes de ses hordes de policiers assassins. Le bombardeur de Paris resta sourd aux supplications de l'archevêque et du Curé de la Madeleine, et, malgré leurs prières, il continua de faire massacrer les gardes nationaux prisonniers, ainsi que nous le verrons plus loin, et cela sans prendre en considération les dangers auxquels il exposait les otages de la Commune. A son retour, M. Bertaux fut mis en liberté.

La Commune avait aussi été obligée de prendre des mesures sévères contre la presse, ainsi que l'avait déjà fait le Comité Central de la garde nationale, en supprimant le *Figaro* et le *Gaulois* dès le 19 mars.

Tous les journaux réactionnaires de la capitale avaient non-seulement attaqué ouvertement et de la manière la plus indigne, à l'aide de mensonges, de grossières calomnies, d'injures et de diffamations, le Comité Central et la Commune, leurs membres et leurs actes, mais encore ils avaient prêché ouvertement la désobéissance à leurs décrets, et excité publiquement contre eux à la révolte et à la guerre civile.

Il était donc du devoir de la Commune et du Comité Central de prendre les mesures les plus énergiques, et de se défendre contre cette presse vénale et criminelle, aux gages de l'ennemi et qui était un véritable danger dans la situation critique où Paris se trouvait alors.

L'Europe entière connaît le rôle indigne que joue une partie de la presse française depuis vingt-deux ans. Elle a été pour le monde entier un objet de scandale et une honte pour la France.

La Commune avait le devoir, le droit et le pouvoir de la réprimer, et elle a très-bien fait de mettre un terme aux excès coupables de cette *presse soumise*, dégradée et vile, vivant depuis vingt ans sous la tolérance de la police, et qui n'est plus qu'une branche, qu'une succursale de la rue de Jérusalem.

En supprimant tous les organes immoraux défenseurs du gouvernement de Versailles, la Commune, en guerre avec ce dernier, ne faisait que se défendre, qu'user du droit de légitimes représailles. Elle ne pouvait raisonnablement tolérer que son ennemi ait des organes, des défenseurs, des partisans dévoués dans l'intérieur de Paris assiégé par Versailles. En agissant ainsi elle ne faisait du reste qu'user de réciprocité.

Le gouvernement de Versailles non-seulement ne tolérait la publication d'aucun journal favorable à la Commune, mais encore il faisait saisir tous les organes républicains-socialistes, dès qu'ils sortaient de Paris. Voici textuellement l'arrêté pris à ce sujet par M. Picard: "Ordre est donné de saisir tous les journaux expédiés de Paris, et d'en interdire la circulation." Tous étaient saisis, les journaux amis n'étaient pas même épargnés.

Mais déjà avant la guerre le gouvernement de la défense nationale avait fait supprimer six journaux populaires. Tous les organes honnêtes et modérés, qui se plaignaient d'être interdits, avaient applaudit pendant dix-huit ans à la suppression de la liberté de la presse. Ils étaient donc mal venus à se plaindre aujourd'hui.

Pendant que Versailles continuait de faire une

guerre à outrance, à Paris des représentants d'associations libres cherchaient à faire cesser les hostilités par leur intervention bienveillante.

Les délégués de la Ligue républicaine des droits de Paris, et ceux du Syndicat général de l'union nationale cherchaient à s'interposer entre les belligérants. L'Union républicaine des droits de Paris avait adopté le programme suivant :

" Reconnaissance de la République ;

" Reconnaissance du droit de Paris à se gouverner, à régler par un conseil librement élu et souverain dans la limite de ses attributions sa police, ses finances, son assistance publique, son enseignement, et l'exercice de la liberté de conscience ;

" Le garde de Paris exclusivement confiée à la garde nationale, composée de tous les électeurs valides.

" Amnistie pleine et entière pour tous les citoyens qui ont pris part à la Révolution du 18 mars et aux actes de la Commune.

" Et conclusion d'un armistice préalable pour traiter de ces conditions et de la paix définitive."

Les propositions formulées par le Syndicat général de l'union nationale étaient à peu près les mêmes que celles contenues dans le programme de l'Union des droits de Paris.

Les délégués de ces deux associations n'ont pu obtenir la faveur d'être reçus par M. Thiers qu'à la condition de ne pas se présenter au nom de la Commune, avec laquelle le chef du pouvoir exécutif, l'élu des départements soumis à l'occupation étrangère et au joug prussien, ne voulait pas entrer en pourparler, ne lui reconnaissant pas le droit des belligérants.

Les délégués ayant déclaré qu'ils n'avaient reçu aucun mandat de la Commune, et qu'ils se présentaient au nom d'une réunion de citoyens libres et indépendants de toutes relations avec le gouvernement de l'Hôtel-de-Ville, M. Thiers daigna les recevoir, et après avoir écouté l'exposé du but de leur mission il leur répondit :

" Que des négociations ayant un caractère officiel ne pourront être entamées que s'il était d'abord admis en principe que Paris déposerait les armes.

" Que pendant tout le temps qu'il sera au pouvoir la République ne sera pas renversée.

" Que Paris jouira des franchises municipales dans les mêmes conditions que les autres villes de France, conformément à la loi qui sera votée par l'assemblée de Versailles.

" Que Paris sera placé dans le droit commun, rien de plus, rien de moins.

" Que la garde nationale sera réorganisée, mais qu'il ne saurait lui confier exclusivement la garde de Paris, ni admettre en principe l'exclusion absolue de l'armée permanente.

" Que, ne reconnaissant point la qualité de belligérants aux personnes engagées dans la lutte contre l'Assemblée nationale, il ne peut ni ne veut traiter d'un armistice ; mais que, si les gardes nationaux de Paris ne tirent ni un coup de fusil, ni un coup de canon, les troupes de Versailles ne tireront ni un coup de fusil, ni un coup de canon, jusqu'au moment indéterminé où le pouvoir exécutif se résoudra à une action et commencera la guerre.

" Que tous ceux qui renonceront à la lutte armée, c'est-à-dire qui rentreront dans leurs foyers en quittant toute attitude hostile, seront à l'abri de toute recherche ; excepté ceux que M. Thiers appelle les assassins des généraux Lecomte et Clément Thomas, qui seront jugés si on les découvre."

Voici, d'après une circulaire de M. Thiers aux préfets, datée du 13 avril, quelle est la réponse qu'il à faite aux envoyés de l'Union des droits de Paris :

" Les délégués sont arrivés à Versailles. S'ils avaient été envoyés par la Commune, ils n'auraient pas été admis ; mais ils ont été reçus, parce que ce sont de sincères républicains de Paris. Je leur ai répondu invariablement : 'Personne ne menace la République, excepté les assassins. Les insurgés auront la vie sauve. Les ouvriers malheureux continueront à être provisoirement assistés. Paris doit revenir au droit commun. Toute sécession sera supprimée en France comme on a fait en Amérique.' Telle a été ma réponse."

On comprend que la réponse de M. Thiers n'offrait aucune chance de succès, car la garde nationale ne consentirait jamais à déposer les armes, pas plus qu'à accepter la loi municipale réactionnaire élaborée par l'assemblée de Versailles, et l'aumone insuffisante et humiliante que M. Thiers voulait bien dans sa munificence accorder aux ouvriers nécessiteux. Aussi la Commune refusa d'entrer en relation avec le gouvernement de Versailles, et fit interdire les réunions des comités conciliateurs.

La Commune, comprenant tous les inconvénients graves qui résultaient du secret de ses séances, se décida enfin à leur donner non pas une publicité complète, mais à publier le procès-verbal de chacune d'elles.

Dans sa séance du 12 avril la Commune a décidé la formation d'un conseil de guerre dans chaque légion de la garde nationale, et réduit le prix des passeports à 50 centimes.

Mais le décret de cette séance qui a produit la plus profonde sensation et qui a eu le plus grand retentissement est le suivant :

"La Commune de Paris,

"Considérant que la colonne impériale de la place Vendôme est un monument de barbarie, un symbole de force brutale et de fausse gloire, une affirmation du chauvinisme, une négation du droit international, une insulte permanente des vainqueurs aux vaincus, un attentat perpétuel à l'un des trois grands principes de la République française, la fraternité;

" Décrète:

" *Article unique.*—La colonne de la place Vendôme sera démolie.

"Paris, le 12 avril 1871."

Dire ce que l'adoption de ce décret a soulevé de haine et de colères contre la Commune serait difficile. Nous attachons peu d'importance à ces monuments consacrés à rappeler les souvenirs de fausse gloire et à flatter la gloriole nationale. Nous croyons qu'ils ne méritent que le mépris et le dédain. Mais c'est toujours une chose bonne, morale et utile que de les faire disparaître, afin qu'ils ne rappellent plus aux générations présentes et à celles de l'avenir les triomphes éphémères de la tyrannie et l'égorgement des peuples au profit de quelques bandits couronnés, qui appellent guerres glorieuses le pillage, l'incendie et la destruction des générations. Et parmi tous les monuments qui symbolisent ces époques de carnage en grand et de brigandage héroïque, nul ne méritait mieux que la colonne de la place Vendôme d'être jetée par terre. Ne fut-ce que pour faire disparaître et fouler aux pieds la statue du scélérat impérial drapé en César romain qui la surmontait, la Commune, en faisant disparaître ce souvenir du premier

Empire, maudit précurseur du second, a rendu un grand service à la France et à l'humanité.

Le lendemain la Commune ordonnait par un décret la formation de compagnies d'ambulanciers.

Une commission de cinq membres, les citoyens Theisz, Vermorel, V. Clément, Parisel et Lefrançais, est nommée pour examiner les différents projets relatifs à la question de l'ajournement des billets de commerce échus et à échoir, afin de faire un rapport sur ce sujet.

Le citoyen Tridon fait la proposition suivante, qui est adoptée :

"La Commune décide l'envoi de deux de ses membres aux funérailles de Pierre Leroux ; après avoir déclaré qu'elle rendait cet hommage non au philosophe partisan de l'idée mystique dont nous portons la peine aujourd'hui, mais à l'homme politique qui, le lendemain des journées de Juin, a pris courageusement la défense des vaincus."

Sur la proposition du citoyen Vermorel, la Commune adopte un projet de loi d'après lequel il est décidé que toute arrestation devra immédiatement être notifiée au délégué de la Commune à la justice.

Ce décret d'une grande utilité a permis au citoyen Protot de faire contrôler d'une façon sérieuse toutes les arrestations, et de faire immédiatement cesser la détention des citoyens arrêtés par erreur.

La lutte allant toujours en s'aggravant, la Commune crut utile de publier un nouveau manifeste adressé à la province, afin d'éclairer cette dernière sur son programme, de faire cesser tout malentendu s'il en existait, et d'adresser un dernier appel aux départements pour "qu'ils fassent cesser le sanglant conflit" qui désolait et dévastait la capitale. Mais, hélas! cet appel ne put parvenir dans les départements; le gouvernement de Versailles empêchait toute communication entre Paris et la province; il enserrait chaque jour davantage la capitale dans le cercle de fer et de feu qui l'entourait, afin que la province ne puisse être éclairée, tirée de son ignorance et de son apathie. Paris devait continuer seul contre Versailles la lutte à outrance qu'il soutenait.

Les grandes villes qui s'étaient soulevées à son exemple: Lyon, Marseille, Toulouse, Bordeaux, Avignon, Limoges, Grenoble, et jusqu'au Creuzot, et qui avaient voulu conquérir leur autonomie, proclamer la Commune, avaient été vaincues et placées sous le joug centralisateur du gouvernement de Versailles. Le manifeste de la Commune ne pouvait donc avoir d'effet en province.

Le 20 avril, la Commune arrête:

"1. Le pouvoir exécutif est et demeure confié, à titre provisoire, aux délégués réunis des neuf commissions, entre lesquelles la Commune a réparti les travaux et les attributions administratives;

" 2. Les délégués seront nommés par la Commune, à la majorité des voix ;

" 3. Les délégués se réuniront chaque jour, et prendront, à la majorité des voix, les décisions relatives à chacun de leurs départements ;

" 4. Chaque jour ils rendront compte à la Commune, en comité secret, des mesures arrêtées ou exécutées par eux, et la Commune statuera."

Les citoyens dont les noms suivent ont ensuite été nommés pour composer la Commission exécutive :

Guerre	Cluseret.
Finances	Jourde.
Subsistances	Viard.
Relations extérieures	Paschal Grousset.
Justice	Protot.
Enseignement	Vaillant.
Sûreté générale	R. Rigault.
Travail et échange	Frankel.
Services publics	Andrieux.

Cette nouvelle organisation de la Commission exécutive offrait un grand inconvénient que son auteur, homme politique d'une certaine expérience, aurait dû prévoir.

Les délégués aux divers services publics, ou si on aime mieux aux divers ministères, étaient tous chargés d'un travail administratif considérable qui absorbait tout leur temps et toutes leurs forces. En leur confiant en outre le pouvoir exécutif, c'était les accabler d'une nouvelle et trop importante mission qu'ils étaient impropres à remplir. Il leur était matériellement impossible de se réunir chaque jour pour délibérer comme membres de la Commission exécutive, afin d'imprimer une direction intelligente et énergique à la marche des affaires publiques : à la guerre, à l'armement et à la défense de Paris. Il leur était tout aussi impossible de surveiller efficacement la marche des évènements, car le temps et les forces leur manquaient pour cela, absorbés qu'ils étaient par leur travail administratif journalier.

Cette mauvaise organisation du pouvoir, dans un moment aussi difficile et où il y avait tant à faire, ne tarda pas à se faire sentir et à porter ses fruits. Il fallut la modifier, et c'est à elle que l'on doit le Comité de salut public, comme nous le verrons plus loin.

Il a été décidé par un vote, dans la séance du 21 avril, que le *Journal Officiel* serait affiché à un grand nombre d'exemplaires et que son prix serait réduit à 5 centimes. Mais, malgré ce vote, l'*Officiel* a continué à être vendu 15 centimes.

Dans la séance du 22 avril, la Commune a adopté un décret proposé par le citoyen Protot, délégué à la justice, sur le jury d'accusation. En voici les principales dispositions :

" Art. 1. Les jurés seront pris parmi les délégués de la garde nationale. . . . .

" Art. 2. Le jury d'accusation se composera de quatre sections, comprenant chacune douze jurés tirés au sort en séance publique de la Commune convoquée à cet effet. . . . L'accusé et la partie civile pourront seuls exercer le droit de récusation. . . . .

"Art. 5. L'accusé pourra faire citer même aux frais du trésor de la Commune tous témoins à décharge. Les débats seront publics. L'accusé choisira librement son défenseur même en dehors de la corporation des avocats. Il pourra proposer toute exception qu'il jugera utile à sa défense. . . .

"Art. 9. L'accusé ne sera déclaré coupable qu'à la majorité de huit voix sur douze. . . . ."

Ce décret très-libéral, et qui offre de sérieuses garanties aux accusés, a été adopté.

Les malheureux gardes nationaux de Paris, qui languissent depuis quatre mois dans les casemates et sur les pontons, seraient bien heureux si on voulait les traduire devant une jurisdiction aussi équitable.

Voici un autre décret proposé aussi par le délégué à la justice dans la séance du lendemain, et qui a été également adopté :

"Art. 1. Les huissiers, notaires, commissaires-priseurs et greffiers de tribunaux quelconques qui seront nommés à Paris à partir de ce jour, recevront un traitement fixe. Ils pourront être dispensés de fournir un cautionnement.

"Art. 2. Ils verseront tous les mois, entre les mains du délégué aux finances, les sommes par eux perçues pour les actes de leur compétence.

"Art. 3. Le délégué à la justice est chargé de l'exécution du présent décret."

Afin de donner une nouvelle garantie aux détenus préventivement, et d'empêcher la mise au secret des prisonniers et les actes arbitraires qui pourraient se commettre derrière les grilles des prisons, sur la proposition du citoyen Vallès, la Commune adopte le décret suivant :

"Tout membre de la Commune pourra visiter les prisons, et tous les établissements publics, civils et militaires."

Pendant la séance du 26 avril il s'est produit un incident des plus émouvants. Des délégués de la Maçonnerie ont fait savoir à la Commune qu'un nombre considérable de leurs frères désiraient être reçus par elle dans un intérêt d'humanité. Les membres de la Commune se sont empressés de déférer à cette requête, et les Francs-maçons ont été immédiatement reçus par eux dans la cour d'honneur.

Plusieurs milliers de vénérables frères-maçons revêtus de tous leurs insignes ont été introduits. Ils venaient déclarer à la Commune qu'ils voulaient essayer encore d'un dernier moyen de conciliation avec le gouvernement de Versailles, qu'ils allaient planter leurs bannières de paix sur les remparts, marcher au devant de l'armée versaillaise pour conjurer leurs frères qui étaient dans ses rangs de cesser une guerre fratricide. Si leurs supplications n'étaient pas entendues, si leur intervention était repoussée et si une seule balle des soldats de Versailles trouait leurs étendards de paix, tous les frères-maçons s'enrôleraient dans les rangs de la garde nationale quel que soit leur âge, et tous marcheraient d'un même élan contre l'ennemi commun.

Les Francs-maçons, à la tête desquels marche une députation de cinq membres de la Commune, quittent alors l'Hôtel-de-Ville, se dirigent vers la place de la Bastille et suivent ensuite la ligne des grands boulevards jusqu'à l'avenue de la Grande Armée.

Plus de 15 mille Francs-maçons en tenue, décorés de leurs insignes, portant toutes leurs bannières, font partie du cortége, auquel se sont joints presque tous les membres de la Commune et 40 ou 50 mille citoyens. Partout cette manifestation est accueillie par les plus vives sympathies et le plus grand enthousiasme.

Arrivé à l'arc de triomphe de l'Etoile, le cortége de paix est accueilli par une pluie de bombes, une grêle d'obus, que leur envoient les bandits sauvages et cruels, à la solde du gouvernement des traîtres, qui ont livré la France à l'étranger et qui veulent régner encore sur les ruines de Paris.

Un immense cri de " Vive la Commune ! Vive la République universelle !" accueille ce nouvel acte de férocité accompli par les barbares sous les ordres de Mac-Mahon." La colonne s'arrête. Quelques citoyens sont blessés. Les vénérables des loges maçonniques s'avancent seuls sur les remparts, où ils vont planter leurs bannières, symboles de paix, sous le feu de l'ennemi. Quelques-uns sont blessés. Quelques étendards sont troués par les balles ; l'un d'eux à sa hampe brisée.

La bannière blanche de Vincennes, sur laquelle on lit: "*Aimons-nous les uns les autres,*" flotte au vent. Sans doute que les sicaires versaillais lurent avec une longue-vue son admirable et fraternelle légende, car le feu fut suspendu et les projectiles cessèrent de tomber.

Quarante délégués environ s'avancèrent alors sur la route de Neuilly vers la barricade de Courbevoie, gardée par des gendarmes. Le général Leclerc les reçut en avant du pont et les conduisit auprès du général Montandon, commandant supérieur de la division qui occupait Courbevoie.

Cet officier supérieur, Franc-maçon lui-même, accueillit les délégués avec courtoisie, et il les engagea à envoyer trois d'entre eux en députation auprès de M. Thiers ; ce qui fut fait.

Le bombardeur de Paris fit l'accueil le plus dur et le plus glacial aux hommes dévoués et humains qui avaient bravé ses bombes et ses obus pour arrêter l'effusion du sang, et mettre un terme au fratricide qui ensanglantait la France.

"On ne traite pas avec des rebelles," répéta-t-il ;

"que les Parisiens déposent les armes ; nous garantissons la vie sauve à ceux qui le feront; seuls les assassins des généraux Lecomte et Clément Thomas seront exceptés de cette mesure de clémence." Après cette déclaration hautaine il congédia sèchement les envoyés.

Le lendemain, quand Paris apprit quelle réception inconvenante et hautaine avait été faite aux envoyés de la Maçonnerie, il en fut indigné.

Sur la proposition du citoyen Léo Meillet la Commune de Paris, dans sa séance du 27 avril, a adopté le décret suivant :

"La Commune de Paris,

"Attendu que l'église Bréa, élevée à la mémoire du général de ce nom, un des assassins des combattants de juin 1848, est une insulte permanente aux vaincus de juin qui sont tombés en défendant la cause du peuple,

"Décrète :

"Art. 1. L'église Bréa sera démolie.

"Art. 2. L'emplacement de cette église s'appellera place de Juin.

"Art. 3. La municipalité du 13me arrondissement est chargée de l'exécution du présent décret."

Le citoyen Vésinier, croyant juste de s'occuper de la victime en même temps que du bourreau, propose les articles additionnels suivants :

" Art. 4. La Commune déclare en outre qu'elle amnistie le citoyen Nourry, détenu depuis 22 ans à Cayenne à la suite de l'exécution du traître Bréa. Elle le fera mettre en liberté le plus tôt possible.

" Art. 5. Elle accorde à sa mère la veuve Nourry, qui pleure son fils depuis 22 ans, la pension à laquelle ont droit les épouses des gardes nationaux morts en combattant."

Ce décrèt ainsi amendé est adopté.

Dans une précédente séance, les citoyens Gambon, Langevin et Vésinier avaient été chargés de faire une enquête sur quatre gardes nationaux prisonniers lâchement assassinés par les sicaires versaillais. Voici le rapport qui a été lu par le citoyen Vésinier :

" Les citoyens Langevin, Gambon et Vésinier ont été délégués à Bicêtre pour faire une enquête sur les quatre gardes nationaux du 185ᵉ bataillon de marche de la garde nationale ; ils étaient accompagnés des citoyens R. Rigault, procureur de la Commune, Ferré et Léo Meillet, et ils se sont rendus à l'hospice de Bicêtre, où ils ont visité le citoyen Scheffer, garde national au susdit bataillon, appartenant au treizième arrondissement.

" Le citoyen Scheffer, blessé grièvement en pleine poitrine, était alité. Le médecin qui le soignait ayant déclaré que le malade était en état de répondre aux questions qui lui seraient adressées, les citoyens

Gambon et Vésinier l'ont interrogé. Le malade a déclaré que, le 25 avril, à la Belle-Epine, près de Villejuif, il a été surpris avec trois de ses camarades par des chasseurs à cheval, qui leur ont dit de se rendre. Comme il leur était impossible de faire une résistance utile contre les forces qui les entouraient, ils jetèrent leurs armes à terre et se rendirent. Les soldats les entourèrent et les firent prisonniers sans exercer aucune violence, ni aucune menace envers eux.

"Ils étaient déjà prisonniers depuis quelques instants, lorsqu'un officier supérieur de chasseurs à cheval arriva et se précipita sur eux le revolver au poing ; il fit feu sur l'un d'eux, sans dire un seul mot, et l'étendit raide mort, puis il en fit autant sur le garde Scheffer, qui reçut une balle en pleine poitrine et tomba à côté de son camarade.

"Les deux autres gardes se reculèrent, affrayés de cette infâme agression ; mais le féroce capitaine se précipita sur les deux prisonniers et les tua de deux autres coups de revolver.

"Les chasseurs, après les actes d'atroce et de féroce lâcheté qui viennent d'être signalés, se retirèrent avec leur chef, laissant leurs victimes étendues sur le sol.

"Lorsqu'ils furent partis, l'une des victimes, le citoyen Scheffer, se releva, et par un effort désespéré parvint à se diriger du côté de son bataillon, campé à quelque distance, et par lequel il parvint à se faire reconnaître.

" Deux des gardes nationaux tués sont restés sur le terrain et n'ont pu être retrouvés encore.

" Le cadavre du quatrième garde national a été retrouvé non loin du lieu du massacre, où ce malheureux soldat citoyen avait pu se traîner.

" L'état du garde national Scheffer est aussi satisfaisant que possible. Quoique sa blessure soit grave, elle n'est pas mortelle, et sa position n'a rien de dangereux. Le docteur répond de sauver le malade, dont la jeune femme vient d'accoucher il y a moins de dix jours.

" Les membres de la Commune :
"Ferdinand Gambon,
" F. Vésinier,
" C. Langevin.
" Le 27 avril 1871."

Une enquête ultérieure a prouvé que le misérable qui s'était rendu coupable de ce quadruple assassinat était la bête féroce à face humaine qui a nom Galifet.

La Commission exécutive, par un arrêté en date du 28 avril, interdit le travail de nuit dans les boulangeries.

Dans la journée du 30 avril, le bruit se répandit dans Paris que le fort d'Issy avait été pris par les Versaillais.

Voici ce qui s'était passé : complètement démantelé, couvert de bombes et d'obus, ce fort était dans la position la plus critique ; ses défenseurs enclouèrent leurs pièces et l'abandonnèrent, à l'exception d'un seul homme, un jeune citoyen, qui resta tranquillement dans l'intérieur de ses remparts à moitié démolis.

Cette nouvelle causa la plus vive émotion dans Paris.

La Commune délibéra en comité secret, des mesures énergiques furent prises, le fort d'Issy fut réoccupé.

La Commission exécutive déclara que : " L'incurie et la négligence du délégué à la guerre avaient failli compromettre notre possession du fort d'Issy ; en conséquence la Commission exécutive a cru de son devoir de proposer l'arrestation du citoyen Cluseret, laquelle a été décrétée."

En même temps l'arrêté suivant paraissait à l'*Officiel :*

" Le citoyen Cluseret est révoqué de ses fonctions de délégué à la guerre, son arrestation est ordonnée par la Commission exécutive et approuvée par la Commune.

" Il a été pourvu au remplacement provisoire du citoyen Cluseret. La Commune prend toutes les mesures de sûreté nécessaires.

" La Commission exécutive arrête :

" Le citoyen Rossel est chargé à titre provisoire des fonctions de délégué à la guerre.

" La Commission exécutive :

"Jules Andrieux, Paschal Grousset, Ed. Vaillant, F. Cournet, Jourde.

" Paris, le 30 avril 1871."

A peine installé, le citoyen Rossel prit l'arrêté suivant :

" Le citoyen Gaillard père est chargé de la construction des barricades formant une seconde enceinte en arrière des fortifications. Il désignera ou fera désigner par les municipalités, dans chacun des arrondissements de l'extérieur, les ingénieurs ou délégués chargés de travailler sous ses ordres à ces constructions.

" Il prendra les ordres du délégué à la guerre pour arrêter les emplacements de ces barricades et leur armement.

" Outre la seconde enceinte indiquée ci-dessus, les barricades comprendront trois enceintes fermées ou citadelles, situées au Trocadéro, aux Buttes Montmartre et au Panthéon.

" Le tracé de ces citadelles sera arrêté sur le terrain par le délégué à la guerre, aussitôt que les ingénieurs chargés de ces constructions auront été désignés.

" Le général Wroblewski étendra son commandement sur toute la rive gauche de la Seine, aux troupes et aux forts situés d'Issy à Ivry.

"Les commandants des forts, les commandants des troupes et autres officiers et employés de la Commune le reconnaîtront en cette qualité et obéiront à ses ordres. "Le délégué à la guerre,

"Paris, le 30 avril 1871." "Rossel.

L'échec éprouvé au fort d'Issy eut encore une autre conséquence : il prouva les défectuosités que nous avons déjà signalées dans l'organisation de la Commission exécutive, et amena son remplacement par un Comité de salut public.

Sur la proposition du citoyen Miot, après deux jours des discussions les plus orageuses, la Commune adopta, par 45 voix contre 23, le décret suivant :

" Art. 1. Un Comité de salut public sera immédiatement organisé.

" Art. 2. Il sera composé de cinq membres nommés par la Commune au scrutin individuel.

" Art. 3. Les pouvoirs les plus étendus sur toutes les commissions et délégations sont donnés à ce comité, qui ne sera responsable que devant la Commune."

Le Comité de salut public, afin d'augmenter l'ordre, l'énergie et la régularité de l'administration de la guerre, arrête :

y

"La délégation à la guerre comprend deux divisions :

"Direction militaire ; administration.

"Le Colonel Rossel est chargé de la direction supérieure des opérations militaires.

"Le Conseil Central de la garde nationale est chargé des différents services de l'administration de la guerre, sous le contrôle de la commission militaire."

Les citoyens Ferré, Dacosta, Marainville, et Huguenot sont nommés substituts du procureur de la Commune.

Après plusieurs jours de laborieuses délibérations, la Commune a rendu l'important décret suivant sur les objets en gages aux monts de piétés :

"Art. 1. Toute reconnaissance du mont-de-piété antérieure au 25 avril, 1871, portant engagement d'effets d'habillements, de meubles, de linge, de livres, d'objets de literie et d'instruments de travail, ne mentionnant pas un prêt supérieur à la somme de 20 francs, pourra être dégagé gratuitement à partir du 12 mai courant.

"Art. 2. Les objets ci-dessus désignés ne pourront être délivrés qu'au porteur, qui justifiera en établissant son identité qu'il est l'emprunteur primitif.

"Art. 3. Le délégué aux finances sera chargé de s'entendre avec l'administration du mont-de-piété, tant pour ce qui concerne le règlement de l'indemnité à allouer que pour l'exécution du présent décret."

Dans la nuit du 3 ou 4 mai un nouveau malheur est arrivé aux défenseurs de la Commune : les Versaillais, costumés en gardes nationaux, se sont introduits par trahison dans la redoute du Moulin Saquet, après avoir échangé le mot d'ordre avec les factionnaires ; les 55ᵉ et 120ᵉ bataillons, qui la défendaient, ont été chassés, les artilleurs égorgés et six pièces de canons capturées, ainsi que 300 prisonniers.

L'annonce de cet échec grave produisit la plus grande émotion, qui augmenta encore lorsqu'on apprit trois jours après que le fort d'Issy avait été évacué une seconde fois.

Le citoyen Rossel, délégué à la guerre, fut alors appelé devant la Commune, réunie en séance secrète, afin de fournir des explications sur ces nouveaux désastres.

Le citoyen Rossel, interrogé par le président et par plusieurs membres de la Commune, répondit avec beaucoup de netteté et de laconisme aux questions qui lui furent posées.

Il se plaignit avec insistance du Comité de salut public, qui, disait-il, avait donné des ordres de déplacement aux généraux Dombrowski, Roblewski, et Lacécilia, sans les lui communiquer et sans le consulter ; ce qui avait désorganisé et compromis la défense.

Le citoyen Pyat, membre du Comité de salut public, interrogé en présence du délégué à la guerre, déclara n'avoir jamais envoyé de dépêches directes aux généraux sous les ordres de Rossel, et ne pas avoir déplacé ces derniers.

Le citoyen Rossel maintint son dire et ajouta qu'il avait vu les dépêches envoyées à Dombrowski, à Roblewski et Lacécilia, mais qu'il ne les avait pas sur lui.

Il déclara, sur la demande qui lui en fut faite, qu'il ne répondait pas de la défense de Paris, jusqu'à ce qu'il ait pu réparer le mal fait par les dépêches du Comité de salut public.

Le lendemain le citoyen Arnold communiquait à la Commune, et aux membres du Comité de salut public, plusieurs dépêches adressées directements par ce dernier aux généraux en question. L'une d'elle, la plus importante, était signée Ch. Gérardin, Ant. Arnaud et Léo Meillet. Au dessous, il y avait un postscriptum signé Félix Pyat. Quand on la montra à ce dernier il déclara n'en avoir aucun souvenir, et reconnut très-franchement que sa mémoire, affaiblie par l'excès du travail et des veilles, lui faisait défaut, et il donna sa démission de membre du Comité de salut public.

A la suite de cet incident le citoyen Rossel publia une lettre fort acerbe et très-osée, dans laquelle il accusa ouvertement le Comité d'artillerie, le Comité

Central de la garde nationale, le commandant et la garnison du fort d'Issy, les chefs de légion et la Commune, d'indécision, d'inaction, de faiblesse et d'incapacité. Il terminait cette lettre violente et acerbe en donnant sa démission et en demandant " une cellule à Mazas."

En même temps il faisait apposer un nombre considérable d'affiches sur les murs de Paris, annonçant l'occupation du fort d'Issy par les troupes de Versailles dans les termes les plus étranges. " Le drapeau tricolore," disait-il, " flotte sur le fort d'Issy abandonné par sa garnison."

Après la publication de ces deux pièces, la Commune n'avait plus qu'une chose à faire ; c'était d'accéder au désir du citoyen Rossel en lui octroyant la cellule qu'il réclamait à Mazas ; c'est en effet ce qui eut lieu. Mais le délégué à la guerre, après réflexion, préféra avec raison l'air pur de la liberté.

Ayant été consigné à l'Hôtel-de-Ville, sous la responsabilité du citoyen Ch. Gérardin, membre du Comité de salut public, le citoyen Rossel et son trop complaisant geôlier en ont profité pour s'éclipser. Mais malheureusement, après avoir échappé au mandat d'arrêt de la trop débonnaire Commune, le citoyen Rossel est tombé dans les mains des bourreaux de Versailles, qui l'ont traduit devant une cour martiale, comme coupable de désertion à l'ennemi, etc.

Il est aujourd'hui condamné à mort, et nous faisons les vœux les plus sincères pour qu'il échappe au supplice qui l'attend. Le citoyen Rossel n'a eu qu'un tort vis-à-vis de la Commune, c'est d'avoir cédé à l'entraînement de son caractère irascible et violent. Il aurait pu rendre de grands services à la guerre s'il avait su se contenir et continuer de mettre son talent au service de la cause populaire.

Après les explications relatives aux dépêches du Comité de salut public, qui avaient produit de si regrettables incidents et failli compromettre la défense de Paris, ce comité a été composé des citoyens Gambon, Eudes, Billoray, Ranvier et Ant. Arnaud.

Dans la séance de la Commune du 8 mai, le citoyen Vésinier a été nommé secrétaire de cette dernière, et le 15 du même mois rédacteur en chef du *Journal Officiel*. Le prix de ce journal a été réduit à 5 centimes. Le tirage, qui n'était que de 2,500, a été décuplé ; il est monté immédiatement à 25,000 pour Paris seulement.

Le citoyen Ferré a été nommé délégué à la sûreté générale en remplacement du citoyen Cournet.

M. Thiers continuant non-seulement de bombarder Paris et de massacrer les prisonniers, mais encore faisant ouvertement appel à la trahison dans une affiche qu'il a fait apposer clandestinement sur les murs de la capitale, le Comité de salut public a résolu de punir d'une façon exemplaire toutes ces atrocités, et il a rendu le décret suivant :

"Vu l'affiche du sieur Thiers, se disant chef du pouvoir de la République française ;

"Considérant que cette affiche, imprimée à Versailles, a été apposée sur les murs de Paris par les ordres dudit Thiers ;

"Que, dans ce document, il déclare que son armée ne bombarde pas Paris, tandis que chaque jour des femmes et des enfants sont victimes des projectiles fratricides de Versailles ;

"Qu'il y est fait un appel à la trahison pour pénétrer dans la place, sentant l'impossibilité absolue de vaincre par les armes l'héroïque population de Paris,

"Arrête :

"Art. 1. Les biens meubles des propriétés de Thiers seront saisis par les soins de l'administration des domaines.

"Art. 2. La maison de Thiers, située place Georges, sera rasée.

"Art. 3. Les citoyens Fontaine, délégué aux domaines, et J. Andrieux, délégué aux services publics, sont chargés, chacun en ce qui le concerne, de l'exécution *immédiate* du présent arrêté.

"Les membres du Comité de salut public :

"ANT. ARNAUD, EUDES, F. GAMBON,
"G. RANVIER.

"Paris, 21 floréal an 79."

Ce décret a été immédiatement mis à exécution.

Le 12 mai la Commune a décrété, sur le rapport et la proposition du citoyen Delescluze, que le 128ᵉ bataillon de la garde nationale " a bien mérité de la Commune et de la République," pour avoir, sous la conduite du général Dombrowski, nettoyé le parc de Sablonville des Versaillais qui l'occupaient.

"Le Comité de salut public arrête :

"Art. 1. La commission militaire sera composée de sept membres au lieu de cinq.

"Art. 2. Les citoyens Bergeret, Cournet, Geresme, Ledroit, Longlas, Sicard et Urbain sont nommés membres de la commission militaire, en remplacement des citoyens Arnold, Avrial, Johannard, Tridon et Varlin. (*Suivent les signatures.*)

"Hôtel-de-Ville, le 25 floréal an 79."

"Le démission du citoyen Gaillard père, chargé de la construction des barricades et commandant des barricades, est acceptée à ce double titre :

"Le bataillon des barricadiers placé sous ses ordres est dissous ; les hommes qui le composent sont mis à la disposition du directeur du génie militaire, qui avisera à la continuation des travaux commencés, dans la mesure qu'il jugera convenable.

"Le délégué civil à la guerre,

"Delescluze.

"Paris, 15 mai 1871."

"Le Comité de salut public fait appel à tous les travailleurs, terrassiers, charpentiers, maçons, mécaniciens, âgés de plus de quarante ans.

"Un bureau sera immédiatement ouvert dans les municipalités pour l'enrôlement et l'embrigadement de ces travailleurs, qui seront mis à la disposition de la guerre et du Comité de salut public.

"Une paye de 3 fr. 75 leur sera accordée.

(*Suivent les signatures.*)

"Paris, le 16 mai 1871."

Le décret qui ordonne la démolition de la Colonne Vendôme a été mis à exécution le 16 mai, en présence d'une foule considérable; le bronze maudit et la statue de tyran, dont la gloire est faite de sang et de larmes, sont tombés dans la poussière aux cris de "Vive la République!" "Vive la Commune!" et le drapeau rouge du peuple a remplacé sur le piédestal le monument élevé à la gloire de l'Empire.

Dans la séance du 17 mai un rapport est déposé sur le bureau, au sujet d'un nouvel acte de cruauté brutale et féroce des janissaires versaillais, encore plus infâme que tous ceux dont ils s'étaient rendus coupables jusqu'à ce jour. Voici quelle est cette nouvelle et odieuse atrocité. Le citoyen Butin, lieutenant de la troisième compagnie du 105ᵉ bataillon de la garde nationale, certifie dans un rapport écrit signé par lui qu'une jeune ambulancière a été assaillie, violée et massacrée par les criminels, féroces, dégradés, brutaux et immondes soldats de Versailles, animés des passions les plus basses, les plus infâmes et les plus honteuses.

A la lecture de ce rapport un frisson d'horreur parcourt l'assemblée, plusieurs membres demandent que des mesures énergiques soient prises pour mettre un terme aux atrocités sans nom et sans exemple, dont les êtres dégradés, perdus d'honneur et couverts de crimes, à la solde de Versailles, se rendent journellement coupables.

Plusieurs propositions furent faites à cet effet. Mais sur la demande du citoyen Protot l'ordre du jour suivant fut adopté:

"La Commune s'en référant à son décret, du 7 avril 1871, sur les otages, en demande la mise à exécution immédiate et passe à l'ordre du jour."

Cet incident et ce vote sont la meilleure réponse qui puisse être faite à ceux qui accusent la Commune de férocité. Il y a un mois et dix jours qu'elle a rendu un décret sur les otages, qui ordonne que toute exécution par les bandes de Versailles d'un partisan de la Commune soit sur-le-champ suivie de l'exécution d'un nombre triple de prisonniers versaillais détenus comme otages. Eh bien, malgré les exécutions journalières des prisonniers faites par les Versaillais, malgré le quadruple assassinat qui a été constaté par les citoyens Gambon, Vésinier et Langevin, la Commune a laissé dormir la loi sur les otages et elle n'a fait aucune exécution. Il a fallu le nouveau et atroce crime de viol et d'assassinat commis sur une ambulancière pour lui rappeler la loi sur les otages. Et malgré l'ordre du jour qu'elle vient de voter elle n'exercera pas encore de représailles, ainsi que nous le ferons voir plus loin, si les Versaillais ne se souillent pas de nouveaux crimes.

Voici un rapport, lu en séance de la Commune et inséré à l'*Officiel*, fait par le chef d'état-major de la 7me légion, qui confirme les faits infâmes cités dans celui du lieutenant Butin, et qui en constate d'autres presque aussi odieux et beaucoup plus désastreux encore :

"Le chef d'état-major de la 7me légion porte à la connaissance de la commission militaire les faits suivants :

"Le lieutenant Butin a été aujourd'hui par nous, envoyé comme parlementaire au fort de Vanves et aux alentours, accompagné du docteur Leblond et de l'infirmier Labrune, pour chercher à ramasser les morts et les blessés que notre légion a laissés en évacuant ce fort.

"Arrivés à la limite de nos grand'gardes, ils ont rencontré un commandant à la tête de ses hommes, qui leur a serré la main, et leur a dit adieu, leur affirmant qu'il ne croirait pas dire vrai en disant au revoir.

"Et à l'appui de ce dire, le commandant a ajouté : Ce matin, dans la plaine, j'ai vu, à l'aide de ma longue-vue, un blessé abandonné ; immédiatement j'ai envoyé une femme attachée à l'ambulance, qui, portant un brassard et munie de papiers en règle, a courageusement été soigner ce blessé. A peine arrivée sur l'emplacement où se trouvait ce garde, elle a été saisie par les Versaillais sans que nous puissions lui porter secours, puis ils l'ont outragée, et, séance tenante, l'ont fusillée sur place.

"Malgré ces dires, le lieutenant Butin, accompagné du major et de l'infirmier susnommés, a poussé en avant, précédé d'une trompette et d'un drapeau blanc, ainsi que du drapeau de la société de Genève.

"A vingt mètres de la barricade, une fusillade bien nourrie les a accueillis. Le lieutenant, croyant a une méprise, a continué à marcher en avant ; un second feu de peloton leur a prouvé la triste réalité de cette violation des usages relatifs aux parleméntaires et du droit des gens chez les peuples civilisés. Une troisième fusillade a seule pu les faire rétrograder.

"Ce lieutenant a dû revenir, ramenant ceux dont il était suivi, en laissant au pouvoir des Versaillais dix-neuf morts et soixante-dix blessés.

"Dès son arrivée, il est venu nous faire son rapport, et j'ai eu hâte de le communiquer à la commission militaire pour qu'elle fasse appeler le lieutenant Butin et qu'elle entende ses explications.

"Le Chef d'Etat-major de la 7me Légion."

Que ceux qui accusent la Commune d'avoir fait la loi sur les otages veuillent bien se souvenir de toutes les abominables et criminelles exécutions, de toutes les horreurs accomplies par les troupes de Versailles, et qu'ils n'oublient pas que c'est pour empêcher de les continuer que la loi sur les otages a été votée.

Dans la séance du 17 mai, le citoyen Vésinier a déposé sur le bureau de l'assemblée de la Commune les projets de décrets suivants, dont il a demandé la mise à l'ordre du jour, le renvoi aux commissions compétentes et la prochaine discussion.

"1. Les titres de noblesse, armoiries, livrées, priviléges nobiliaires et toutes les distinctions honorifiques sont abolis.

"Les pensions, rentes, apanages, qui y sont jointes, sont supprimés.

"2. Les majorats de tous genres sont abolis, les rentes, pensions et priviléges en dépendants sont supprimés.

"3. La Légion d'honneur et tous les ordres honorifiques sont abolis.

"Un décret ultérieur déterminera les pensions des

légionnaires qui doivent être conservées, les autres seront supprimées."

Autre proposition :

"La loi du 8 mai 1816 est rapportée ; le décret du 21 mars 1803, promulgué le 31 du même mois, est remis en vigueur.

"Tous les enfants reconnus sont légitimes et jouiront de tous les droits des enfants légitimes.

"Tous les enfants dits naturels non reconnus sont reconnus par la Commune et légitimés.

"Tous les citoyens âgés de dix-huit ans, et toutes les citoyennes âgées de seize ans, qui déclareront devant le magistrat municipal qu'ils veulent s'unir par les liens du mariage seront unis, à la condition qu'ils déclareront en outre qu'ils ne sont pas mariés, ni parents jusqu'au degré qui, aux yeux de la loi, est un empêchement au mariage.

"Ils sont dispensés de toutes autres formalités légales.

"Leurs enfants, s'ils en ont, sur leur simple déclaration seront reconnus légitimes."

Tous les journaux honnêtes et modérés sont entrés dans une grande colère à la seule proposition de ces décrets, qu'ils ont déclaré être très-immoraux. Pour ces honnêtes conservateurs et ces prétendus libéraux mettre la mariage, la famille à la portée de tous, abolir le concubinage, la bâtardise, légitimer les enfants naturels, faire dépandre la légitimité des unions du seul consentement mutuel, c'est être immoral. Nous avouons franchement ne rien comprendre à la morale honnête et modérée, et être étonné de l'immoralité reprochée à ces décrets.

Dans une de ses dernières séances, celle du 19 mai, la Commune, que ses ennemis ont depuis accusée si injustement de toutes espèces de délits et de crimes, a rendu les décrets suivants, qui suffiraient à eux seuls pour témoigner devant l'histoire de son désintéressement, de sa probité et de sa haute moralité.

Voici ces divers décrets.

Le premier est proposé par le citoyen Cournet :

"Considérant que, dans les jours de révolution, le peuple, inspiré par son instinct de justice et de moralité, a toujours proclamé cette maxime : Mort aux voleurs !

"La Commune décrète :

"Art. 1. Jusqu'à la fin de la guerre, tous les fonctionnaires accusés de concussions, de déprédations, vols, seront traduits devant la cour martiale ; la seule peine appliquée à ceux qui seront reconnus coupables sera la peine de mort.

"Art. 2. Aussitôt que les bandes versaillaises auront été vaincues, une enquête sera faite sur tous ceux qui, de près ou de loin, auront eu le maniement des fonds publics."

Le second est proposé par le citoyen Vaillant :

"Considérant que sous le régime communal, à chaque fonction doit être allouée une indemnité suffisante pour assurer l'existence et la dignité de celui qui la remplit,

"La Commune décrète:

"Tout cumul de traitement est interdit.

"Tout fonctionnaire de la Commune appelé en dehors de ses occupations normales à rendre un service d'ordre différent, n'a droit à aucune indemnité nouvelle."

Le troisième, proposé par les citoyens Miot, Régère et Pothier, est ainsi conçu :

"La Commune décrète :

"Art. 1. Une commission supérieure de comptabilité est autorisée.

"Art. 2. Elle se composera de quatre comptables nommés par la Commune.

"Art. 3. Elle sera chargée de la vérification générale des comptes des différentes administrations communales.

"Art. 4. Elle devra fournir à la Commune un rapport mensuel de ses travaux.

"Paris, le 19 mai 1871."

La dernière séance de la Commune, du 21 mai, a été consacrée a interroger le citoyen Cluseret, et elle s'est terminée par sa mise en liberté.

CHAPITRE IV.

L'ENVAHISSEMENT DE PARIS.

Nous aurions voulu retracer ici la lutte héroïque que la garde nationale a soutenue pendant près de deux mois, à l'extérieur de ses murailles, contre l'armée de Versailles, mais nous sommes obligé, bien malgré nous, de supprimer une partie très-importante de cette épopée sublime, comprise entre les morts de Flourens et de Duval, arrivées les 3 et 4 avril, et l'entrée des Versaillais dans Paris, qui a eu lieu le 21 mai.

Cette période si importante et si dramatique, comprenant quarante-huit jours de combats héroïques, trouvera sa place dans un autre volume déjà écrit, que nous publierons sous ce titre : "Le Siège de Paris sous la Commune."

Et nous ajouterons au même volume l'histoire de la Commune en province, que nous n'avons pas pu placer ici.

Enfin, si les circonstances politiques nous le permettent, nous publierons aussi un volume contenant les biographies de nos collègues de la Commune, le martyrologe des gardes nationaux, des femmes et des enfants défenseurs de la Commune qui ont eu le malheur de tomber entre les mains de leurs ennemis, de leurs bourreaux devrions-nous dire, des massacreurs de Paris et de son héroïque population. Et ce livre ne sera pas, selon nous, le moins intéressant des trois volumes qui formeront l'histoire complète de la Commune.

Depuis le 2 avril les troupes de cette dernière soutenaient une guerre à outrance contre l'armée de Versailles, tous les jours les combats les plus terribles avaient lieu. Une lutte gigantesque se poursuivait sans interruption entre les forts d'Issy, de Vanves, de Montrouge, de Bicêtre, d'Ivry, les batteries des Hautes Bruyères, du Moulin Saquet, des Moulinaux, celles des ramparts de Paris et des bastions d'une part ; le Mont Valérien et les batteries de Châtillon, de Clamart, de Meudon, de Montretout, etc., d'autre part, établies par les Versaillais dans toutes les positions occupés encore il y avait quelques mois par les Prussiens.

Ces combats formidables, dans lesquels l'artillerie jouait le principal rôle et à côté desquels ceux livrés aux Prussiens ne pouvaient être comparés, avaient eu lieu avec des alternatives continuelles de revers et de succès. Les gardes nationaux se battaient avec beaucoup d'entrain et de courage, ils tenaient admirablement devant les vieilles troupes aguerries de Versailles.

Cependant, les observateurs sérieux et compétents remarquaient que si les progrès de l'armée de Versailles étaient lents, très-lents mêmes, ils n'en étaient pas moins continuels ; peu à peu, petit à petit leurs positions s'avançaient du côté des forts et de l'enceinte de Paris.

D'un autre côté l'armée de Versailles augmentait tous les jours son matériel et son personnel. De nombreuses batteries, des pièces de siége et de marine, des mortiers, des obusiers, de l'artillerie volante étaient chaque jour envoyés des places fortes et des ports de mer à Versailles ; de nouvelles recrues venaient aussi journellement, soit de la province, soit de l'étranger, augmenter ses rangs ; les Prussiens permettant aux prisonniers de l'armée française détenus en Allemagne de venir en nombre considérable augmenter les forces de Versailles, tandis que celles de la Commune, ne pouvant pas se recruter à l'extérieur à cause de l'investissement de Paris et, éprouvant des pertes journalières, diminuaient continuellement.

Chaque jour les Versaillais rapprochaient leurs travaux d'attaque contre les forts et resserraient leur ligne d'investissement. Grâce aux renforts qu'ils recevaient en artillerie, ils établissaient journellement de nouvelles batteries. Leur feu devenait de plus en plus redoutable.

Dans cette situation la Commune devait donc non-seulement renoncer à l'espoir de vaincre l'armée du gouvernement de Thiers en dehors des remparts, mais encore s'attendre à être attaqué sous les murs et dans les rues de Paris. Depuis que les villes de province qui avaient pris parti pour la Commune avaient été vaincues et soumises par l'assemblée de Versailles, il ne restait plus qu'une seule chance de salut à la Commune: c'était d'écraser et d'anéantir l'armée de Versailles dans les rues de Paris si cette dernière osait franchir ses murailles et ses fossés et venir l'attaquer dans l'intérieur de la capitale; c'était nécessairement là que devait se livrer la lutte suprême entre les deux ennemis, le combat définitif qui devait décider du triomphe ou de la défaite, nous ne dirons pas de la Commune seulement, mais de la Révolution ou de la Contre-révolution.

C'était donc dans la perspective de cette dernière guerre des rues que devaient converger les efforts, les plans, les moyens et les forces des défenseurs de la capitale. C'était pour cette éventualité terrible qu'ils devaient se prémunir et se garantir. Ils devaient prendre toutes les mesures, toutes les précautions, toutes les dispositions nécessaires pour que la lutte définitive de laquelle dépendait le succès de leur entreprise, et peut-être les destinées de la cause sublime qu'ils défendaient, tourne à leur avantage, afin de sortir victorieux de cette suprême bataille.

Or, le peuple de Paris savait que c'était derrière

les barricades qu'il avait gagné toutes ses grandes batailles et fait triompher la Révolution ; cette fois encore il espérait être victorieux derrière ses remparts de pavés et de terre.

Sous le gouvernement de la défense nationale une commission de barricades pour rire, à la tête de laquelle était le citoyen Rochefort et quelques autres barricadiers de même force, avait fait placer quelques tonneaux et quelques faibles remblais de terre et de pavés aux entrées des principales grandes avenues. Mais c'était là des simulacres de barricades aussi peu sérieux que tout ce qui fut fait par le gouvernement de la prétendue défense nationale. Après la journée du 18 mars, un grand nombre de barricades en pavés avaient été construites par les gardes nationaux. Plus tard le citoyen Gaillard père fut chargé par l'administration de la guerre de la construction d'importantes barricades sur des points stratégiques qui lui furent désignés.

Le citoyen Gaillard s'occupa avec beaucoup de zèle des importants travaux qui lui étaient confiés. Il fit construire ses barricades avec un grand art et beaucoup de goût. Quelques-unes d'entre elles étaient de petites forteresses. Celle située à l'angle de la rue de Rivoli et de la rue Saint-Florentin était une véritable redoute, s'appuyant à droite sur le ministère de la marine et à gauche contre le mur d'enceinte des Tuileries. Elle était construite en terre et en sacs de terre et percée de cinq embrasures. Quatre autres fortes barricades défendaient la place de la Concorde. Les places Vendôme, de la Madeleine, et celle de l'Hôtel-de-Ville étaient aussi fortement barricadées, ainsi qu'un nombre considérable de rues situées au centre de la ville et dans les arrondissements les plus populeux, habités par les ouvriers.

Mais la plupart de ces barricades avaient été construites dans le but de défendre certaines positions ou certains quartiers plutôt qu'en vue de la défense stratégique générale de Paris.

Il était nécessaire, avant tout, d'assurer l'inviolabilité de l'enceinte fortifiée de la capitale. Il fallait, dans le cas où l'ennemi parviendrait à forcer une porte de cette enceinte ou à ouvrir une brèche, le mettre dans l'impossibilité de les franchir et de se répandre dans l'intérieur de la ville. Il fallait, en un mot, à l'aide d'une seconde ligne de défense, empêcher les assiégeants d'entrer dans Paris, et construire ensuite une troisième, une quatrième et même une cinquième ligne de défense pour résister encore dans le cas où les deux premières seraient forcées.

Ce plan avait été préconisé par le général Cluseret lors de son arrivée au ministère de la guerre, ainsi qu'il le rappelait dans sa lettre publiée dans le *Mot d'Ordre* le 16 mai, et que nous reproduisons ici :

"Mon cher concitoyen,

"La différence entre l'état de la défense telle que je l'ai laissée et telle que je la retrouve le 16 mai, me force à rompre le silence que je m'étais imposé.

"J'avais ordonné à plusieurs reprises, avant mon arrestation, au citoyen Gaillard père de cesser les travaux inutiles des barricades intérieures, pour concentrer toute son activité de barricadier sur la barrière de l'Etoile, la place du Roi de Rome et celle d'Eylau.

"Ce triangle forme une place d'armes naturelle. En y ajoutant la place Wagram et barricadant l'espace restreint entre la porte de Passy et le pont de Grenelle, on a une seconde enceinte plus forte que la première.

"J'avais donné l'ordre au colonel Rossel de faire faire ce travail, et, pour plus de sûreté, dérogeant aux habitudes hiérarchiques, j'avais donné des ordres directs au citoyen Gaillard père, en présence du colonel Rossel, sachant qu'il n'écoutait pas ce dernier.

"Non content de cela, dès le second jour de mon arrestation, j'écrivis au citoyen Protot et à la Commission exécutive, leur recommandant de donner toute leur attention à ce travail indispensable.

"Mes ordres ont-ils été exécutés? On me dit que non. Il importe qu'ils le soient, et de suite. Ils peuvent l'être dans les vingt-quatre heures, si la population veut s'y mettre de bonne volonté.

"Mais il ne faut pas à la barrière de l'Etoile, au Trocadéro, à Wagram ou au rond point de Grenelle, des travaux d'amateur, il faut des travaux comme ceux de la rue de Rivoli.

"Ces travaux, que j'avais ordonnés comme mesure de précaution, sont devenus des travaux d'urgence, depuis qu'en mon absence on a laissé prendre Issy et surtout commis cette faute énorme de laisser envahir le bois de Boulogne, mouvement que je faisais surveiller chaque nuit et qui ne se serait jamais accompli si j'avais été là.

"Maintenant nous avons à subir un siége en règle.

"Aux travaux d'approche, il faut opposer des travaux de contre-approche, si vous ne voulez pas vous éveiller un de ces matins avec l'ennemi dans Paris. Aux batteries, il faut opposer des batteries; à la terre de la terre. En un mot, faire la guerre de positions.

"Opposer des poitrines d'homme à des projectiles est simplement insensé.

"C'est du métier, rien que du métier, toujours du métier qu'il faut; c'est pourquoi je ne suis nullement étonné de constater la différence entre la situation de la défense au 30 avril de celle au 15 mai.

"Mais récriminer n'avance à rien, c'est de l'action qu'il faut, et de la science.

"Je dis au peuple ce qu'il y a à faire, qu'il le fasse ou le fasse faire. Viendra ensuite la troisième ligne de défense, allant du pont de la Concorde à la porte de Saint-Ouen ; celle-là utilisera la fameuse barricade de la rue de Rivoli.

"Salut fraternel.
"E. Cluseret."

Ces recommandations si utiles avaient été en grande partie mises à exécution depuis l'arrestation du général Cluseret, et il aurait pu lui-même s'en assurer s'il n'eut pas été retenu prisonnier à l'Hôtel-de-Ville lorsqu'il a écrit cette lettre.

Un jeune colonel, commandant du génie, avait été chargé de mettre à exécution le plan du citoyen Cluseret, et il s'en était acquitté avec zèle et intelligence. Ayant été délégué par le Comité de salut public auprès de la direction du génie et des barricades, pour surveiller la construction de ces dernières, nous avons assisté régulièrement, pendant les huit ou dix derniers jours qui ont précédé l'entrée des Versaillais dans Paris, à tous les travaux d'art qui ont été faits pour assurer la défense, et comme fort peu de personnes ont connaissance de ces derniers nous croyons utile de les décrire ici.

Depuis longtemps, tous les militaires compétents savaient que le point le plus faible et le plus exposé de l'enceinte fortifiée de Paris était celui du Point du jour, situé entre les portes de Passy et de Saint-Cloud. Il s'agissait donc avant tout de prévoir une attaque de ce côté, et de défendre cette partie faible de nos fortifications. C'est précisément ce qui avait été préparé.

Le commandant du génie, dont nous venons de parler, s'était servi du viaduc du chemin de fer d'Auteuil, qu'il avait muré, barricadé et fortifié, comme d'une seconde ligne de défense entre la porte de Passy et la Seine. Il avait fait barricader l'entrée des portes du Point du jour, de Saint-Cloud, d'Auteuil, de Passy, de la Muette, Dauphine, etc. Une batterie placée entre le viaduc du Chemin de fer de Ceinture et l'enceinte fortifiée, vis-à-vis le bastion 62, prenait en écharpe les portes de Saint-Cloud et du Point du jour, et défendait l'approche de la porte de la Muette. Une autre batterie, située près des barricades construites à l'intersection du même viaduc du Chemin de fer de Ceinture, et des routes conduisant aux portes de Saint-Cloud et du Point du jour, défendait ces deux dernières entrées, ainsi que des wagons blindés garni d'artillerie placés sur le Chemin de fer de Ceinture, et les rendaient presque infranchissables.

Une forte barricade sur le quai d'Auteuil, près de la rue Guillon, commandait le quai, le viaduc d'Auteuil et la porte de Billancourt. En face, sur le quai de Javel, une autre barricade construite sur l'autre rive de la Seine balayait le quai et défendait la porte du Bas Meudon.

Entre la porte de la Muette et la Seine, du bastion 58 à 67, des barricades avaient été élevées à tous les points d'intersection des rues, avenues et routes avoisinantes. Des chaloupes canonnières embossées sous le viaduc d'Autcuil défendaient le passage de la Seine et menaçaient les points environnants occupés par l'ennemi.

La place en avant de la porte d'Autueil, et formée de l'intersection des rues Molière, de La Fontaine, Boileau et Perechamps était barricadée, ainsi que celle située devant la station de Passy, aux angles des avenues de la Muette et de Beauséjour. De même la place du Puits artésien et les rues y aboutissant étaient aussi barricadées. Enfin la place d'Eylau, point stratégique aussi fort important, était fortifiée d'une manière formidable ; de fortes barricades étaient placées aux angles des avenues Malakoff, Bugeaud, d'Eylau, des rues Léonard de Vinci, des Sablons, de la Boissière et Copernic, qui y aboutissent.

Les quatre places que nous venons de désigner étaient reliées entre elles par des chemins couverts, et leurs barricades communiquaient par des boyaux souterrains avec les caves des maisons voisines, qui leur servaient de casemates. Les habitations dont nous parlons, inoccupées depuis le siége, étaient crénelées et leurs fenêtres garnies de sacs de terre, et formaient autant de petites places fortes à l'usage de la garde nationale.

Les quatre places fortifiées, comme nous venons de l'expliquer, formaient une première ligne de défense très-solide derrière l'enceinte, qui aurait pu opposer une résistance sérieuse aux assiégeants s'ils étaient parvenus à s'emparer d'une ou de plusieurs portes, à pratiquer des brèches, ou à escalader les murailles.

Une forte barricade construite sur le quai de Passy, au bas de l'établissement des Jésuites, commandait le quai, le pont de Grenelle, et défendait la porte de Billancourt.

L'institution religieuse dont nous parlons était établie dans un vaste bâtiment parfaitement convenable pour être transformé en place forte, et c'est précisément ce qui avait eu lieu : les murs avaient été crénelés, les fenêtres blindées, la terrasse qui le surmontait avait été entourée de sacs de terre, à travers lesquels on avait ménagé des meurtrières ; une vaste galerie placée en avant, et dominant les portes du Point du jour et de Saint-Cloud, avait été garnie de sacs de terre, de meurtrières, et préparée pour recevoir de l'artillerie, dont le feu plongeant devait écraser les assaillants qui auraient voulu forcer les portes comprises entre les bastions 62 et 68 ; ces canons auraient en outre protégé les barricades et les batteries placées sous le viaduc du Chemin de fer circulaire. Les murs du jardin de ce collége de Jésuites et ceux des jardins des maisons voisines étaient tous crénelés ; ils communiquaient les uns avec les autres au moyen d'ouvertures pratiquées dans leurs murs d'enceinte, ou à l'aide de chemins couverts ; toutes les rues environnantes étaient barricadées, toutes les terrasses étaient disposées de manière à recevoir des mitrailleuses et des canons. Tous les jardins, tous les parcs, toutes les maisons, toutes les rues situés entre la rue Beethoven, les avenues de Passy et Ingres étaient semblablement barricadés et fortifiés. L'espèce de quadrilataire irrégulier compris entre ces limites et la ligne des fortifications était un véritable labyrinthe de barricades et d'ouvrages fortifiés, inextricable et inexpugnable, qui devait être garni de canons, de mitrailleuses, et défendus par un nombre suffisant de gardes nationaux. Les ouvrages en terre, les tranchées, les remblais, les barricades, les chemins couverts, les maisons blindées et crénelées, les jardins fortifiés, auraient fait de ces positions une forteresse inabordable et imprenable, une fois qu'ils auraient été armés et garnis d'un nombre suffisant de troupes. Il aurait certainement fallu plusieurs mois de siége pour déloger leurs défenseurs et pour s'en emparer, et jamais les troupes de Versailles n'auraient pu, comme cela est arrivé, franchir les portes du Point du jour et de Saint-Cloud, et envahir l'intérieur de Paris.

Mais pour donner encore plus de solidité à la

défense, et pour empêcher les portes Dauphine, Maillot, des Ternes, de Neuilly, de Villiers, de Courcelles et d'Asnières, d'être forcées, trois autres points stratégiques fort importants avaient été barricadés ; c'étaient : le Trocadéro ou la place du Roi de Rome, la place de l'Etoile et la place Wagram.

Le citoyen Gaillard père avait été chargé de fortifier la première et la plus importante de ces positions, celle de Trocadéro, et il l'avait fait d'une manière formidable.

L'avenue de la Muette était obstruée par une énorme barricade en terre et en sacs de terre de la hauteur d'un premier étage, sur laquelle une large plateforme capable de contenir cinq ou six pièces d'artillerie avait été construite. Cette plateforme non-seulement dominait l'avenue et défendait les portes de la Muette et de Passy, mais encore elle pouvait canonner le Mont Valérien avec succès. Un immense fossé était creusé en avant, et un chemin couvert casematé construit sur sa droite pouvait servir d'abri inexpugnable pour ses défenseurs.

La rue Franklin était défendue par une barricade presque aussi solide. L'avenue du Prince Impérial, conduisant à la porte Dauphine ; l'avenue Malakoff, conduisant à la place d'Eylau et à la porte de Neuilly ; l'avenue du Roi de Rome, conduisant à l'arc de triomphe de l'Etoile ; l'avenue de l'Empereur et la montée du Trocadéro, conduisant sur le quai, étaient aussi barricadées, de manière que la place du Roi de Rome formait un vaste camp retranché. Des pièces de siége et des mitrailleuses devaient être placées derrière les barricades, et des pièces attelées devaient occuper le centre de la place de manière à pouvoir se porter immédiatement aux points les plus menacés. Cette position si importante du Trocadéro non-seulement pouvait empêcher les troupes, qui seraient parvenues à forcer les fortifications du Point du jour à la Porte Maillot, d'envahir la rive droite de la Seine, mais encore ses batteries, dominant la rive gauche, pouvaient écraser les troupes ennemies, qui auraient tenté de s'établir au Champ de Mars, à l'Ecole militaire, sur l'Esplanade des Invalides; elles balayaient les quais et les ponts des deux rives, depuis la porte du Bas Meudon jusqu'au Pont Neuf; et si l'ennemi était parvenu à s'emparer de la Cité, de la Préfecture de Police, de la Conciergerie, du Palais de Justice et des casernes environnantes, il en aurait été chassé par les bombes et les obus du Trocadéro.

Un grand cimetière, situé sur une terrasse naturelle entre les barricades de la rue Franklin et l'avenue de la Muette, avait aussi été fortifié et crénelé; il devait servir de poste avancé et de retranchement solide contre toute attaque venant de la ligne des fortifications du côté du Point du jour.

La place de l'Etoile était tout aussi bien fortifiée

que celle du Roi de Rome ; on avait barricadé toutes les avenues qui y aboutissent : celles de la Grande Armée, du Roi de Rome, de Wagram, des Champs-Elysées, de Joséphine, d'Iéna, d'Esseling, etc. En outre l'arc de triomphe de l'Etoile avait été transformé en véritable citadelle ; on avait hissé sur sa plateforme supérieure, entourée de sacs de terre et de meurtrières, huit pièces de canons et quatre mitrailleuses, de manière à pouvoir canonner, bombarder au loin et enfiler toutes les avenues environnantes. Cette petite forteresse avait été approvisionnée de vivres et de munitions pour quinze jours, et un conduit d'eau l'alimentait du liquide nécessaire à ses défenseurs.

La place Wagram, ayant un parc d'artillerie, avait aussi été solidement fortifiée ; elle défendait les portes de Courcelles, d'Asnières et de Clichy, et commandait les chemins de fer de Versailles, de Saint-Ouen et de Ceinture. Ces trois points importants : le Trocadéro, la place de l'Etoile et la place Wagram, étaient reliés entre eux par des chemins couverts ; les maisons qui les entouraient avaient été blindées avec des sacs de terre, percées de meurtrières, et leurs caves communiquaient avec les barricades par des conduits souterrains et devaient servir de casemates aux défenseurs de la Commune ; les parcs, les jardins et les enclos environnants communiquaient entre eux par de larges ouvertures, et leurs murs avaient été percés de meurtrières. Cette troisième ligne de défense était formidable, et si elle avait été bien défendue une armée de cent mille hommes, qui serait parvenue à franchir l'enceinte fortifiée entre le Point du jour, ainsi que la ligne suivante, aurait mis plusieurs mois pour la forcer.

Le rond point des Champs-Elysées, le parc de Monceaux, deux points importants situés en arrière, étaient aussi fortifiés.

Mais une autre défense formidable était celle de la place de la Concorde et des Tuileries. Tout Paris a visité les fortes et terribles barricades situées aux entrées des rues de Rivoli et Saint-Florentin, de la rue Royale, de l'avenue Cardinal, du Cours de la Reine et du quai. La grille du jardin des Tuileries et les terrasses en avant étaient aussi barricadées. La terrasse du bord de l'eau, celle située de l'autre côté et celle en avant du jardin étaient garnies de sacs de terre et de chiffons, de meurtrières, d'embrasures et de canons; les fenêtres du palais donnant sur le jardin réservé, celles du pavillon qui regarde le pont Royal, étaient garnies de canons enfilant les quais, les ponts, les avenues, et défendant les approches du palais, qui était ainsi transformé par le citoyen Gaillard père en une citadelle à peu près imprenable. Des canonnières étaient embossées sous le pont, et pouvaient balayer complètement ses approches et les défenses de la place.

Le rue de Castiglione, la rue de la Paix, étaient

aussi barricadées, ainsi que toutes celles qui aboutissent à la place Vendôme, laquelle forme, avec celle de la Madeleine et de l'Opéra, aussi barricadées, un triangle qui protége les Tuileries sur la droite.

La gare de l'Ouest, la place de Clichy, solidement barricadées et armées, sont situés sur la même ligne de défense.

Enfin les Buttes Montmartre, formidablement armées de 200 bouches à feu, entourées de rues barricadées en tout sens, protégées par le cimetière transformé en camp retranché, défendaient les portes de Clichy, de Saint-Ouen, de Montmartre et de Clignancourt. Les Buttes Montmartre ainsi armées, situées dans une position élevée dominant toute la ville, pouvaient bombarder toutes les positions comprises dans l'enceinte des fortifications, les couvrir de fer et de feu, et empêcher l'ennemi envahisseur de s'y établir. Montmartre était le Mont Aventin, le Capitole des défenseurs de Paris, en même temps qu'il était la clef de cette capitale.

Nous avons expliqué quelles lignes de défenses formidables étaient établies sur la rive droite de la Seine, depuis le Point du jour jusqu'aux Tuileries et jusqu'à Montmartre. Ces positions convenablement défendues mettaient l'ennemi dans l'impossibilité absolue de forcer le mur d'enceinte entre la porte de Billancourt et celle de Clignancourt, du bastion 57 au bastion 37.

L'enceinte fortifiée située sur la rive gauche de la Seine, comprise entre la porte de Meudon et celle de la gare d'Orléans, du bastion 58 au bastion 94, était défendue à l'extérieur contre l'approche de l'ennemi par les forts d'Ivry, de Bicêtre, de Montrouge, de Vanves, d'Issy, et par les redoutes des Hautes Bruyères, du Moulin Saquet et des Moulineaux. A la date du 21 mai, jour où les Versaillais ont franchi la porte du Point du jour, un seul de ces forts, le dernier, était tombé au pouvoir de l'ennemi. Mais malgré cet échec l'enceinte fortifiée de la rive gauche ne courait aucun danger d'être forcée si elle était défendue convenablement. Il suffisait pour cela de l'armer et de la protéger par des travaux de défenses intérieurs semblables à ceux exécutés sur la rive droite.

Or, les principaux points stratégiques situés sur la rive gauche avaient été fortifiés. Nous n'entrerons pas dans d'aussi longs détails au sujet de ces derniers, il nous suffira de dire que des barricades intérieures défendaient les portes de Meudon, de Sèvres, d'Issy, de Versailles, de Plaisances, etc.; que d'autres points fortifiés situés en arrière formaient une seconde ligne stratégique ; les principaux étaient situés quai de Javel, rue Lecourbe, rue de Vaugirard, rue de Vanves, rue de la Santé, au Petit Montrouge, place d'Enfer, place d'Italie, boulevard de Montparnasse, rue Vavin, aux Deux Moulins et sur le quai de la gare d'Orléans, etc.

Une seconde ligne un peu plus en arrière avait pour points principaux le Champ de Mars, l'Ecole militaire, la gare de Montparnasse, la place de l'Observatoire, etc.

La troisième ligne commençait aux Invalides, se continuait au Luxembourg, au Panthéon et au Jardin des Plantes.

Enfin la dernière était établie au Corps-législatif, dans les rues du Bac, des Saints-Pères, de Verneuil, des Ecoles, places Saint-Michel et Mouffetard, et dans toutes les rues comprises entre le boulevard Saint-Michel, à la hauteur du boulevard Saint-Germain, jusqu'à la Halle aux Vins et au Jardin des Plantes.

Ces lignes de défenses étaient tout aussi solides que celles de la rive droite. Ainsi défendues à l'intérieur, et protégées qu'elles étaient par les forts à l'extérieur, les fortifications de la rive gauche étaient à peu près inexpugnables. Des travaux de fortification en terrassements considérables avaient été faits pendant le siége prussien, en avant du Chemin de fer de Ceinture, depuis la rue de Vaugirard jusqu'au quai de la gare d'Orléans ; ils formaient une suite de ronds points, de fers à cheval, de contre-forts, de petites redoutes barricadés, entourés de tranchées, de fossés, etc., qui offraient des abris considérables et des points stratégiques solides, dans lesquels cent mille gardes nationaux et une nombreuse artillerie pouvaient facilement s'établir et rendre l'enceinte fortifiée infranchissable.

Tels étaient les moyens stratégiques de défense dont les chefs militaires de la Commune disposaient le 20 mai dernier. Cinq ou six mille ouvriers terrassiers travaillaient jour et nuit, sous la surveillance du génie auxiliaire, à compléter et à terminer les travaux de défenses dont nous parlons.

Ayant été délégué, ainsi que nous l'avons dit, par le Comité de salut public auprès du génie auxiliaire, pour surveiller et hâter la construction des barricades et des autres travaux d'art propres à assurer la défense de la capitale, et empêcher l'armée assiégeante de franchir l'enceinte des fortifications, chaque matin, à quatre ou cinq heures, après avoir passé la nuit à la rédaction du *Journal Officiel*, dont nous étions chargé, nous allions faire une tournée d'inspection sur les travaux dont la surveillance nous était confiée. Dès qu'ils furent assez avancés pour pouvoir être armés nous fîmes un rapport au Comité de salut public et au ministère de la guerre, en les priant de les faire occuper par la garde nationale, et d'armer les barricades de canons et de mitrailleuses en quantité suffisante pour foudroyer l'ennemi s'il parvenait par hasard à franchir l'enceinte fortifiée.

Le colonel commandant du génie chargé de la direction supérieure de ces travaux, et qui s'était acquitté avec zèle et intelligence de sa mission, avait adressé une requête semblable au délégué et à la Commission de la guerre.

Mais, hélas! malgré ces doubles réclamations et plusieurs autres démarches, les lignes stratégiques indiquées n'étaient ni armées ni occupées; et celles construites pour la défense des portes de Saint-Cloud et d'Auteuil, situées au Point du jour, qui est la partie la plus faible et la plus exposée des fortifications, n'étaient pas encore armées et occupées le dimanche matin, 21 mai, lorsque nous fîmes notre tournée sur ces points si menacés, surtout depuis la prise du fort d'Issy et l'occupation du Bois de Boulogne par les Versaillais.

Le matin, dès cinq heures, la partie des remparts comprise entre la porte de la Muette, celles de Saint-Cloud et de Versailles, que nous avons parcourue, était bombardée à outrance, et ce n'était pas sans un grand danger qu'on pouvait se hasarder sur cette ligne des fortifications. Elle était criblée d'obus, de bombes et de boulets pleins, par les forts du Mont Valérien, d'Issy et de Montretout, qui tiraient à toute volée et avec toutes leurs pièces; par les redoutes de Châtillon, de Meudon, de Gennevilliers, et par les batteries de siége établies à Clamart, Meudon, à Bagneux, à Sèvres, à Saint-Cloud, à Bellevue, à la Grande Jatte, au Château de Bécon, à Courbevoie et à Asnières, dont un certain nombre avait au moins 70 pièces de fort calibre, et dont la plupart possédaient de grosses pièces de siége et de marine. La situation était terrible et elle devenait de plus en plus critique. Cette ligne des fortifications était tellement labourée par les obus et les boulets, qu'il était à peu près partout impossible de se maintenir sur les remparts ou sur la route stratégique, et il n'était pas difficile de prévoir que bientôt la garde nationale ne pourrait plus occuper les portes et que ces dernières, à moitié démolies, seraient abandonnées. Il était donc de la plus grande, de la plus urgente nécessité de faire occuper et armer immédiatement les solides travaux de défenses qui avaient été construits en arrière de la ligne d'enceinte des fortifications, afin que si les assiégeants parvenaient à s'emparer d'une porte, ou à ouvrir une brèche, ils ne puissent pas aller plus loin et envahir la place.

Nous ne pouvions nous expliquer pourquoi l'armement que nous réclamions avec tant d'insistance n'était pas encore effectué. Nous redoutions un envahissement par les portes menacées. Cependant tous les officiers supérieurs auxquels nous communiquions nos craintes nous rassuraient en nous disant qu'il n'y avait pas péril en la demeure, que les fortifications ne pouvaient pas être forcées.

Le soir, à la fin de la séance de la Commune, à six heures environ, Dombrowski envoya une dépêche annonçant que la porte du Point du jour était occupée par l'ennemi, sans témoigner de grandes inquiétudes, disant qu'il n'avait pas de craintes sérieuses, que les Versaillais seraient repoussés. Cette communication produisit une profonde impression dans la Commune, et sembla émouvoir beaucoup les membres du Comité de salut public présents; le délégué à la guerre, le citoyen Delescluze, parut anxieux.

Quant à nous, nous étions dans la plus grande inquiétude; nous savions que les défenses en dedans des portes du Point du jour et de Saint-Cloud n'étaient ni armées, ni gardées, ni defendues; qu'il suffisait à l'ennemi d'un coup de main pour s'en emparer et envahir Paris jusqu'au Trocadéro et à l'Arc de Triomphe, etc.

Le soir, après la séance de la Commune, nous nous rendîmes au ministère de la guerre, accompagné du citoyen Gambon, afin de recommander l'exécution des mesures de défense qui selon nous pouvaient seules conjurer le danger imminent qui menaçait la place de Paris. Nous rencontrâmes d'abord le citoyen Cluseret, auquel nous soumîmes le plan de défense, que nous avions tracé sur une carte stratégique de Paris. Ce général, qui avait lui-même recommandé ces moyens de défense dans la lettre que nous avons citée, nous répondit qu'il allait en parler au délégué à la guerre, et qu'il espérait que les mesures nécessaires seraient prises pour empêcher l'ennemi de pénétrer plus avant dans Paris. Le général Lacécilia entrant un moment après au ministère de la guerre, nous lui fîmes les mêmes recommendations et les mêmes observations, en le priant instamment de faire armer les travaux de défense de la rive gauche avoisinant les fortifications, et surtout de s'opposer de toutes ses forces au passage de l'ennemi sur les ponts de Grenelle et du viaduc du chemin de fer, afin que les troupes de Versailles entrées par le Point du jour ne se répandissent pas sur la rive gauche. Le général Lacécilia nous promit de tenir compte de nos observations et de veiller courageusement sur les positions dont la défense lui était confiée. Enfin arrivé, accompagné du citoyen Gambon, auprès du citoyen Delescluze, délégué à la guerre, nous lui répétâmes tout ce que nous avions déjà dit aux généraux Cluseret et Lacécilia. Nous lui fîmes comprendre toute l'urgence et toute l'utilité indispensable des mesures que nous lui recommandions, en lui disant que si elles n'étaient pas exécutées l'ennemi aurait envahi le lendemain matin plus du tiers de Paris, et que nous serions alors perdus. Le général Henry, présent et qui, l'avant-veille, avait visité avec nous les travaux de défenses dont nous demandions l'armement, joignit ses instances aux nôtres. Et le citoyen Delescluze nous promit de donner des ordres conformes à nos désirs, et de tenir bonne note de nos recommendations. Le général Henry nous dit qu'il en surveillerait lui-même l'exécution. Nous recommandâmes encore au citoyen

Gambon d'aller de suite visiter les points menacés et d'assurer leur défense. Il partit immédiatement pour Passy et Auteuil. Nous avons beaucoup regretté de ne pouvoir l'accompagner, mais malheureusement nos occupations nous retenaient toute la nuit au *Journal Officiel,* dont la rédaction et la direction nous étaient confiées.

Toute la nuit les bombes et les obus des Versaillais, établis au Trocadéro et à l'Arc de Triomphe, tombèrent sur les bureaux de l'*Officiel,* situés quai Voltaire. Un obus enfonça la porte.

Le lendemain matin, à quatre heures, nous aperçûmes des gardes nationaux en grand nombre qui traversaient le pont Royal. Etonné de ce mouvement nous leur en demandâmes l'explication, et ils nous répondirent que les Versaillais avaient forcé les portes du Point du jour et de Saint-Cloud, qu'ils avaient débordé à leur gauche du côté de la Muette, à leur droite du côté de Vaugirard; qu'ils avaient franchi la Seine sur le pont de Grenelle et qu'ils envahissaient toute la rive gauche, et la rive droite probablement jusqu'au Trocadéro et à l'Arc de Triomphe de l'Etoile. Ces gardes nationaux ajoutèrent qu'il y avait bientôt deux mois qu'ils se battaient aux postes avancés, et qu'ils allaient défendre leurs quartiers. Nous comprîmes alors que les recommandations que nous avions faites si souvent depuis huit jours, et que nous avions encore renouvelées la veille, n'avaient pas été exécutées, que nos tristes prévisions s'étaient réalisées, que les troupes de l'assemblée de Versailles s'étaient avancées dans Paris et emparées sans résistance sérieuse des travaux considérables de défense dont nous avons parlé, avant même qu'ils soient armés et défendus, et qu'il fallait songer à organiser la défense sur d'autres points.

Voici ce qui s'était passé : Le commandant Trèves s'était avancé à trois heures après-midi, le 21 mai, près de la porte de Saint-Cloud, étonné du silence des défenseurs de Paris, qui durait déjà depuis un certain temps. Pendant qu'il examinait la porte un homme en bourgeois parut au bastion de gauche, et y arbora un drapeau blanc. Cet inconnu prononça même quelques paroles que couvrait le bruit de la canonnade de Montretout, néanmoins le commandant crut entendre ces mots : "Venez, il n'y a personne." Sur cette invitation le commandant sauta sans hésiter dans la tranchée, suivi du sergent Constant, du 3ᵉ bataillon, du 91ᵉ régiment, courut vers le bastion, enjamba le pont-levis dont il ne restait plus qu'une poutrelle, et rejoignit son interlocuteur.

"Je me nomme Ducatel," lui dit celui-ci ; "je suis piqueur aux ponts-et-chaussées et ancien officier d'infanterie de marine ; vous pouvez avoir confiance dans mes paroles. Paris est à vous si vous voulez le prendre ; faites entrer sans retard vos troupes ; voyez tout est abandonné."

En effet, les bastions de gauche et de droite étaient complètement évacués, et l'œil n'apercevait aucun garde national à l'horizon.

Le commandant Trèves invita alors M. Ducatel à sortir de Paris avec lui et à venir rendre compte au général en chef de la situation ; puis il adressa aux généraux Douay et Vergé, à Villeneuve l'Etang et à Sèvres, la dépêche suivante :

"Je viens d'entrer dans Paris par la porte de Saint-Cloud, avec M. Ducatel. Tout est abandonné. Je vais couper les fils des torpilles."

Une demi-heure après le feu cessait sur toute la ligne.

Le commandant Trèves, accompagné de M. Ducatel, du capitaine de génie Garnier, et d'une section de génie, rentra alors dans Paris.

Deux compagnies du 37ᵉ de ligne de la division Vergé, quelques sapeurs et quelques artilleurs portant des mortiers de 15 centimètres, pénètrent à trois heures et demie un par un dans la place. Quelques gardes nationaux s'étant aperçus de cette invasion, reviennent en avant et la fusillade s'engage ; une pièce de 12 est retournée contre les gardes nationaux pendant qu'on établit une passerelle sur les débris du pont-levis. Les gardes de tranchée et les travailleurs sont amenés en grande hâte pour soutenir le combat.

Le général Mac-Mahon, qui avait alors son quartier général au Mont Valérien, informé de ce qui vient de se passer, donne immédiatement l'ordre à tous les commandants de corps de prendre les dispositions nécessaires, pour entrer dans la place à la suite du corps du général Douay.

Le général Berthaut, commandant la 17ᵉ division du 4ᵉ corps, suit les deux compagnies du 37ᵉ, entrées les premières dans la place. La brigade Gandil, de cette division, y pénètre ensuite à six heures et demie, suivie de près par la brigade Carteret. Le général Berthaut avait pour mission de s'emparer du quadrilataire formé par les bastions 62 à 67, la Seine et le viaduc du Chemin de fer de Ceinture, position importante, qui forme dans l'intérieur des murs une excellente place d'armes.

Cette opération fut exécutée en longeant les fortifications par le boulevard Murat de manière à tourner les défenses du pont-viaduc qui faisaient face aux portes du Point du jour et de Saint-Cloud. Les envahisseurs s'emparèrent aussi de la porte d'Auteuil et donnèrent ensuite accès à d'autres troupes.

La division Vergé était entrée dans Paris à sept heures et demie, et s'était dirigée par la route de Versailles vers le pont de Grenelle, qu'elle traversa afin de s'emparer des portes de Meudon, de Sèvres, d'Issy et de Versailles, de les ouvrir et de permettre ainsi aux troupes assiégeantes de la rive gauche d'envahir Grenelle, Vaugirard et Montrouge.

Si la ligne de défense du viaduc d'Auteuil, entre la Seine et la porte d'Auteuil, avait été solidement armée et défendue; si les batteries établies sous le viaduc en face des portes du Point du jour et de Saint-Cloud, et des wagons blindés, avaient foudroyé les assaillants dès qu'ils avaient tenté de franchir ces deux ouvertures; si la batterie construite sur le chemin stratégique, au bastion 62, avait balayé le boulevard Murat et pris en écharpe les assaillants, ils n'auraient jamais pu s'avancer jusqu'à la porte d'Auteuil. Si la barricade armée de canons située sur le quai près du pont de Grenelle, qui commandait la porte de Billancourt et le quai d'Auteuil, avait balayé ce dernier, la division Vergé n'aurait jamais pu se diriger vers le pont de Grenelle; et si les canons de la barricade du quai de Passy, construite à l'angle de la rue Beethoven, avaient tiré sur le pont de Grenelle, ce dernier était infranchissable. Si la maison des Jésuites de Passy, transformée en forteresse, avait été armée, si sa terrasse, disposée pour recevoir huit ou dix pièces d'artillerie, avait été garnie de ces dernières, et si cette terrible batterie, qui dominait le fameux quadrilataire compris entre les bastions 62 et 67, la Seine et le viaduc du chemin de fer, avait fait feu sur les assiégeants, qui cherchaient à s'établir dans cette position, il est certain qu'elle n'eut pas été tenable pendant une minute. On aurait pu aussi armer le viaduc d'Auteuil de batteries volantes et de mitrailleuses, qui en auraient défendu l'approche et qui eussent empêché de franchir les portes d'Auteuil, du Point du jour et de Saint-Cloud.

Rien n'était plus facile, comme on le voit, que d'empêcher l'envahissement de Paris de ce côté. Il suffisait pour cela d'armer et de défendre les positions stratégiques formant la seconde ligne d'enceinte, positions formidables. Et c'est pour avoir négligé de faire tout cela que l'armée de Versailles a pu pénétrer dans Paris, que quarante mille malheureux gardes nationaux ont été massacrés, que quarante mille autres sont prisonniers, que la Révolution est vaincue, que la réaction triomphante règne et gouverne à Versailles.

Ces remarques faites, continuons le récit de l'envahissement de Paris, en citant le rapport du général en chef Mac-Mahon :

" Les divisions Berthaut et l'Hérillier (4ᵉ corps), après s'être emparées de la porte d'Auteuil et du viaduc du chemin de fer, se portent en avant pour attaquer la seconde ligne de défense des insurgés, située entre la Muette et la rue Guillon. Elles s'emparent de l'Asile Saint-Périn, de l'église et de la place d'Auteuil.

" La division Vergé sur la droite enlève une formidable barricade qui se trouvait sur le quai à la hauteur de la rue Guillon ; puis se porte sur la forte position du Trocadéro, en y faisant 1,500 prisonniers."

Voici comment le *Gaulois* raconte la prise de la barricade de la rue Guillon, défense principale du quai de Passy :

"L'enlèvement de la barricade Guillon a été un des faits les plus heureux. Cette barricade extrêmement forte appartenait à ce qu'on appelle la deuxième ligne d'enceinte. Elle était armée de trois pièces de 12. Le capitaine Jacquet, commandant les tireurs d'élite du 90e, est entré dans la barricade au moment où 600 gardes nationaux accouraient pour en assurer la défense. Cet officier, d'un aplomb remarquable, commença par enlever le revolver du chef des insurgés avant d'entrer en conférence avec lui. Pendant ce temps, un des déserteurs de l'armée, ancien secrétaire du Colonel Monclat, nommé Monthus, donna dans nos troupes, muni d'un ordre de Dombrowski, avec mission d'escorter une batterie volante qui devait être placée sur le viaduc du Point du jour. Le commandant fédéré prend sur lui d'ordonner au 247e chargé de la batterie de se retirer, et nous rend maître de la barricade après une vingtaine de coups de fusils seulement."

Il résulterait de ce récit, s'il est exact, ce dont nous doutons, que les ordres de défendre la seconde ligne fortifiée et d'armer le viaduc d'Auteuil, auraient été donnés trop tard ; que le Point du jour aurait été occupé par surprise et que la barricade de la rue Guillon aurait été prise par l'ennemi grâce à la faiblesse ou à la trahison du commandant chargé de la défendre.

La ligne d'enceinte et les premières positions en arrière forcées, le Trocadéro n'aurait jamais été pris si les énormes et formidables barricades placées à l'entrée des avenues de l'Impératrice, de la Muette et de la rue Franklin eussent été armées et défendues. Comme nous l'avons déjà dit, ces barricades étaient de véritables redoutes blindées, crénelées, pourvues de meurtrières et de casemates. Il suffisait de les défendre pour arrêter une armée pendant longtemps.

"De son côté," ajoute le rapport de Mac-Mahon, "le général Clinchant entre dans la place vers neuf heures du soir par la porte de Saint-Cloud avec la brigade Blot, suivie de la brigade Brauer, tourne à gauche, et suivant les boulevards Murat et Suchet, s'empare de la porte de Passy. La brigade de Courcy entre dans la place par cette porte.

"La position importante du Château de la Muette," ajoute le rapport officiel, "dont les défenses s'appuient aux remparts et se prolongent vers la Seine, devient l'objectif du général Clinchant. Défendue par des fossés, des murs, des grilles, elle était presque inattaquable du côté des remparts. Le général se porte à l'est, la tourne et l'enlève."

Cette prise du Château de la Muette, défendu par un général aussi capable et aussi courageux que Dombrowski, nous paraît inexplicable. Cet officier supérieur connaissait parfaitement le terrain sur lequel il combattait, il ne devait pas ignorer les travaux considérables de défenses exécutés par le génie dans la partie de Paris dont la défense lui était confiée; il devait savoir aussi que les points faibles, les plus menacés, étaient ceux du Point du jour, et nous n'avons jamais pu comprendre pourquoi il n'avait pas fait armer formidablement et défendre vigoureusement les positions et les travaux de défenses qui commandaient les portes de Saint-Cloud et du Point du jour, et qui les rendaient inabordables. C'est pour nous un mystère inexpliqué, car le général Dombrowski, capable et intelligent, n'ignorait pas tout cela, et nous sommes convaincu qu'il aurait pu empêcher les Versaillais de franchir les portes du Point du jour et de Saint-Cloud.

Les divisions Grénier et Laveaucoupet, du 1er corps, pénètrent dans la place dès trois heures du matin.

Les divisions Bruat et Faron, de l'armée de Vinoy, étaient entrées dans Paris à deux heures du matin. La division Faron s'établit en réserve à Passy. La division Bruat franchit la Seine pour enlever la porte de Sèvres et faciliter l'entrée du 2me corps. La brigade Bernard de Seigneuret, de cette division, traverse à cet effet le pont viaduc. Elle éprouve des difficultés à l'attaque du quartier de Grenelle, mais elle s'en empare au moment où les troupes du général de Cissey, qui ont forcé la porte de Sèvres, viennent la rejoindre.

C'est la première fois, depuis seize heures que la porte de Saint-Cloud à été franchie, que les troupes envahissantes éprouvent quelque résistance. La raison en est bien simple : c'est que les fortes barricades construites à l'angle des rues de Vaugirard et Desnouettes étaient armées.

Une fois ces positions occupées la porte de Versailles a été ouverte et la division Bocher est entrée. Le quartier général de Mac-Mahon est alors installé au Trocadéro. Le général Douay, à droite, reçut l'ordre d'occuper le palais de l'Industrie, le palais de l'Elysée et le ministère de l'intérieur, le 22 au soir.

"Le général Clinchant," dit le rapport de Mac-Mahon, "sur la rive droite cherchera à se rendre maître de la gare de l'Ouest, de la caserne de la Pépinière et du Collége Chaptal.

"Sur la rive gauche le général de Cissey tournera par l'est l'Ecole militaire, les Invalides, et la gare de Montparnasse.

"A la fin de la journée la division Bruat occupera les écuries de l'empereur et la manufacture de tabacs.

"La division Faron du général Vinoy restera en réserve près du Trocadéro."

On voit que, malgré les négligences et la faiblesse de la défense, les troupes de Versailles n'avancent qu'avec hésitation. Ce ne fut que le 22 au soir que la place de l'arc de triomphe de l'Etoile ainsi que celle d'Eylau furent occupées. Les palais de l'Elysée et de l'Industrie ont été pris le même jour.

Toutes les formidables lignes de défenses construites avec tant d'art et au prix d'un énorme travail, depuis le Point du jour jusqu'aux Champs-Elysées, à la gare Saint-Lazare à gauche, et à la rue de Vaugirard à droite, lesquelles auraient pu assurer pendant plusieurs mois l'inviolabilité de l'enceinte de Paris du côté de l'est et du sud si elles avaient été armées et défendues, sont tombées presque sans combat, dans le court espace de vingt-quatre heures, entre les mains de l'ennemi, et ont permis à ce dernier de s'emparer de toutes les parties de Paris depuis le bastion 44 jusqu'au bastion 72, de les envahir et de laisser ainsi un libre passage au flot des assiégeants, qui s'est précipité dans l'intérieur de Paris et en a occupé un tiers dans un jour.

CHAPITRE V.

BATAILLE AU CENTRE DE PARIS.

Lorsque le 22 au soir nous vîmes cet épouvantable résultat, nous comprîmes qu'il ne restait plus d'autres ressources aux défenseurs dévoués de la Commune que de résister à outrance dans la partie de Paris qui était encore au pouvoir du peuple, et qu'ils devaient surtout assurer d'une manière efficace la résistance des quartiers populaires de la capitale, qui étaient les véritables foyers de la Révolution. Nous savions de quelle férocité sanguinaire, de quelle rage aveugle étaient animés les hordes policières, royalistes et cléricales au service de l'assemblée de Versailles ; nous connaissions la cruauté sauvage, la soif de sang et de vengeance qui animait les féroces généraux qui commandaient les prétoriens du second Empire, devenus les sicaires de la réaction, et nous résolûmes d'organiser une défense énergique contre ces bêtes fauves altérées du sang des ouvriers républicains-socialistes, afin d'opposer, si c'était possible, un obstacle invincible à la sanglante orgie et aux massacres dont ces bandits savouraient d'avance la jouissance. Dans ce but nous nous rendîmes rue Haxo, numéro 145, à Belleville, au siége de la division du génie auxiliaire de la Commune, où se trouvaient plusieurs officiers de cette arme. Nous traçâmes alors sur le plan de Paris toutes les barricades dont la construction était nécessaire à la défense des quartiers de la Villette, Belleville, de Menilmontant et de Charonne, dont les défenses stratégiques étaient loin d'être suffisantes. Ainsi, par exemple, depuis la place du Château d'Eau jusqu'à la porte de Romainville, il y avait à peine quelques barricades à l'entrée de la rue de Paris, Belleville. Toute le reste était à découvert. La route militaire le long des remparts, depuis le bastion 10 près de la porte de Vincennes, jusqu'au bastion 27 à côté du canal de l'Ourcq, n'était pas suffisamment barricadée, de telle sorte que Belleville et les arrondissements environnants étaient à la merci d'une marche rapide de l'armée des envahisseurs le long des fortifications; ils pouvaient non-seulement être forcés par devant, mais encore être tournés et pris par derrière si l'armée de Versaille suivait le chemin stratégique qui côtoie les fortifications; et alors, c'en aurait été fait de la défense de Paris. Il fallait donc immédiatement remédier à ce danger pressant. Les ingénieurs du génie, auprès desquels nous étions délégués par le Comité de salut public, tracèrent de suite sur le terrain, en ces divers points, les barricades arrêtées avec eux sur le plan de Paris, et les ouvriers auxiliaires du génie furent mis immédiatement à l'œuvre et travaillèrent nuit et jour.

Dans vingt-quatre heures la place du Château d'Eau, le boulevard Voltaire, le canal, la rue du Faubourg du Temple, celle de Saint-Maur, la place située en haut de cette rue à l'entrée de la rue de Paris, cette dernière, le boulevard Puebla, la rue de Romainville, la rue Haxo, la rue Saint-Fargeau, celle des Tourelles, la place des Trois Communes, le chemin des remparts de la porte de Romainville à celle de Pantin et à celle de Vincennes, se couvrirent comme par enchantement d'énormes barricades. Plusieurs étaient de véritables redoutes ; elles furent garnies de pièces d'artillerie et gardées par des gardes nationaux dévoués. Celles construites près de la porte de Romainville, du poste-caserne du bastion 18, celles du bas de la rue des Lilas, près des bastions 21 et 22, étaient formidables et armées de grosses pièces de remparts ; au dessus, sur les carrières d'Amérique, près de la même rue des Lilas, une solide batterie de pièces de fort calibre fut construite ; ces dernières commandaient le chemin stratégique des remparts jusqu'à la porte de Pantin, et défendaient le passage du canal et du bassin de la Villette, dont les ponts étaient minés. De l'autre côté, entre le bastion 10, à la porte de Vincennes, et le bastion 19, à la porte de Romainville, de solides barricades armées de pièces de 24 coupaient le chemin des remparts aux angles de la rue Saint-Fargeau, devant les portes de Ménilmontant, de Bagnolet, de Montreuil et de Vincennes, de manière à empêcher l'ennemi de tourner les anciens faubourgs et de les prendre par derrière. Ces défenses assuraient les combattants de la Villette, Belleville, de Ménilmontant, des Buttes Chaumont et du Père Lachaise de toutes surprises ; elles garantissaient leurs derrières et pouvaient les sauver d'un massacre général.

Maintenant que nous avons donné une idée des moyens de défense organisés en vue d'une attaque des hauteurs de Belleville et de ses environs, suivons rapidement la marche sanglante de l'armée envahissante.

L'Ecole militaire est occupée sans coup férir par la division Susbielle. Un parc de 200 pièces de canons, d'énormes dépôts de poudre et des magasins considérables d'effets, de vivres et de munitions tombent en son pouvoir. C'était le lieutenant-colonel Razoua qui était chargé de défendre cette importante position. Voici comment ce monsieur raconte lui-même, dans une lettre publiée à Genève, de quelle manière héroïque il a rempli la mission qui lui avait été confiée : " Nommé, par le délégué à la guerre Cluseret, commandant de la place de l'Ecole militaire, avec le grade de lieutenant-colonel, je suis resté à mon poste jusqu'au lundi 22, jour de l'entrée des Versaillais à Paris. Je l'ai évacué ce jour-là, à six heures du matin, avec mon état-major, moi le dernier, sous le feu des Versaillais, qui occupaient le Trocadéro et le Champ de Mars. Je suis rentré chez moi, 6, rue Dupéré, vers les sept heures, où, écrasé de fatigue, je me suis reposé. Je me suis mis en bourgeois, et ai été, à onze heures, chez un de mes amis, d'où je ne suis sorti que le 23 juin, au soir, pour aller prendre le train express pour Genève, où je suis arrivé le 24."

Ainsi, ce monsieur est resté à son poste jusqu'à l'arrivée de l'ennemi, et dès qu'il a aperçu ce dernier, au lieu de se battre et de défendre la position qui lui avait été confiée, il l'a abandonnée et s'est sauvé chez lui, habillé en bourgeois; puis, au lieu d'aller rejoindre ses collègues, qui combattaient courageusement pour la Commune, et dont un grand nombre s'est fait tuer, Monsieur Razoua prenait le chemin de fer et se sauvait lâchement à l'étranger. Ce sont les officiers d'état-major de cette espèce qui ont rendu possible l'entrée des Versaillais dans Paris et la chute de la Commune, ce sont eux qui sont responsables du sang qui a coulé et du massacre de quarante mille gardes nationaux qui ont été tués.

Pendant que l'Ecole militaire tombait aux mains de l'ennemi, la brigade Lian s'emparait de la gare de Montparnasse.

La deuxième brigade de la division Bruat occupe

le même jour, 22 mai, le ministère des affaires étrangères et le palais du Corps-législatif.

Le 23 mai, du haut des Buttes Montmartre, armées de près de 200 pièces de canons dominant tout Paris, les défenseurs de la Commune battaient d'obus et de boulets les positions ennemies du Champ de Mars, du Trocadéro, etc., et les rendaient presque intenables. Ces buttes étaient la position la plus importante, la plus élevée, la mieux armée de la Commune. L'effort principal de l'attaque des envahisseurs devait donc se porter contre elles. C'est en effet ce qui eut lieu, le 23 mai de grand matin.

Des barricades vraiment formidables avaient été construites à tous les principaux abords de Montmartre, et notamment à la place de Clichy, à la place Blanche, à la place Pigalle, à l'entrée de la rue Clignancourt et à celle du boulevard Ornano. Toutes ces barricades furent armées de canons et de mitrailleuses descendues du haut des buttes ; où il restait encore plus de 100 pièces de divers calibres, tournées au sud et au sud-ouest contre les positions ennemies, qu'elles canonnaient. Si bien armé que fut Montmartre, cette position avait cependant un point des plus défectueux et des plus faible. Elle était à peine fortifiée près du mur d'enceinte, et par conséquent très-abordable de ce côté. Les officiers supérieurs et le comité de la guerre chargés de la défendre avaient sans doute pensé qu'elle ne pouvait pas être attaquée par derrière du côté du nord, et ils avaient négligé de la fortifier sur ce point. Ce fut une faute énorme. Les généraux Versaillais ne l'ignoraient pas. Voici comment s'exprime à ce sujet le rapport de Mac-Mahon, commandant en chef de l'armée de Versailles :

"Les hauteurs de Montmartre ayant la plus grande partie de leurs barricades et de leurs batteries dirigées au sud et à l'intérieur de Paris, le plan d'attaque consiste à tourner les défenses et à les enlever, en cherchant à s'élever sur ces hauteurs par le côté opposé. Le général Ladmirault doit attaquer par le nord et l'est, et le général Clinchant par l'ouest.

" Les troupes d'attaque se mettent en mouvement à quatre heures du matin. La division Grenier, longeant les fortifications, débusque l'ennemi des bastions et enlève avec le plus grand entrain tous les obstacles. Arrivé à la hauteur de la rue Mercadet, la brigade Abbatucci poursuit sa marche sur les boulevards Bessières et Ney, enlève les barricades de la porte de Clignancourt, le pont du Chemin de fer du Nord, et atteint la gare des marchandises, où elle tourne à droite pour s'élever sur les buttes par les rues des Poisonniers et de Lubat ; elle atteint la rue Mercadet et se trouve arrêtée dans un quartier hérissé de barricades, entre le chemin de fer et le boulevard Ornano.

"La brigade Pradié, qui a suivi la rue Mercadet, avance lentement sous le feu plongeant des buttes et du cimetière Montmartre, où elle ne pénètre qu'avec les plus grands efforts.

"La division Laveaucoupet se prolonge le long des fortifications et atteint les rues des Senelles et du Mont Cenis, par lesquelles elle doit aborder les hauteurs de Montmartre.

"De son côté le cinquième corps de Clinchant, suivant le boulevard des Batignolles et les rues parallèles, s'empare de la mairie du 17me arrondissement, de la grande barricade de la place Clichy, et, longeant le pied des buttes, franchit tous les obstacles, et pénètre dans le cimetière par le sud, en même temps que les têtes de colonnes du premier corps y entrent par le nord.

"A ce moment les hauteurs de Montmartre sont entourées au nord et à l'ouest par les troupes du premier et du cinquième corps ; une attaque générale a lieu par toutes les rues qui de ces deux côtés gravissent les pentes.

"Le corps de Clinchant s'élevant par la rue Lepic, s'empare de la mairie du 18me arrondissement.

"La brigade Pradié, du premier corps, à la tête de laquelle marchent les volontaires de la Seine, arrive la première à la batterie du Moulin de la Galette; bientôt après une compagnie du dixième bataillon de chasseurs, soutenue par les attaques vigoureuses du général Wolff, plante le drapeau tricolore sur la tour de Solférino. Il était une heure.

"Nous étions maîtres de la grande forteresse de la Commune, du réduit de l'insurrection, position formidable d'où les insurgés pouvaient couvrir tout Paris de leurs feux ; plus de 100 pièces de canons et des approvisionnements considérables en armes et en munitions tombent entre nos mains."

Les barricades de la barrière Clichy avaient été défendues avec beaucoup de courage, et ce n'est qu'après les combats les plus meurtriers que les Versaillais s'en sont rendus maîtres. Celle de la place Blanche tint bon pendant plus de quatre heures. Celle de la place Pigalle résista moins longtemps, et celle de la rue de Clignancourt aurait pu offrir une très-longue résistance si elle ne s'était pas trouvée tournée dès l'instant où les Buttes Montmartre étaient prises.

Les exécutions sommaires, les visites domiciliaires et les arrestations commencèrent aussitôt. Tous les gardes nationaux pris les armes à la main furent massacrés, entre autres deux artilleurs et un vieux marin. Les prisonniers étaient conduits pour être fusillés, soit au Château-Rouge, soit dans la maison du numéro 6 de la rue des Rosiers, dans le jardin de laquelle deux mois auparavant avaient été fusillés les généraux Lecomte et Clément Thomas.

Dès qu'ils furent maîtres des Buttes Montmartre les Versaillais établirent plusieurs batteries, entre autres une de huit pièces de marine de fort calibre, qui bombardèrent à outrance Paris, les Buttes Chaumont, Belleville et le Père Lachaise.

Le même jour le général Dombrowski était tué à la barricade Ornano.

Le 23 mai, la gare des marchandises du Nord, la place Saint-Georges, Notre-Dame de Lorette, le Collége Rollin, la mairie du 9me arrondissement, le Grand Opéra, la Madeleine, sur la rive droite, tombent au pouvoir de l'ennemi.

Sur la rive gauche la barrière du Maine, l'Observatoire, le cimetière Montparnasse, la place d'Enfer, le marché aux chevaux, l'abbaye au Bois et la caserne de Babylone sont enlevés. La place Saint-Pierre est tournée du côté des remparts et attaquée par devant; les défenseurs de ses énormes barricades armées de huit grosses pièces de canons sont forcés de les abandonner.

Le carrefour de la Croix-Rouge se défend vigoureusement, et ne peut être pris que très-avant dans la nuit. Il en est de même des barricades des rues Martignac et de Belle Chasse, où les gardes nationaux éprouvent de grandes pertes. La rue de Grenelle Saint-Germain est aussi prise, et les ministères de la guerre, des travaux publics, la direction des télégraphes, etc., sont occupés par l'ennemi.

Les barricades du haut de la rue de Rennes ayant été enlevées, ainsi que celle située sur le boulevard

Montparnasse, à l'angle de la rue Vavin, le général Levassor-Sorval pousse ses têtes d'attaque jusqu'aux abords du Luxembourg.

Pendant la nuit du 23 au 24, que nous avons passé à l'Imprimerie nationale, occupé à surveiller la publication de l'*Officiel,* nous avons subi un véritable bombardement des batteries versaillaises ; celles de Montmartre surtout tiraient à toute volée sur le quartier du Temple et sur l'Hôtel-de-Ville. Plusieurs obus sont tombés sur l'Imprimerie nationale et dans les cours. En nous rendant à l'Hôtel-de-Ville le matin, nous avons été obligé de nous coucher par terre ou de nous cacher derrière des barricades pour éviter les éclats d'obus tombés près de nous. L'Hôtel-de-Ville et la place de Grève étaient atteints par de nombreux projectiles.

Les citoyens Eudes et Arnaud étaient seuls au Comité de salut public, où nous nous rendîmes. Ils nous apprirent que la place Vendôme avait été prise, à deux heures du matin, que les Tuileries et le Palais Royal, incendiés par les bombes versaillaises, venaient de tomber entre les mains de l'ennemi. L'attaque furieuse continuait, et de nouveaux incendies éclataient rue de Rivoli. Bientôt toutes les batteries versaillaises bombardent l'Hôtel-de-Ville ; un feu terrible est ouvert sur les barricades qui l'entourent. Leurs défenseurs résistent avec courage. Le théâtre Lyrique et celui du Châtelet prennent feu sous la mitraille. Sur la rive gauche le bombardement est tout aussi ardent ; le Palais de Justice, la Préfecture de Police, la Conciergerie, les rues du Bac et de Lille, le carrefour de la Croix-Rouge, les rues Vavin, Bréa, Notre-Dame des Champs, etc., sont la proie des flammes.

A quatre heures du soir, malgré une vigoureuse résistance, le Luxembourg et le Panthéon, bombardés par les Buttes Montmartre sur l'ordre du général Cissey, tombent au pouvoir de l'ennemi. Tous leurs défenseurs qui ne peuvent s'échapper sont impitoyablement massacrés. Le jardin du Luxembourg, couvert de cadavres, est transformé en abattoir et en cimetière ; on y fusille les prisonniers et on creuse leurs fosses à côté. Les marches du Panthéon ressemblent à un charnier : elles sont couvertes de sang et de cadavres.

C'est près du jardin du Luxembourg que l'infortuné Raoul Rigault fut fusillé. Pauvre Rigault, si dévoué, si intelligent, si courageux et si jeune ! Ses assassins ont chargé sa mémoire des plus noires calomnies, ils l'ont dépeint comme un monstre, et cependant nul plus que lui n'avait le sentiment de la justice, dont il était un fanatique. Nous nous rappelons encore, à propos de la discussion sur l'application de la loi des otages, qu'il s'écriait : "J'aimerais mieux laisser échapper tous les coupables que de faire exécuter un seul innocent !" Voilà l'homme qu'on a dépeint comme un monstre de cruauté.

Après avoir assassiné le fils, les bourreaux de Versailles avaient arrêté le père, vieillard fort respectable, qui ne s'occupe pas de politique. A force de démarches, ce père infortuné fut enfin mis en liberté et obtint que le corps de son fils lui fut rendu. Il le fit exhumer du jardin du Luxembourg, où il avait été enterré.

Dans la même journée du 24, l'armée de Versailles s'empare encore de la Banque, de la Bourse, du Conservatoire de Musique, du Comptoir d'Escompte, de la porte Saint-Denis, du square Montholon, de Saint-Vincent de Paul, des gares du Nord et de Strasbourg. A neuf heures du soir l'Hôtel-de-Ville tombe aux mains de l'ennemi. Mais il est tout en feu; les bombes et les obus de Versailles, qui pleuvent dessus depuis trois jours, l'ont embrasé; une canonnière embossée au quai de Grève l'a littéralement criblé d'obus. Les Versaillais, après avoir bombardé Paris à outrance, criblé ses monuments de boulets et d'obus, et les avoir incendiés, ont poussé l'infamie, avec les journaux calomniateurs infâmes qui leur servent d'organes, jusqu'à accuser leurs victimes d'être les auteurs de tous les épouvantables sinistres dont ils se sont rendus coupables. Ce n'était pas assez d'allumer partout d'immenses incendies avec leur formidable artillerie, à l'aide des batteries, nombreuses et puissantes, qu'ils avaient installées sur toutes les positions dont ils s'étaient emparés, et qui vomissaient partout le fer, le feu, et la mort. Ces féroces envahisseurs massacraient en masse et versaient le sang à flot.

Dans les mairies réoccupées par les anciens maires, ces derniers ont installé des cours martiales, qui fonctionnent en permanence ; des officiers siégent entourés de gardes nationaux défenseurs de l'ordre, et envoient à la mort tous les malheureux suspects qui leur sont amenés. Le massacre et la terreur sont systématiquement organisés partout, sur une grande échelle. Le sang coule à flot. Tous les gardes nationaux qui ont combattu pour la Commune sont fusillés. Les soldats pénètrent dans les maisons et massacrent tout. Les femmes et les enfants ne sont pas épargnés.

La caserne de la place Lobau, le Châtelet, sont transformés en sanglants abattoirs, où des milliers de victimes sont sacrifiées à la soif sanglante des tigres versaillais. Dans ces antres du crime, de misérables officiers, transformés en bourreaux, envoient au supplice sans même les entendre les malheureuses victimes que les bachibouzoucks versaillais, ivres de vin et de sang, ont fait prisonniers ; personne ne trouve grâce devant ces pourvoyeurs de la fusillade : hommes, femmes, enfants, tous sont envoyés impitoyablement à la mort ; le sang ruisselle à flot ; les exécuteurs n'avancent pas assez au gré des sinistres assassins à galons d'or. A la fin de la journée le massacre devint si horrible, si atroce, si dégoûtant qu'un des colonels-sicaires eut honte de son odieuse besogne et, dégoûté de son rôle infâme, refusa de continuer de se souiller plus longtemps du sang innocent et demanda à être remplacé, en menaçant d'abandonner son poste. Un autre égorgeur désireux de gagner du galon lui succéda et continua son œuvre sanglante. Une grande fosse fut creusée dans le square de la tour Saint-Jacques, et les cadavres pantelants des victimes encore chaudes, dont beaucoup n'étaient pas mortes, y furent jetés. Les malheureux encore vivants, ensevelis, étouffés, râlaient sous les cadavres. Les voisins entendirent toute la nuit des soupirs d'agonisants, des plaintes étouffées, des appels désespérés à la pitié et au secours. De farouches factionnaires, à demi ivres, complices des assassins, sourds à l'humanité, montaient leur garde d'un air féroce, en titubant et menaçant de mort les passants qui faisaient un appel à leur pitié. Les femmes, les filles et les mères pleurant et implorant pitié pour leur mari, leur père et leur fils massacrés et enterrés vivants, étaient repoussées brutalement et frappées à coups de crosses et de baïonnettes. Dix mille enfants furent massacrés.

De semblables cruautés sans nom eurent aussi lieu sur le boulevard Rochechouart. Voici ce que raconte, à ce sujet, l'*Indépendance Belge* du 1er juin, très-hostile aux partisans de la Commune, et que l'on n'accusera pas de sympathies à leūr égard, ni d'exagérer les cruautés de leurs ennemis:

" On ne connaîtra probablement jamais le nombre des insurgés qui ont été tués à Paris. Les exécutions des communistes ont duré pendant toute l'après-midi de samedi, dans les casernes voisines de l'Hôtel-de-Ville. Après chaque décharge de mousqueterie les voitures d'hôpital s'avançaient et étaient remplies de cadavres.

"Plus de vingt mille personnes ont été arrêtées samedi.

"A l'angle de la rue du boulevard Rochechouart, près du café du Delta, *les blessés ont été enterrés vifs dans un trou. Pendant la nuit on a entendu dans ces parages des cris horribles.* On craint déjà que le grand nombre des morts et des blessés accumulés dans Paris n'y amènent des maladies épidémiques dont les conséquences seraient horribles."

Voilà ce qu'ont fait les sicaires, les bravi, les brigands, les infâmes défenseurs du sanglant gouvernement de Versailles. Ils ont enterré vivants les blessés. Ils ont été insensibles à leurs cris, à leurs soupirs, à leurs râles, à leur affreux, à leur épouvantable martyre. Ils les ont laissés toute une nuit se plaindre, crier, gémir sous terre, mêlés aux morts sans les secourir. Ils les ont fait mourir ainsi abandonnés en proie aux plus grandes tortures. Il faut que les scélérats féroces qui ont accompli cette infamie soient voués à la haine et à l'exécration publique. Il faut que ces abominables bourreaux, que ces atroces égorgeurs soient dénoncés, stigmatisés en face du monde entier, que tous ceux qui ont conservé un sentiment humain les aient en horreur ! On dit que le plus grand supplice qu'aient inventé les plus abominables tyrans consistait à enterrer un vivant avec un mort. Mais ils n'avaient pas songé encore à ce rafinement de cruauté qui consiste à enterrer pêle-mêle les blessés vivants avec les morts. Ce sont les infâmes tortionnaires de Versailles qui ont eut cette idée féroce. Leur perversité, leur cruauté et leur infamie ont dépassé toute limite. Ces effrayants bandits sont entrés dans l'infini du crime, dans l'illimité de l'atrocité.

Le soir de cette terrible journée du 24 mai, qui a vu verser tant de sang et allumer tant d'incendies par les criminels et barbares envahisseurs de Paris, du haut des hauteurs de Belleville nous avons assisté au spectacle le plus grandiose, le plus terrible et le plus horrible que l'on puisse imaginer. Une longue ligne de feu éclairait Paris comme en plein jour, le séparait et le coupait en deux sur les bords de la Seine. Les flammes étaient si élevées qu'on aurait dit qu'elles touchaient aux nuages et léchaient le ciel. Elles étaient si intenses, si brillantes, qu'à côté d'elles les rayons du soleil auraient ressemblé à des ombres. Les foyers d'où elles s'échappaient étaient plus rouge-blanc, plus incandescents que les fournaises les plus ardentes, la lumière électrique eut pâli à côté d'eux ; quelques-uns avaient au centre comme un noyau encore beaucoup plus ardent que le reste, qui se dessinait d'un brillant impossible à décrire sur la fournaise ardente qui l'entourait ; et, de temps en temps, une immense explosion se faisait entendre, des gerbes immenses de flammes, de globes enflammés, d'étincelles, s'élevaient jusqu'au ciel, perçant les nuages, bien plus haut encore que les autres flammes des incendies ; c'étaient d'immenses bouquets de feux d'artifices. Nous n'avons jamais rien vu d'un sublime aussi terrifiant. Et pendant que nous regardions, étonné et terrifié, ce spectacle grandiose et effrayant, les batteries des troupes de Versailles, dont nous apercevions les éclairs sinistres, et dont nous entendions les détonations effrayantes, lançaient des bombes et des obus, dont nous suivions de l'œil les courbes enflammées ; ces globes et ces cylindres de feu traçaient leurs sillons dans la nuit. Leurs lignes incandescentes se croisaient en tous sens au dessus de Paris en feu. C'était magique, sublime et terrible. On aurait cru assister dans quelque monde de feu à une épouvantable scène de pyrotecnie, au jeu fulgurant de géants invisibles, jonglant avec des globes flamboyants. Les incendies surgissaient sous les bombes et sous les obus comme par enchantement. Ils brillaient faibles d'abord là, où avait éclaté un projectile ; bientôt ils grandissaient, s'élevaient géants et illuminaient l'horizon. Ce n'est pas exagérer que de dire qu'ils se multipliaient avec la rapidité de l'éclair. On voyait éclore avec terreur cette génération spontanée de brillants foyers. Le feu germait dans Paris d'une manière effrayante ; on aurait pris cette ville pour un parterre de feu dont les roses étaient des incendies.

Nous étions pétrifié et étonné, nous ne comprenions pas la folie incendiaire qui poussait les envahisseurs de Paris à brûler les beaux quartiers qu'ils habitaient et les palais qui étaient leurs apanages, et nous étions loin de supposer alors qu'au mépris de l'évidence on oserait accuser les défenseurs de la Commune d'avoir brûlé la capitale, quand il suffisait d'ouvrir les yeux pour voir les bombes versaillaises du Trocadéro, de l'arc de triomphe de l'Etoile, du Champ de Mars, des Invalides, du Luxembourg, des bastions, de Montrouge, du Palais Législatif, des grands boulevards, de Montparnasse, de la Madeleine, de la place Wagram, de Montmartre, de la gare du Nord, de celle de l'Ouest, des canonnières de la Seine pleuvoir en tous sens sur Paris, allumer d'immenses incendies et tout réduire en cendres. Cela était pourtant visible pour tous, et il faut être de la plus insigne mauvaise foi pour ne pas le reconnaître. Certainement que les projectiles des défenseurs de Paris ont aussi dû causer des sinistres, nous ne le nions pas ;

mais en bien moins grand nombre que ceux des Versaillais, et pour cette raison bien simple, que quand la garde nationale tirait un coup de canon, envoyait un obus, l'armée de Versailles en lançait dix. Eh bien, malgré cela les vainqueurs de Paris, qui l'ont incendié et massacré, couvert de feu et de sang, sont des Sauveurs ; et ses défenseurs, qui ont voulu l'abriter contre les horribles excès commis par les hordes versaillaises, sont accusés d'assassinat et d'incendie. Ceux qui ont pu échapper aux flammes et à la fusillade sont des brigands, et leurs bourreaux incendiaires d'honnêtes gens. Les victimes sont traduites devant les assassins transformés en juges. A Paris, comme à Berlin, à Saint-Pétersbourg, à Constantinople, à Pékin et partout, c'est la force qui opprime le droit, calomnie et massacre ses défenseurs.

Pendant que ces crimes sans nom et ces calomnies sans exemple s'accomplissaient dans l'intérieur de Paris, à l'extérieur deux de ses forts, ceux d'Issy et de Vanves, étaient déjà aux mains de l'ennemi ; et dans la journée du 25, ce dernier s'emparait successivement de ceux de Montrouge, de Bicêtre, d'Ivry, des redoutes des Hautes Bruyères et de Villejuif. Tous ceux de leurs défenseurs pris par les Versaillais ont été massacrés ; un certain nombre se sont sauvés dans les souterrains.

A l'intérieur la barrière d'Italie, la butte aux Cailles, la gare d'Orléans, le Jardin des Plantes, la

Halle aux Vins, sur la rive gauche ; la gare de Lyon, Mazas, le Grenier d'Abondance, l'Imprimerie nationale, la place du Château d'Eau, la Caserne du Prince Eugène, le square des Arts et Métiers, sur la rive droite, sont occupés.

Le 25 au soir toute la rive gauche était perdue pour la Commune, et les Versaillais s'avançaient sur la rive droite jusqu'au bastion 33, près de la porte de la Chapelle. La Bastille, la place du Trône et la rotonde de la Villette étaient menacées.

Le lendemain, 26, la place de la Bastille est tournée à l'est, toutes les avenues, les boulevards et les rues y aboutissant sont occupés par l'ennemi. Lorsqu'elle est ainsi entourée et attaquée de toute part, elle ne tarde pas à être prise ; la même tactique amena aussi l'occupation de la place du Trône un peu plus tard, et celle de la rotonde de la Villette ; et en même temps les troupes s'avançaient par le chemin des fortifications, le long des remparts, jusqu'au canal Saint-Denis.

CHAPITRE VI.

LE DERNIER ACTE.

Les derniers défenseurs de la Commune étaient enfermés entre la porte de Pantin et le canal de l'Ourcq, au nord-est ; le canal Saint-Martin et le boulevard Richard Lenoir, à l'ouest ; la place du Trône, l'avenue et la porte de Vincennes, au sud ; et la ligne des fortifications comprise entre le bastion 10, près de la porte de Vincennes, et le bastion 26, près celle de Pantin. Cette ligne des fortifications était bordée de l'autre côté par une zone neutre au delà de laquelle les Prussiens étaient campés .C'était donc dans cet espace relativement peu étendu, puisqu'il ne comprenait pas le cinquième de Paris, que la bataille finale entre l'armée de Versailles et la Commune allait se livrer.

La tactique stratégique du maréchal Mac-Mahon était bien simple : elle consistait à tourner toutes les positions et toutes les barricades défendues par les gardes nationaux.

Lorsque ces derniers étaient ainsi coupés sur leurs derrières, entourés à droite et à gauche, il ne leur restait, la plupart du temps, d'autre ressource que celle d'abandonner leurs positions, qui ne tardaient pas à être forcées dans le cas où ils persistaient à les défendre, et ils étaient alors massacrés.

Si on n'y prenait garde, les Versaillais allaient tourner de la même façon Belleville et Ménilmontant, derniers points importants de la défense.

Depuis quatre jours les Buttes Chaumont et le Père Lachaise, transformés en véritables forteresses, défendaient ces quartiers à l'aide de leur formidable artillerie. Mais les défenses de leurs derrières avaient été négligées. Le chemin des remparts entre la porte de Vincennes et celle de Pantin, près le canal de l'Ourcq, n'avait pas été barricadé. C'était encore une négligence impardonnable ; si elle n'eut été réparée, elle aurait permis aux troupes de Versailles de remonter la ligne des fortifications à droite et à gauche, en partant du bastion 10 à la porte de Vincennes, et du bastion 27 près du canal de l'Ourcq, de manière à venir se rejoindre aux portes de Ménilmontant et de Romainville ; alors toutes la ligne des fortifications et toutes les portes de Paris auraient été en leur pouvoir ; ce qui restait des défenseurs de la Commune, cernés, par une armée de cent mille hommes, entre la ligne des remparts de l'est, le canal Saint-Martin, le boulevard Richard le Noir et l'avenue d'Auménil, n'auraient plus eu *" qu'à se rendre ou qu'à mourir,"* ainsi que l'a dit Mac-Mahon dans son rapport.

Le plan des envahisseurs de Paris était visible pour tous les hommes un peu intelligents depuis le 22 mai.

Pour nous opposer autant qu'il nous était possible à ce plan si simple, mais aussi si dangereux, que nous avions deviné dès le premier jour, nous avions, comme nous l'avons déjà dit, fait construire et armer de nombreuses barricades sur le chemin des remparts entre la porte de Vincennes et celle de Pantin, et nous avions également fait barricader toutes les grandes voies qui rayonnaient du centre de Paris sur les remparts, de manière à assurer les derrières de la Petite Villette, de Ménilmontant, de Belleville et de Charonne. De fortes batteries établies sur les buttes vis-à-vis des bastions 19, 20 et 21, près des portes de Ménilmontant, des Prés Saint-Gervais et de Romainville, balayaient le chemin des remparts jusqu'aux portes de Pantin et de Vincennes.

Le 27, à quatre heures du matin, de la batterie située sur les buttes entre les rues de Bellevue et des Lilas, vis-à-vis le bastion 21, nous aperçûmes les éclairs, et nous entendîmes le sifflement des obus de nouvelles batteries établies pendant la nuit par les Versaillais près des bastions 26 et 27, sur la voie ferrée en avant du marché aux bestiaux près du canal de l'Ourcq. Leurs terribles projectiles atteignirent bientôt la rue des Lilas, dans laquelle ils éclatèrent avec un fracas épouvantable, démolissant et incendiant les maisons, dont les habitants affolés de terreur se sauvaient en toute hâte.

Le feu de ces nouvelles batteries fut pour nous une preuve certaine que le mouvement tournant contre nos positions et l'attaque par derrière des quartiers de Ménilmontant et de Belleville, allaient commencer. Nous prîmes immédiatement nos dispositions en conséquence. Nos batteries de position établies sur les buttes en avant de la rue des Lilas et sur la place des Prés Saint-Gervais ouvrirent aussitôt un feu nourri sur les positions occupées par l'ennemi sur les bords du canal de l'Ourcq et du Bassin de la Villette, qu'elles dominaient; la grêle de projectiles qu'elles firent pleuvoir sur les nouvelles batteries de Versailles éteignit bientôt ces dernières, qui cessèrent de tirer sur les hauteurs de Belleville.

En même temps que les batteries des assiégeants avaient ouvert leur feu contre les positions des portes de Romainville et des Prés Saint-Gervais, l'aile gauche de la division Ladmirault, commandée par le général Pradié, s'avançait en suivant la ligne des fortifications et en s'abritant derrière le chemin de fer des abattoirs de la Villette. Mais nous avions prévu cette manœuvre, et au moment où la colonne du général Pradié franchit le canal de l'Ourcq, elle est accueillie par une vive canonnade, et les obus de la batterie des buttes des Lilas la force à s'arrêter et même à rétrograder.

Cet accueil vigoureux, cette résistance imprévue, auxquels l'ennemi était loin de s'attendre, jeta une grande hésitation dans ses mouvements; il modifia son plan, renonça pour le moment à son mouvement tournant le long des remparts, et se décida à attaquer de front les Buttes Chaumont. Il porta alors son action contre les barricades de la rue de Flandres, la mairie du 19me arrondissement et l'église Saint-Jacques. Pendant ce temps, la brigade Dumont tourne le Bassin de la Villette, franchit la place de la Rotonde, enlève les barricades de la rue d'Allemagne, et s'établit au marché de la rue de Meaux.

La brigade Lefebvre, à l'aile droite, se concentre dans les rues des Buttes Chaumont et du Terrage, franchit à son tour le canal sous une grêle de balles, enlève la grande barricade du rond point et celle de la rue des Ecluses Saint-Martin, et atteint le boulevard de la Villette par les rues Grange aux Belles, Vicq d'Azis et de la Chopinette. Mais ce n'est qu'au prix des plus grands sacrifices, de combats épouvantables et d'affreux massacres, que ces mouvements, que nous indiquons en quelques lignes, ont pu s'opérer. La lutte a été terrible. Les maisons du boulevard de la Villette ont été criblées par les balles et par les obus, depuis le sol jusqu'à la toiture. Les Versaillais à la Villette, comme dans tout Paris, bombardaient les maisons à grande volée et d'une manière furieuse, sans la moindre pitié, ni le moindre souci des ruines immenses qu'ils accumulaient et des incendies qu'ils allumaient partout. Ils se réservaient seulement d'accuser leurs ennemis d'être les auteurs de tous les désastres épouvantables dont ils s'étaient rendus coupables.

La bataille a duré trois jours et trois nuits dans ce quartier, les 25, 26 et 27 mai. A la seule barricade de la rue Puebla soixante combattants du droit se sont fait tuer. Ils savaient, les héroïques martyrs, qu'ils combattaient pour la plus juste et la plus honorable des œuvres, celle de l'émancipation des travailleurs, à laquelle ils avaient depuis longtemps fait le sacrifice de leur vie et pour laquelle ils étaient glorieux de verser leur sang. Ce sont ces nobles et généreux sentiments qui les inspiraient et qui expliquent leur courageuse résistance. Ce n'étaient plus des combattants ordinaires, mais des héros sublimes versant leur sang pour la plus humanitaire des causes, puisqu'elle avait pour but de détruire le prolétariat, la misère et le paupérisme.

Les abattoirs, les docks et les entrepôts de la Villette situés sur le bord du canal, la grande scierie mécanique de M. Falck, ont été incendiés et complètement détruits par les projectiles des batteries versaillaises établies le long du canal sur le boulevard de la Chapelle, derrière les barricades de la rue

Lafayette, dont l'ennemi s'était emparé, des boulevards Ney et Macdonald, de la gare des marchandises du Chemin de fer du Nord et de Montmartre. De toutes ces positions les Versaillais ont bombardé les gardes nationaux occupant le triangle compris entre les rues de Flandre et d'Allemagne, dont le rond point de la Rotonde est le sommet et les bastions 27 et 28 la base. Les abattoirs, les docks et les entrepôts, comme nous l'avons dit, ont été réduits en cendres par les assiégeants ; on estime les pertes à plus de vingt millions. Deux mois après les décombres fumaient encore lorsqu'on les déblayait.

Le 27 mai, à six heures, les brigades Dumont et Abbatucci parvinrent aux pieds des buttes, où elles se rangèrent en demi-cercle ; la charge fut sonnée et les troupes s'élancèrent à l'assaut, s'emparèrent des buttes et des positions environnantes ; et, comme toujours, les vainqueurs féroces se rendirent coupables des plus cruelles exécutions et firent un massacre épouvantable des soldats de la Commune, dont ils n'épargnèrent pas un seul. Le parc fut couvert de cadavres. C'était un spectacle si horrible et si révoltant que les habitants des environs disaient tout haut qu'ils se vengeraient des soldats-assassins. Plus tard ces derniers ont été obligés de brûler les cadavres des gardes nationaux, massacrés en si grande quantité dans le parc qu'ils menaçaient de l'empester en se putréfiant. Après l'œuvre de carnage, les massacreurs-assassins se transformèrent en boucaniers. Ils placèrent d'énormes grilles de distance en distance sur les vertes pelouses, au milieu des bosquets de roses, allumèrent des feux de coke et de houille, et ces démons de l'assassinat firent calciner leurs victimes. Ils eurent le soin de fermer les grilles du parc et de s'isoler pour accomplir leur infernale besogne. Ces scélérats n'osaient affronter les regards du public. Ils espéraient faire disparaître jusqu'aux traces de leur crime en brûlant les cadavres, mais une odeur acre de chair calcinée, la fumée épaisse et infecte qui s'élevait de toute part sur les buttes, trahirent ces calcineurs de chair humaine, qui, après avoir égorgé leurs concitoyens, réduisirent leurs restes en cendres. Dans la nuit du dimanche au lundi, ces affreux incendiaires ont brûlé plus de mille cadavres de gardes nationaux, au moyen du pétrole. *La Liberté* conseille d'employer la chaux vive, afin de réduire en poussière les restes des défenseurs de Paris, et d'empêcher les révolutionnaires de l'avenir d'honorer leurs ossements. Ces misérables veulent étouffer tous les bons sentiments, jusqu'à la vénération pour les morts. Quels infâmes! Mais laissons les restes des martyrs aux mains des bourreaux infernaux, et continuons le récit de la bataille.

En arrêtant le mouvement tournant de la gauche du général Ladmirault le long du chemin des remparts, les buttes n'avaient pu être sauvées ; elles étaient abordables de front et de flanc, et avaient à faire à des forces beaucoup trop supérieures pour pouvoir résister ; mais on avait du moins paralysé l'effort que faisait l'ennemi pour s'avancer le long des fortifications jusqu'à la porte de Romainville, afin de donner la main à l'armée de réserve de Vinoy, laquelle, partant de la porte de Vincennes, devait venir aussi jusqu'à la même porte de Romainville, de manière à enfermer ce qui restait de l'armée de la Commune dans un cercle de fer et de feu. Une fois que les corps Ladmirault et Vinoy se seraient ainsi réjoints en haut de Belleville, il se seraient portés à l'ouest sur les positions des défenseurs de la Commune, et ils auraient refoulé et rabattu les gardes nationaux comme un gibier sur les corps de Douay et de Clinchant, établis solidement aux abords du canal Saint-Martin et du boulevard Richard Lenoir, afin de les prendre entre deux feux, de les exterminer jusqu'au dernier, et de s'emparer ensuite de la prison de la Roquette, de la place Voltaire et de la mairie du 11me arrondissement, derniers points de défense des partisans de la Commune.

Après avoir fait échouer en partie ce plan du côté des Buttes Chaumont, tous les efforts furent également faits pour en empêcher la mise à exécution du côté du cimetière du Père Lachaise. Malheureusement de ce côté il n'y avait pas une batterie située dans une position assez avantageuse et assez élevée pour dominer la route des remparts depuis le bastion numéro 10 jusqu'à celui numéro 18. Il fallait la défendre à l'aide d'une suite de barricades, qui pouvaient être successivement enlevées et livrer passage à l'ennemi ; il suffisait même que les plus rapprochées de la porte de Vincennes faiblissent et soient prises pour entraîner la perte des autres.

Voici ce qui arriva : La brigade Lamariouse s'avança le long des fortifications ; mais, au moment où elle se montra à découvert, la barricade de la porte de Montreuil l'accueillit par une forte canonnade et une vive fusillade ; ce chaleureux début arrêta la marche en avant de l'aile droite de cette brigade.

Pendant que les troupes sous les ordres du général Derroja restent en réserve sur le Cours de Vincennes, celles de la brigade Bernard de Seigneurens s'avancent par la rue de Puebla et s'emparent de ses nombreuses barricades après une lutte terrible.

Un bataillon du premier régiment d'infanterie de marine, soutenu par deux bataillons de sa brigade et un régiment de la division Faron, attaquent le cimetière du Père Lachaise, qui avait été fortifié dès le 24 mai, et dans lequel deux batteries principales avaient été établies. L'une, composée de six pièces de 7 et d'une mitrailleuse, était établie sur la plateforme de la chapelle du cimetière, et commandait la rue de la Roquette et tout le côté de la Bastille.

L'autre, de deux pièces de 24, s'élevait sur la petite esplanade qui se trouve devant la chapelle de Morny, et était destinée à répondre aux canons de Montmartre. Les troupes de Versailles furent accueillies par une vive canonnade, une fusillade bien nourrie, et éprouvèrent une résistance énergique.

Les soldats versaillais s'élancent à l'assaut des grandes terrasses dominant le boulevard extérieur. S'étant abrités derrière les tombes, les défenseurs de la Commune font un feu très-nourri sur les assaillants, qui sont repoussés et obligés d'attendre des renforts d'artillerie, qui leur sont envoyés de la Bastille. Dès que les nouvelles pièces sont en batteries elles canonnent la grande porte du cimetière et l'enfoncent. Il y avait derrière une énorme barricade défendue par des pièces de 12, mais elle est enlevée avant que ses défenseurs, peu exercés au maniement du canon, aient eu le temps de tirer. Les soldats assiégeants s'élancent aussitôt par la brèche, tandis que d'autres colonnes gravissent les pentes escarpées du côté de Charonne et du nord.

Pendant plus d'une demi-heure il y eut dans cet asile des morts un combat terrible. Les assiégés, envahis de toute part, battaient en retraite, s'abritant derrière les monuments funèbres en tiraillant, pendant que les troupes régulières s'avançaient par les avenues, gagnant le plus rapidement possible les hauteurs du cimetière, où se trouvaient établies les batteries les plus dangereuses, au pied du monument de la famille Demidoff. Ce ne fut qu'après le combat le plus acharné, après avoir massacré les canonniers sur leurs pièces et avoir fusillé presque tous les gardes nationaux, que le cimetière fut pris. Près de 6,000 cadavres jonchaient les avenues et les tombes. Beaucoup de fédérés furent égorgés dans les caveaux, sur les cercueils des morts, où ils s'étaient réfugiés et qu'ils arrosèrent de leur sang. Le massacre fut épouvantable.

A peu près en même temps la mairie du 20me arrondissement tombe au pouvoir du général Lamariouse. Le corps de Douay, ceux des généraux Faron et Clinchant, établissent des batteries pour enfiler les principaux débouchés par lesquels il craignent que les gardes nationaux franchissent leur ligne de bataille, et en même temps ils canonnent la place Voltaire, la mairie du 11me arrondissement et l'église Saint-Ambroise.

Ainsi, dans la soirée du 27 mai, les Buttes Chaumont, le Père Lachaise, la mairie de Belleville et le boulevard Puebla étaient tombés aux mains de l'ennemi, avec un matériel considérable d'artillerie et plusieurs milliers de prisonniers, après d'horribles massacres, qui furent encore continués le lendemain 28. Quand ces trois importantes positions furent perdues, quand on n'entendit plus le bruit de leurs terribles et formidables batteries, la situation fut tout-à-fait compromise et il ne restait plus aucun espoir. Il était en effet de toute impossibilité de résister longtemps dans des positions dont les Buttes Chaumont, le Père Lachaise et le boulevard Puebla étaient les points de défenses stratégiques ; et, malgré tous les efforts, après la perte de ces positions, l'aile gauche du premier corps ennemi s'était avancée en avant du bastion 22, dont l'approche était défendue par une énorme barricade armée de canons et garantie par la batterie de la butte en face du bastion 21 ; l'aile droite du corps de réserve de Vinoy, commandée par le général Lamariouse, s'était aussi emparée de plusieurs barricades situées sur le chemin des remparts entre la porte de Vincennes et celle de Bagnolet, que leurs défenseurs avaient abandonnées depuis la perte du cimetière du Père Lachaise, craignant d'être tournés, cernés et massacrés. La porte de Bagnolet était elle-même tombée au pouvoir de l'ennemi.

Le 27 mai au soir, les défenseurs de la Commune étaient donc enfermés dans une espèce de segment de cercle n'ayant que quelques centaines de mètres de hauteur, et pour corde l'espace compris entre les bastions 15 et 21. Ainsi adossés aux fortifications, ils étaient garantis : à droite par une forte barricade construite au bastion 21, et par la place des Fêtes fortement barricadée et héroïquement défendue ; à gauche par les barricades de la place des Trois

Communes, de la rue des Tourelles et de la porte Ménilmontant. En avant à l'est, la ligne des barricades allait jusqu'aux rues des Prés Saint-Gervais, de Calais et des Bois. C'est-à-dire qu'ils étaient enfermés dans un triangle ayant un kilomètre de long sur un demi kilomètre de hauteur. C'est sur cette étroite surface de terrain que la lutte a continué encore pendant vingt heures contre l'armée de Versailles.

Les derniers défenseurs de la Commune s'attendaient à chaque instant à voir leurs barricades prises, leurs dernières positions envahies par les troupes de Versailles. Ils ne pensaient jamais voir le jour du lendemain. Une effrayante et magnifique lueur illuminait la nuit et se projetait au nord et au sud-ouest avec des splendeurs d'aurores-boréales ; nous n'avions jamais vu foyer plus intense ; au dessus du Bassin de la Villette s'élevaient des jets lumineux, des gerbes d'étincelles. Au milieu des courbes et du sifflement des projectiles, qui tombaient et éclataient près de nous, nous entendions des explosions formidables. C'étaient les docks et les entrepôts de la Villette dont nous avons déjà parlé, et auxquels les batteries de l'armée de Clinchant avaient mis le feu, qui flamboyaient encore d'une façon sinistre et grandiose.

Au sud-ouest un autre foyer incandescent illuminait les bords de la Seine ; une énorme colonne de flamme et de fumée s'élevait jusque vers les nuages ; elle brillait d'un éclat phosphorescent ; on aurait dit une immense langue de feu léchant le ciel. On nous a assuré depuis que cette flamme extraordinaire provenait des cadavres des malheureux défenseurs de Paris, que les sauvages versaillais avaient accumulés au Champ de Mars dans de grandes tranchées et qu'ils brûlaient en les arrosant de pétrole. Cela est peut-être vrai, et nous ne serions pas surpris que ceux qui ont accusé si faussement la Commune d'avoir incendié Paris avec du pétrole aient au contraire été les premiers à se servir de cet auxiliaire puissant de destruction, non-seulement pour brûler les cadavres de leurs ennemis, mais encore pour semer partout l'incendie en se servant de bombes de pétrole, ainsi que la chose a été prouvée devant le 3me conseil de guerre de Versailles, par Assi et par son avocat ; beaucoup plus au sud encore un autre foyer incandescent illuminait le ciel sur la rive droite de la Seine : l'énorme Grenier d'Abondance brûlait ; c'était là encore une perte de dix ou quinze millions, causée par les batteries de la division Faron et les projectiles incendiaires d'une chaloupe canonnière de Versailles, qui a criblé de bombes et de mitraille le boulevard Bourdon, le quai de la Rapée et les environs de la Bastille.

Sur plusieurs autres points de la capitale les incendies se multipliaient encore, et ce qu'il y avait de plus incompréhensible, de plus inexplicable pour nous, c'est qu'au milieu des ces désastres le bombardement continuait très-inutilement.

Pendant que ces immenses désastres s'accomplissaient, que Paris brûlait, d'épouvantables scènes de carnage avaient lieu au cimetière du Père Lachaise, aux Buttes Chaumont, sur le boulevard Puebla, à la mairie et dans les rues de Belleville. De terribles fusillades, d'effroyables feux de pelotons auxquels se mêlaient les crépitements des mitrailleuses, nous apprenaient que le massacre de nos malheureux compagnons faits prisonniers avait lieu sur une grande échelle. Nous étions profondément indigné et navré chaque fois que nous entendions ces décharges sinistres, qui retentissaient si douloureusement à nos oreilles et si profondément dans notre cœur ; nous redoublions d'activité et de vigilance pour que nos positions ne soient pas tournées ou forcées, et que les derniers défenseurs de la Commune ne tombent pas dans les mains des brigands qui les auraient impitoyablement massacrés.

Le jour, que nous n'espérions plus revoir, parut enfin ; dès l'aube le combat augmenta encore d'intensité, de nouvelles batteries établies pendant la nuit nous envoyèrent d'autres projectiles, la fusillade se rapprocha ; une marée montante de plomb et de feu s'avançait sur nous. On entendait un immense bruit de fer, le rugissement d'une vague métallique qui s'approchait, renversant tout, détruisant tout sur son passage ; des lames de mitraille bruissaient d'une façon étrange et donnaient le frisson. Nous attendions anxieux le dénouement horrible de cette lutte terrible. Nos canons, muets pendant la nuit, afin de ne pas signaler nos positions et éclairer le tir de nos ennemis, répondirent vigoureusement et ralentirent la marche de la marée montante, qui s'avançait sur nous, afin de nous resserrer d'avantage encore dans le terrible cercle de feu et de fer qui nous entourait. Nous perdions cependant très-peu de terrain et relativement peu d'hommes.

Pendant ce temps la brigade Langourian s'avance sur l'avenue Philippe-Auguste, et s'empare de la prison de la Roquette à cinq heures du matin. Un massacre épouvantable a lieu, pas un seul de ses défenseurs n'est épargné. Un de nos amis qui a vu deux jours après le théâtre de ce carnage nous disait qu'il était impossible d'imaginer quelque chose de plus horrible.

La même brigade Langourian descendit ensuite la rue de la Roquette et attaqua la place Voltaire, pendant que Vinoy faisait canonner cette dernière des places du Trône et de la Bastille. Le citoyen Delescluze se transporta alors à la troisième barricade, soumise au choc des tirailleurs du 2me régiment provisoire, et voulut, avec le colonel Brunet, arrêter l'abandon déjà très-avancé de cette importante position. Au bout de vingt minutes environ le colonel Brunet déclara lui-même qu'il était impossible de tenir plus longtemps. Le délégué à la guerre protesta contre cette affirmation et ordonna de continuer la résistance quand même. Le feu des troupes était si meurtrier que malgré cet ordre formel les défenseurs de la barricade l'abandonnèrent. Brunet essaya plusieurs fois d'entraîner le citoyen Delescluze, mais ce dernier résista et resta seul derrière ce tas de pavés qui s'écroulait sous les boulets et les obus. Le directeur suprême de la guerre tomba bientôt frappé de deux balles par les premiers soldats qui s'approchèrent. Blessé à la tempe droite et au côté gauche il fut littéralement foudroyé.

Pendant ce temps les maisons du quartier s'écroulaient sous les obus auprès de la barricade conquise. Le vieux républicain, en s'affaissant sur une poutre enflammée, eut la peau du front presque entièrement enlevée par une profonde brûlure.

On a retrouvé son corps au milieu de dix-huit autres défenseurs de la barricade. On l'a reconnu à ses insignes de membre de la Commune. On a trouvé dans sa poche une lettre de son collègue Vésinier lui réclamant du renfort. Il avait sur lui sa montre en or, mais pas d'argent, et sa canne à pomme d'or a été ramassée près de lui. Il était vêtu, comme toujours, d'un costume civil, composé de son éternel paletot brun aux poches profondes, d'un pantalon noir, d'une grosse cravate de même couleur et d'un chapeau de soie noir. Le citoyen Delescluze avait en horreur l'uniforme militaire ; seul au milieu de son brillant état-major galonné et doré sur toute les coutures, il ne portait ni insignes ni décorations. Depuis quelques jours il était toujours armé d'un revolver, qu'il tenait constamment à la main en marchant tout droit devant lui, avec sa raideur habituelle, sous le feu et la grêle des balles et des obus, sans sourciller, sans se retourner. C'était un homme d'un grand courage et de beaucoup de sangfroid, ayant depuis longtemps fait le sacrifice de sa vie à la cause républicaine, qu'il avait toujours servie et pour laquelle il est tombé martyr. Delescluze est mort comme il a vécu, simplement, honnêtement et héroïquement. C'était un homme taillé à l'antique, stoïque, désintéressé et incorruptible. Comme Caton, il n'a pas voulu survivre à la République ; il "n'a pas voulu ni pu servir de victime et de jouet à la réaction victorieuse ; il ne s'est pas senti le courage de subir une nouvelle défaite après tant d'autres," ainsi qu'il l'a écrit dans sa touchante lettre adressée à sa sœur bien-aimée.

La mairie du 11me arrondissement, dernier quartier général des défenseurs de la Commune, tomba au pouvoir des soldats de Versailles. Quand ces forcenés s'en emparèrent, ils tuèrent tous les gardes nationaux qu'ils rencontrèrent. Une fois l'œuvre de sang accomplie, le bâtiment de la municipalité présentait un spectacle inouï. Dans une seule salle du rez-de-chaussée il y avait soixante-quinze cadavres affreusement mutilés. Ceux qui ont vu des villes prises d'assaut, et qui connaissent par expérience les horreurs de la guerre, n'imagineront jamais spectacle plus sanglant et plus épouvantablement désordonné que celui qu'offrait la municipalité du 11me arrondissement. Ce mélange de sang, de boue, de cadavres, d'armes, d'effets d'équipement, était horrible à voir et donnait le frisson. On aurait dit qu'une troupe de jaguars, de tigres, de hyènes, ou de chacals était passée par là, et qu'elle y avait assouvi tous ses instincts féroces, sa soif de sang et de carnage. On ne pouvait pas croire en contemplant ce charnier que c'étaient des hommes, des concitoyens qui s'étaient rendus coupables de ces égorgements sans nom et sans exemple; et pourtant c'était bien là l'œuvre des égorgeurs versaillais.

Il ne restait plus alors dans tout Paris qu'un petit coin de terre compris entre les portes de Bagnolet et des Prés Saint-Gervais, qui n'était pas au pouvoir des envahisseurs. Quelques mille gardes nationaux et quelques pièces de canons défendaient cette faible partie des remparts, sur laquelle flottait encore le drapeau rouge de la Commune de Paris, criblé de balles et d'éclats d'obus.

La brigade Derroja s'était dirigée par le boulevard de Charonne vers le Père Lachaise, déjà au pouvoir de l'ennemi depuis la veille, et s'était emparé des barricades des rues des Amandiers, de Tlemsen, du Cendrier et de Ménilmontant; en même temps une autre colonne attaqua la place du marché, hérissée de nombreuses barricades défendues avec courage, et dont elle s'empara après un combat muertrier et acharné. L'espace occupé par les troupes de la Commune se rétrécit encore après ce mouvement, et les bastions 18, 19, 20 et 21 restèrent seuls en leur possession.

A droite, le général Grenier s'avance du côté de la porte des Prés Saint-Gervais; la grande barricade située sur le chemin des remparts, près le bastion 22 et la rue des Mignottes, est prise. La place des Fêtes, solidement barricadée, ayant deux pièces de canons très-bien servies, commandant les rues de Crimée, des Solitaires et Compans, offre la résistance la plus énergique et arrête pendant longtemps la marche de l'ennemi; ses barricades sont enfin enlevées, ainsi que celle à l'angle des rues des Bois et des Prés Saint-Gervais.

A gauche la brigade Lamariouse s'avance par le boulevard Mortier sur la porte de Romainville, s'empare des barricades de la porte de Ménilmontant et de la rue Saint-Fargeau.

Au centre les divisions Faron et Derroja s'avancent

par les rues des Prés Saint-Gervais, de Romainville, de Négro, Paris-Belleville et de Borrégo, et les barricades construites aux jonctions de ces quatre dernières rues et de la rue Haxo sont attaquées et prises par les Versaillais après de vifs combats ; un grand nombre de leurs défenseurs sont massacrés ; 2,000 prisonniers tombent au pouvoir de l'ennemi, qui est maître de la rue Haxo et qui s'avance toujours comme une mer de fer et de feu.

Les barricades de la place des Trois Communes à gauche ; celles situées aux angles des rues des Bois, Haxo et du boulevard Serrurier à droite, sont les seules qui tiennent encore. Elles sont bientôt attaquées à leur tour ; 1,500 gardes nationaux, les derniers qui restent debout, les défendent. Mais il leur est impossible de résister plus longtemps ; ils ont devant eux une armée de 120 mille hommes, dont 60 mille ont pris part à l'attaque de Belleville. Ils vont être pris et massacrés jusqu'au dernier : les Versaillais ne font pas de quartier. Il ne leur reste qu'une ressource pour se soustraire à une morte certaine : c'est de franchir les fortifications et de se réfugier sur la zone neutre. C'est ce qui est décidé et exécuté. Le pont-levis de la porte de Romainville est baissé, les drapeaux qui flottaient encore aux bastions 19 et 20 sont enlevés, et les derniers défenseurs de la Commune traversent le fossé des remparts sur le pont-levis. Comme ils ne voulaient rendre leurs armes ni aux Versaillais, ni aux Prussiens, ils les ont brisées et jetées en passant dans le fossé.

Ils arrivent bientôt sans armes dans le village de Romainville, en avant des avant-postes prussiens. Ces derniers, debout l'arme au bras derrière leurs barricades, leur empêchèrent de les franchir.

Deux Francs-maçons en tenue, ayant leur grand cordon en écharpe, leurs insignes et leurs décorations, s'avancent près de nous, nous font signe, et nous invitent de les suivre, en nous disant qu'ils pouvaient nous sauver ainsi que quelques-uns de nos frères d'armes. Ils nous conduisirent en effet dans une maison voisine où ils nous offrirent l'hospitalité, ainsi qu'à plusieurs de nos amis d'infortune. Un certain nombre de gardes nationaux se constituèrent prisonniers des Prussiens, et furent conduits au fort de Noisi le Sec; d'autres, habillés en bourgeois, ou qui arrachèrent les bandes rouges de leurs pantalons et endossèrent une blouse ou un habit civil, restèrent chez les habitants ou gagnèrent la campagne; beaucoup se rendirent à Vincennes par la zone neutre le long des fortifications.

Les Versaillais, dès que les gardes nationaux eurent franchi la porte de Romainville, s'emparèrent des dernières barricades et des bastions 19 et 20, et firent sur les derniers défenseurs de la Commune un feu très-vif, sans respect pour le territoire neutralisé. Leurs balles et leurs obus tombèrent en grande quantité dans les rues de Romainville et jusque sur les lignes prussiennes. Les soldats allemands franchirent alors leurs barricades, s'élancèrent en avant au pas de course vers la ligne des fortifications de Paris, pour faire cesser le feu et empêcher la violation du territoire neutre. Ce mouvement en avant nous fut très-favorable, ainsi qu'à nos camarades de la garde nationale ; les lignes prussiennes étant ainsi avancées, nous nous trouvâmes naturellement tous en arrière de ces dernières, et nous n'eûmes plus de difficulté pour fuir à travers la campagne.

Nous entendîmes encore quelques décharges d'artillerie et de mousqueterie. C'étaient sans doute des malheureux prisonniers que les bandits de Versailles fusillaient. Peu à peu le bruit cessa à mesure que nous nous éloignâmes. Bientôt la lutte fut complètement terminée ; les derniers défenseurs de la Commune étaient morts, prisonniers ou en fuite. L'ordre, le massacre, les arrestations en masse, la terreur la plus féroce et la plus sanguinaire régnaient dans Paris dépeuplé. Encore une fois la propriété, la religion, la famille et la société étaient sauvées. Le prolétariat était vaincu par la bourgoisie, ayant à ses ordres une armée de chenapans et de brigands racolés dans tout ce que la France comptait d'éléments corrompus, vils, lâches et cruels, parmis les sbires, les argousins, les gendarmes, les mouchards, les sergents de ville, les traîtres de

Sedan, de Metz et de la Défense nationale. Les ouvriers républicains-socialistes de la capitale étaient exterminés en masse, ou emprisonnés en attendant leur déportation à la Nouvelle Calédonie, leur condamnation à mort ou aux travaux forcés. Vieillards, femmes, enfants étaient compris dans cette œuvre de destruction sanglante et d'extermination générale. La bourgeoisie victorieuse est sans pitié ni miséricorde. Elle a juré de détruire à tout jamais le prolétariat révolutionnaire et socialiste, de le noyer dans son sang. Jamais occasion plus belle ne s'est présentée à elle. Aussi avec quelle joie féroce elle en profite, avec quelle jouissance ardente elle égorge ses ennemis. Elle a massacré quarante mille hommes dans six jours, elle en a emprisonné autant, et l'œuvre de réaction abominable n'est pas terminée. Elle traque et poursuit avec une férocité jalouse tous les partisans de la Commune sans distinction d'âge et de sexe : dix mille femmes et enfants ont été tués et autant emprisonnés. Elle dépeuple Paris, tue à tout jamais le commerce et l'industrie ; mais peu lui importe pourvu que ce qu'elle appelle l'ordre soit rétabli ; pourvu qu'elle règne et gouverne, fut-ce sur des cadavres et sur une ville morte.

Elle est contente, heureuse et fière ; elle respire, digère et jouit maintenant qu'elle se croit assurée d'avoir arrêté le progrès, étouffé toutes les réformes dans le sang, assuré le règne de la misère, du paupérisme, de l'ignorance, et perpétué sa domination et son exploitation sur le prolétariat. Elle se croit certaine d'avoir replongé les ouvriers dans leur bagne du travail forcé, sans espoir et sans profit ; de les avoir de nouveau rivés à leur chaîne et à leur boulet.

Aussi, elle sera implacable dans son œuvre de réaction sans borne et de répression sans merci ni pitié. Elle ira jusqu'au bout ; elle se couvrira de tous les crimes, de toutes les hontes et de toutes les infamies ; elle sera sans pudeur et sans cœur, sourde, aveugle, lâchement cruelle et cyniquement infâme. La bourgeoisie française est en train de se déshonorer complètement et à tout jamais aux yeux du monde entier, de prouver son impuissance, son incapacité et son infamie ; et c'est bien heureux, nous l'en félicitons ! Notre époque avait besoin du spectacle honteux et cynique qu'elle lui donne, afin de se dégoûter d'elle, de la mépriser et de la haïr, de la pousser à l'égout, au charnier, aux lieux infâmes, comme une vieille pourriture, qui infecte notre époque et répand tout autour d'elle misère, corruption, dégradation et décadence.

La bourgeoisie, qui se croit à son apogée, touche à son déclin et à sa chute. Elle est en pleine décomposition, et le prolétariat qu'elle a cru enchaîner pour longtemps est bien près de son émancipation complète. Le sang des quarante mille martyrs qui vient de couler, celui qu'elle se dispose à verser encore, les larmes des quarante mille autres victimes qui souffrent dans les prisons, celles de leurs femmes, de leurs enfants et de leurs parents, qui gémissent dans la misère, féconderont les principes de justice et de droit semés depuis quatre-vingts ans, et que la Commune avait mission de faire germer.

Les paroles prophétiques prononcées par le citoyen Delescluze, quelques jours avant sa mort, se réaliseront : " De chaque goutte de son sang et de celui de tous les défenseurs de la Commune massacrés, naîtront un jour cinq vengeurs qui établiront le règne de la justice et du droit, que l'absence d'éducation nous a empêché de faire triompher aujourd'hui."

De même que l'esclavage et le servage ont été abolis, le prolétariat le sera.

Il n'y a pas de forces au monde capables d'arrêter la marche du progrès. Les idées justes sont indestructibles ; la persécution, le sang de leurs défenseurs, loin de les étouffer, les font germer et fructifier.

La Commune renaîtra des cendres de ses martyrs brulés par les bourreaux-incendiaires, boucaniers de Versailles ; le vent les a déjà portées aux quatre coins du monde pour ensemenser les champs de la Révolution, dont le triomphe est assuré.

LONDRES : TYPOGRAPHIE DE VIRTUE ET CIE, CITY ROAD.

www.ingramcontent.com/pod-product-compliance
Lightning Source LLC
Chambersburg PA
CBHW071107230426
43666CB00009B/1863